북한★여행

일러두기

· 본문의 [ ] 속 설명은 모두 옮긴이의 것이다.
· 이 책에서 '한국'은 대한민국이 아니라 남한과 북한을 아우르는 개념이다.
· 북한 지명을 비롯한 고유명사는 현지 표기를 따라 두음법칙을 적용하지 않았다.

Unterwegs in Nordkorea: Eine Gratwanderung
by Rüdiger Frank

북한★여행

유럽 최고 북한통通의 30년 탐사리포트

안인희 옮김

뤼디거 프랑크

한겨레출판

러시아

블라디보스토크

투먼
남양
훈춘
원정
회령
두만강
라선
경북도
청진
칠보산 민박숙소

동해

도선

0 ⎯⎯ 500 ⎯⎯ 100 km

울릉도

독도

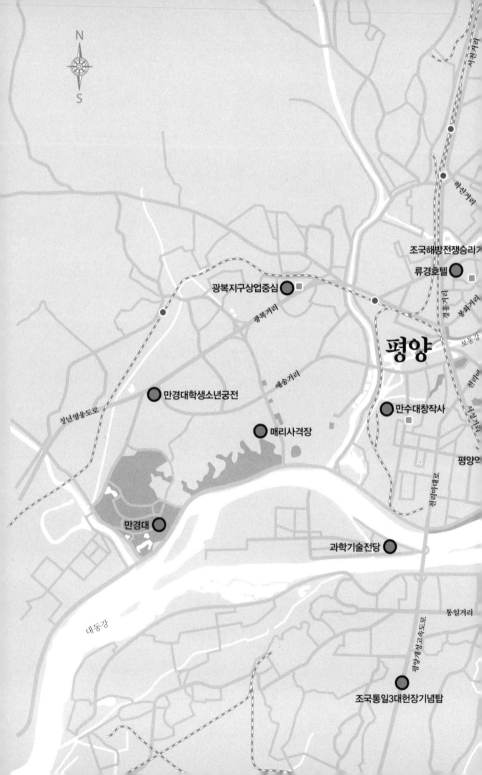

3대혁명전시관

조선중앙동물원

대성산혁명열사릉

금수산태양궁전

단군릉

기념비
(우정탑)
평양TV탑   5·1경기장
문
            모란봉공원

        모란봉극장
            소련 기념비
            (해방탑)
대기념비
        꽃전시장
            당창건기념탑

        평양볼링장

김일성광장   주체사상탑

        청년거리
        새살림거리

            대동강

        양각도호텔

대동강

교회

0   500   1000m

8. 평양 서부 : 권력의 중심부

9. 평양 동부 : 기념비와 오락

10. 서북부 : 예나 지금이나 공물 바치기

한국어판 서문

———————

대부분의 한국인보다 외국인이 오히려 북한에 접근하기가 더 쉽다는 것은 한반도 상황이 지닌 부자연스러운 특수성의 하나다. 수십 년 동안의 분단, 피로 물든 한국전, 서로 주고받은 수많은 상처, 위협, 욕설 등을 통해 날카로운 유리조각들이 잔뜩 박힌 상호불신의 장벽이 높이 세워져서, 군사분계선 양쪽의 한국인들은 상대방에 대한 날카로운 선전과 극단적인 모습들 말고 다른 것은 알기가 거의 불가능할 정도가 되었다.

하지만 거짓과 기만에 희생되지 않으려면, 상대방에 대해 사실에 기반을 둔 견고한 진짜 지식이 매우 중요하다. 20세기에 한국은 강대국들의 권력다툼이라는 치명적인 소용돌이에 휘말렸다가 너무나도 쉽사리 주권을 잃어버릴 수 있음을 경험했다. 오늘날에도 여전히 분단상황은 거대한 이웃들인 중국, 러시아, 일본 사이에서 독자적인 위치를 지키려는 한국의 노력을 약화시키고 있다. 미국은 동아시아에서 무엇보다도 중국의 부상을 막는 데 주력하고, 한국은 자주 그런 목적을 위한 수단으로만 여겨진다. 비록 이런 인식이 수많은 남한 사람들에게 매우 고통스러운 것일지라도 말이다. 일본에서는 낡은 탐욕이 준동하고, 식민지 시기에 대한 진정한 규명은 찾아보기 어렵다.

중국은 한국을 종속적인 꼭두각시 국가로 되돌리고 싶어한다.

그러니 가능한 한 빨리 통일을 하는 것이 모든 한국인에게 이익이다. 이것은 무슨 향수에 젖은 감정 문제가 아니라, 매우 단순하고 명료한 전략적 사고다. 7,600만 인구는 5,100만이나 2,500만 인구보다 더 많다. 22만 제곱킬로미터 면적은 10만 또는 12만 제곱킬로미터 면적보다 더 넓다. 풍부한 지하자원, 유리한 노동력, 중국 시장에 국경을 맞댄 나라[북한], 그리고 하이테크, 재정적 파워, 넉넉한 곡창지대, 넘치는 에너지자원, 주목할 만한 국제적 경쟁력[남한]을 두루 갖춘 하나의 나라는 이것 아니면 저것만 가진 두 나라보다 더욱 강하다.

한국인들은 자주 독일을 바라본다. 하지만 나의 나라는 겨우 40년 동안 분단되어 있었다. 수백만 건의 상호방문, 편지왕래, 통화 등이 이루어졌다. 양쪽 주민들은 서로 자유롭게 상대방의 TV를 보고 라디오를 들었다. 그런데도 국경이 열리고 나자 동독과 서독의 놀라움은 컸다. 긍정적인 의미에서만은 아니었다. 서쪽에서는 동독의 경제가 그 정도로 나쁘리라고는 예상하지 못했다. 동쪽에서는 서쪽에서 온 수많은 방문객들이 동독 체제에 대한 더 나은 지식을 그토록 무자비하게 써먹을 줄은 생각지도 못했다.

독일이 재통일된 지 거의 30년이 지났건만 여전히 수많은 의혹, 심지어는 쓰디쓴 고통이 남아 있다. 기대는 실망으로 바뀌고, 희망은 이루어지지 않았다. 통일로 득을 본 사람도 많지만, 실패를 겪은 사람도 많다. 나의 고향 도시인 라이프치히는 대단히 발전하고 있지만, 라우시츠 지방에서는 젊은이들이 죽어버린 마을들을 떠난다. 베를린에서는 장벽의 모습을 짐작조차 할 수 없지만, 서독의 많은 지역에서는 장벽이 다시 세워지기를 소망한다. 그러니 어떻게 하면 시행착오를 줄일 수 있었던 것일까 자문하게 된다. 우리 독일인들에게 그것은 순수하게 지적인 연습일 뿐이지만, 한국인들에게는 상황을 더 낫게 만들 기회가 있다.

물론 쉽지 않다. 한국에서 문제들은 크고 남북 간의 차이는 엄청나며, 70년이라는 분단기간은 독일보다 훨씬 더 길다. 나의 책《북한: 전체주의 국가의 내부관점*Nordkorea: Innenansichten eines totalen Staates*》[국내 출간예정]에서 이미 논의했듯이, 독일과 한국의 직접 비교는 별로 의미가 없다. 독일의 경험에서 한국을 위한 교훈을 끌어내려는 것은 많은 점에서 오히려 잘못이며 위험한 일이기도 하다. 하지만 한 가지만은 논쟁의 여지가 없이 동일하다. 상대방에 대해 많이 알면 알수록 현실적인 그림을 그리기가, 그리고 오해와 잘못된 기대를 피하기가 더욱 쉽다는 사실이다.

이토록 중요한 상대방에 대한 지식을 더욱 넓히는 데 이 책이 작은 기여를 하길 바란다. 독일인의 관점에서 쓰였으니, 어쩔 수 없는 장점과 단점이 있다. 나는 한국인이 아니며 한국인이라고 내세우지도 않는다. 이 사실은 언제까지나 내가 한국인들에게 접근하는 것을 제한할 것이다. 하지만 나는 한국인들이 직면하는 강압들에 굴복하지도 않는다. 나는 많은 것들에 선입견 없이 더욱 개방적으로 접근할 수 있다.

나는 30년 전부터 두 한국을 탐구해왔으며, 38도선 양쪽에 많은 친구들이 있지만 또한 적들도 몇 있다. 일부 사람들에게 나는 너무나 비판적으로 여겨지고, 다른 사람들에게는 충분히 비판적이지 않은 것으로 여겨지기 때문이다. 나는 1991년에 처음으로 북한에 갔고 마지막으로 간 것은 2018년 5월이었다. 2018년 9월에 북한은 내게 비자 발급을 거부했다. 이런 경우 원인을 밝히지는 않지만, 비공식적으로는 이 책이 문제로 지적되었다.

이런 조치가 하필, 남북한 사이에 오래 갈구하던 새로운 접근이 이루어지고, 처음으로 북미 정상회담이 이루어진 2018년에 나온 이유는 쉽사리 이해되지 않는다. 어쨌든 이 책은 적절한 때에 출판되었다. 전보다 더욱 정보가 필요한 시기이니 말이다. 앞으로 어떻게 될지는 아무도 모른다. 예측하기 힘든 도널드 트럼프Donald Trump 대통령이 어떤 방향을 취할 것인가? 문재인 대통령은 국내정치적으로 점점 침체되어가는 경제로 인해 좌절할 것인가? 김정은 위원장은 인내심을 잃고 다시 핵무기와 대륙간탄도미사일 실험을 할 것인가? 접촉 과정은 계속될 것인가, 아니면 이미 15년 전에 한 번 그랬듯이 좌절할 것인가?

미래가 어떻든 우리는 북한과 그 사회에 대한 구체적인 지식이 필요하다. 거기에 산다는 것이 어떤 느낌인지 감각을 가져야 한다. 그래야만 그들의 행동을 이해하고, 어쩌면 예측할 수도 있으니까. 무엇은 보라고 안내하고 무엇은 보여주지 않는가도 북한에 대한 지식에 속한다. 보여주지 않는 것이 특히 많은 것을 알려준다. 이 책은 그에 대해서도 다룬다. 공식적인 이야기와 그 뒤에 말없이 감추어진 것 말이다. 아름다운 이미지와 그림자 속에 들어 있는 부분, 거리낄 것 없는 부분과 긴장하는 부분이다.

나는 이 책을 읽는 한국의 독자들이 마지막에 북한에 대해 더욱 세분화된 이미지를 얻길 바란다. 북한은 분명 낙원은 아니지만 그렇다고 지옥도 아니다. 그곳에는 잘나가는 많은 사람들과 그렇지 못한 많은 사람들이 살고 있다. 일면적인 관찰은 불공평할 뿐만 아니라 위험하기도 하다. 일면적인 관찰은 남한에서 잘못된 기대를 불러일으킬 수 있는데, 그랬다가는 정치적으로 잘못된 결정으로 연결될 수도 있다. 북한 체제와 지도자들의 의도에 대해 망상을 품어서는 안 되지만, 맹목적 증오와 틀에 박힌 사고 또한 피해야 할 것이다. 북한 사람들은 멍청하거나 단순하거나 교양 없이 거칠고 잔인한 사람들이 아니다. 적어도 그런 특수한 상황이라면 우리도 그럴 수 있을 정도이지, 그 이상은 아니다. 그들은 우리가 그들과 그 나라에 존경심을 품고 접근할 정도의 업적을 달성했다. 그것은 어디든 비판할 만한 곳에서는 비판한다는 의미도 포함한다. 하지만 동시에 관용과 개방성도 요구한다. 그래야만 우리 독일인들보다 한국인들이 통일의 과제를 더 잘 해결할 수 있을 것이다.

나는 머지않은 시기에 이 책이 한 시대의 기록물로만 남기를 바란다. 그래, 그땐 그랬었지, 사람들은 이렇게 말하고 고개를 저으면서 대구에서 기차에 올라타서 청진의 친척을 방문할 것이다. 평성 출신의 작가가 평안도의 동향인들에게 눈부시게 아름다운 제주도에서 가을에 귤 수확을 체험해보라고 부추기는 여행안내서를 쓸 수도 있다. 어떤 한국인도 자기 나라를 더 잘 알기 위해 외국인이 쓴 책을 붙잡을 필요가 없어질 것이다.

나는 그런 날이 오리라 확신한다. 하지만 그때까지는 매우 불편하고 힘들지라도 현실을 직시하며 살아야 한다. 나는 이 책을 남과 북에 사는 사람들에게 바치거니와, 특히 때로는 따스함과 개방적인 태도로, 때로는 불신과 비판의 태도로 나를 받아들여준 북한 사람들에게 바친다. 이 두 가지 모두의 이유에서 나는 그들을 좋아한다.

2018년 11월 오스트리아 빈에서

뤼디거 프랑크

서문

"저 뒤에 저 건물 보이죠? 저게 뭔지 아시나요?" 한 손에는 마이크를, 다른 손으로는 사납게 흔들리는 버스에서 균형을 잡으려고 경련이 날 정도로 손잡이를 꽉 잡은 북한의 여성 안내원이 우리의 시선을 지평선에 있는 피라미드 형태의 거대 건물로 이끈다. "저건 우리의 미사일발사대랍니다!" 그녀는 기대에 차서 좌중을 둘러본다. 의심스럽다는 얼굴들. 그녀가 정말로 미사일발사대라고 말했나? 영웅적인 노력에도 불구하고 그녀는 바로 뒤이어 침을 꿀꺽 삼키는 것을 막을 길이 없다. 농담이란다. 다행히도. 어쨌든 우린 북한에 있고, 잘 알려져 있다시피 여기선 무엇이든 가능하다. 하지만 평양순안국제공항에서 평양 시내 방향으로 가는 도중에 멀리 보이는 건물은 아직 완공되지 못한 105층 높이의 류경호텔이다. 정말로 특이한 이런 농담은 우리가 방금 도착한 이 나라에 대해 많은 것을 알려준다.

북한은 국제적 위신이 말씀이 아니다. 이런 평판이 공연히 생긴 건 아니지만, 또 우리 감각을 흐리는 것도 사실이다. 다른 어디서도 불가능한 일로 여겨지지만, 이곳 사람들은 지도부의 말에 복종한다. 통일된 헤어스타일, 개 또는 유탄발사기를 이용한 처형, 수도 한가운데 미사일발사대, 이 모든 것이 가능하다.

북한 사람들은 기계가 아니다. 위협적인 방식으로 비밀에 가득 찬 북한을 더 꼼꼼히 살펴보면, 단 한 명의 지도자를 따르는 단순히 기형적인 체제만이 아닌 그 이상의 무엇이다. 온갖 의혹에도 불구하고 그곳을 방문한 사람은, 상당한 수준의 유머감각과 자조적 아이러니 감각을 지닌 사람들이 사는 나라를 경험하게 된다.

북한엔 경제적 문제가 있고 국가는 그것을 감추려고 한다. 때로는 잘 감추지만, 때로는 잘 안 된다. 류경호텔은 1980년대 말부터 건축 중인데, 아직도 완공되지 않았다. 2011년 말에야 끔찍한 콘크리트 골조를 가려줄 유리창을 건물 정면에 달았다.

북한은 조심스럽게 말해서, 원대한 야망을 지닌 나라다. 건축을 시작할 무렵 이 건물은 330미터 높이로 아시아에서 이런 종류로는 가장 높은 건물이 될 예정이었다. 당시나 오늘날에나 이 거대한 호텔 건물이 투숙객으로 가득 찬다는 것은 망상에 지나지 않을 텐데도 말이다.

북한은 수많은 결함에도 불구하고 많은 성과들을 자랑한다. 덕분에 더욱더 모순투성이 나라가 되고 말았다. 지난 수십 년 동안 몇 가지 면에서는 눈에 띄게 발전했고, 류경호텔의 정면부도 이를 증언한다. 그것은 2008년부터 북한 이동통신사를 운영하고 있는 이집트 기업[오라스콤]이 보강한 것이긴 하지만 어쨌든.

동시에 북한은 국제 인권 순위에서 통상 최하위를 차지한다. 이것은 지도층의 주안점을 포함하여 수많은 주제들과 연관된다. 사회기반시설과 생필품 보급에 절실히 돈이 필요한데, 류경호텔 같은 사치스러운 호텔을 짓거나 비싼 무기 프로그램에 투자하는 것은 대체 무엇 때문인가? 탈북자들의 증언을 통해 우리는 어쩌면 저 호텔 건물 뒤편에 정치범 수용소들이 있다는 것을, 다만 우리 방문객 눈에 보이지 않고 국가에 충성스러운 안내원들이 그에 대해 침묵하고 있을 뿐임을 이미 알고 있는데, 어떻게 그런 농담을 듣고 웃을 수 있겠는가?

북한여행은 많은 점에서 절묘한 줄타기이다. 설사 1주일에 지나지 않더라도, 감정적으로 매우 도발적인 경험이다. 한 걸음을 잘못 내디뎠다가는 발밑에 안전한 지반을 잃어버릴 수 있다. 두려움과 호기심, 분노와 공감, 망상증과 신뢰 사이에서 흔들린다. 많은 것을 배우지만 이해할 수 있는 것은 매우 적다. 그 나라 안에 있지만 한 번도 진짜로 거기 있지 못한다. 의도적으로 격리되고, 그런데도 저녁이면 그 모든 대화와 인상 덕분에 죽도록 고단하다. 방문객은 쾌감과 좌절감 사이에서 정서적 롤러코스터를 탄다.

단단한 준비 없이 북한을 방문하면 여행은 절반의 가치밖에 없다. 무엇을 보아야 하는지, 볼만한 게 대체 무엇인지 모를 때가 많기 때문이다. 어차피 보통은 답보다 질문을 더 많이 안고 집으로 돌아오기 때문에, 여기저기 다녀왔던 곳을 돌아보는 복습을 추천한다. 이 책은 무엇보다도 그런 사람— 여행을 계획하는 사람과 여행에 베테랑인 사람—을 위한 것이다. 하지만 또한 이 나라에 관심은 있어도 여러 가지 이유에서 아예 북한여행을 배제해버린 수많은 사람들을 위한 것이기도 하다.

그렇다 해도 이 책《북한여행》은 통상적인 의미의 여행안내서는 아니다. 북한의 경우 어차피 그런 종류의 책은 별 의미가 없다. 개별적으로 또는 마음 내키는 대로 자유롭게 여행할 수가 없기 때문이다.

행로가 이미 오래전부터 확정되어 있건만 북한은 여전히 여행자에게 도전이다. 아주 많은 것이 이상하고 또 알려지지 않아서, 기존의 지식에 비추어 생각할 수가 없다. 우리 대부분은 이미 에펠탑이나 센트럴파크, 로마의 카피톨리니 언덕에 대해 들어보았다. 하지만 대체 누가 주체사상탑, 모란봉공원, 만수대언덕이라는 이름을 알며, 나아가 그 역사와 의미를 안단 말인가?

덧붙여서 미리 정해진 방문 프로그램은 극히 촘촘히 짜여 있어서 전체를 조망하기가 쉽지 않다. 이 아치형 개선문은 원래 이름이 뭐였더라? 저 유명한 맥주의 이름은? 첫 번째 김, 두 번째 김, 세 번째 김의 이름이 뭐더라?

북한으로 가려면 걱정이 조금 앞선다는 게 이상한 일은 아니다. 그보다 더 중요한 것은 예컨대 입국 때와 출국 때 어떤 일이 기다리나, 가져가도 되는 것은 무엇이고 안 되는 것은 무엇인가, 도대체 돈은 얼마나 필요한가 따위일 것이다.

방문지에 대한 공식적인 설명은 매우 일방적인 북한의 관점만을 제공해 우리의 관점에서 보면 불충분하다. 이곳에서 인터넷은 별 도움이 안 되는데, 북한에 대한 정보는 부족하고 주로 소문이 지배하기 때문이다. 맥락과 배경을 알아내기란 그야말로 힘들다. 인터넷은 사용이 매우 제한되니 어차피 빠른 검색도구는 쓸모가 없다.

북한에 대한 여행안내서가 있기는 하다. 추천할 만한《브래트 안내서*Bradt Travel Guide*》같은 책인데, 이 책을 쓰는 데 이 안내서를 이용하지는 않았다. 대신 거의 30년에 걸쳐 현지에서 얻은 정보를 모았다. 굉장히 힘들지만 따지고 보면 놀랄 정도로 단순한 일이기도 하다. 따라서 나 자신의 관찰과 북한의 여행안내원들, 동료들, 친구들, 지인들과의 끝없는 대화가 나의 출전문서인 셈이다. 그리고 베이징의 '고려투어', 런던의 '폴리티컬투어' 또는 베를린의 '평양트래블' 등지에서 일하는 전문적인 여행 기획자들이 긴밀히 협조해주었으며 아시아학자라는 나의 배경도 물론 한몫을 했다.

2003년부터 나의 학문적 고향이 된 빈 대학교는 이 책의 탄생에 중요한 기여를 했다. 독일어권에서 가장 오래된 이 대학교는 21세기 들어 학문을 상아탑에서 내려오게 했다. 곧 학문과 사회의 교류 및 교환을 중점적으로 지원했다. 북한은 단순한 주제가 아니다. 이 분야에 종사하는 사람은 격한 감정과 결합된 혹독한 비판에 직면하곤 한다. 빈 대학교에서 통용되는 확신, 즉 윤리적 기본원칙을 준수한다면, 학문과 사유의 자유를 침범해서는 안 된다는 사실이 이 주제를 다룰 때 매우 중요하다.

북한에서 여러 해를 보낸 외교관들과 사업가들이 너그럽게도 내게 들려준 이야기들이 매우 가치가 있었다. 특히 북한에 대해 나보다 더 잘 알고 있는 바르바라 운터베크Barbara Unterbeck와 귄터 운터베크 Günter Unterbeck 부부를 큰 존경심으로 거론하고 싶다. 이들은 겸손하고도 끈질긴 방식으로 북한 사람들을 위해서, 그리고 우리가 그들에게 접근할 수 있도록 특별한 일들을 해왔는데, 공식적으로 알려진 것보다 훨씬 더 많은 일을 했다.

여러 해 전부터 나는 1년에 한두 번씩 서방의 여행자 그룹을 동반하고 북한에 다녀오곤 했는데, 처음의 회의를 극복한 다음에는 놀랄 정도로 긍정적이고 생산적인 경험이었다. 덕분에 그런 여행에서 나타나는 실용적인 질문과 문제점을 내 경험으로 알게 되었다. 찍어도 되는 사진은 무엇인가? 선물로 가져가도 되는 것은 무엇인가? 비자는 어디서 받나? 어떤 장소를 구경할 수 있고, 어떤 곳은 꼭 가야만 하나? 평범한 것부터 훨씬 더 큰 정치적인 맥락에 이르기까지, 질문은 끝이 없다. 모든 것은 독재국가에 사는 사람들의 처지와 떼려야 뗄 수 없이 결합되어 있다. 즉 국가가 모든 영역을 관통하는 나라에서, 특히 핵무기 개발 프로그램을 두고 거듭 불붙곤 하는 위기를 배경으로, 지정학적으로 매우 복잡한 위치 한가운데 사는 사람들의 처지 말이다.

이런 모든 요소를 합쳐 이 책에서 한 나라의 초상화 같은 것을 만들어냈다. 이는 물론 나의 책《북한: 전체주의 국가의 내부관점》과는 출발점이 다르다.《내부관점》은 북한의 역사, 이데올로기, 정치경제 시스템 등을 다룬 책이다. 그 책에서 여러분은 더 읽어볼 만한 문헌들도 찾아볼 수 있다. 이 두 권의 책《내부관점》과《북한여행》은 궁극적으로 하나의 통합체를 이룬다.

#1

왜 북한이냐:

위험과 양심문제

오늘날 다른 어떤 나라에 대해서도 북한에 대해서만큼 그렇게 분명하게, 여행을 해야 하나 말아야 하나, 그리고 어째서 하나 하는 질문이 나오지는 않는다. 어째서 하필 이 나라야? 근데 그 나라로 여행할 수는 있나? 그러면 내가 그 정권을 후원하는 게 되나? 그런 여행이 어떤 결과를 불러올까? 어쩌면 그 사람들이 나를 안 내보내주는 거 아닐까?

나는 전 세계에서 온 사람들과 이런 대화를 수백 번은 했다. 결론은 분명한 답은 없으며, 언제나 결정은 자기 몫이라는 것이다.

어째서 북한에 가는가?

여행자에게는 대개 그 여행을 하는 훌륭한 이유들이 있게 마련이다. 1주일 동안 1,500유로 이상이 필요하고, 추가로 들어가고 나오는 데 여러 날이나 걸리는 여행을 하는 사람은 그만큼의 보상을 기대한다. 물자부족에 시달리는 독재국가이면서 정치적으로 생각이 다른 사람들을 박해하고 핵무기 프로그램을 구축하는 북한에서 대체 그 보상이란 무엇인가? 이 나라는 우리가 보통 '정상적인' 휴가지에서 기대할 수 있는 몇 가지를 제공할 수 있다. 물이 맑고 사람 적은 해변, 거친 자연, 오래된 절들과 암자들, 이국적인 음식과 심지어 스키장도 있다. 하지만 대부분의 서방 방문객은 다른 이유에서 북한을 찾는다.

이 여행자들은 자신의 가치관에는 전혀 어울리지 않는 사회가 어떻게 작동하는지를 자기 관점에서 바라보고 싶은 것이다. 그런 사회가 어떻게 그리 오래 존속할 수 있는지, 그곳에서 사람들은 어떻게 살고 있는지 알고 싶어한다. 미디어에 대한 신뢰의 정도에 따라, 현존하는 여러 관점들의 속뜻을 묻거나 그런 관점들을 확인해보려 한다. 덧붙여 거의 금지된 나라로의 여행이 주는 스릴도 맛보고 싶어한다. '폐쇄된' '고립된' '알려지지 않은' 따위의 수식어들은 나름의 매력을 갖는다. 몇 번이나 다녀온 토스카나 휴가에 대해 떠드는 지루한 소리를 슬쩍 끊으면서, 지나가는 말투로 "그렇군, 난 지난달에 북한에 갔었는데"라는 말로 즉석에서 대번에 좌중의 주목을 끄는 것은 몹시 기분 좋은 일이다. 솔직히 말하자면 관음증도 한몫 거든다. 많은 방문객은 가볍게 말해 괴짜 쇼가 보고 싶은 것이다.

냉전이 끝나고 거의 30년, 모든 것을 균일하게 만드는 글로벌 시대에 북한 여행자는 여러 면에서 우리 현실과는 근본적으로 다른 체제를 경험할 수 있다. 독재체제는 과거에도 많았고 지금도 많다. 일부 지도자는 살아서 자신의 동상을 세우고, 심지어는 투르크메니스탄의 국가원수처럼 황금 동상까지도 세운다. 다른 독재자들은, 벨라루스에서 그랬듯이, 극히 노골적으로 아직 어린 후계자와 함께 등장하기도 한다. 하지만 공식 명칭 조선민주주의인민공화국처럼 그렇게 완벽하고도 지속적으로 독재체제를 관철시킨 나라는 드물다. 몇 년 안에 이 나라는 과거 소련보다도 더 오래 존속하는 나라가 된다. 이 사실도 한번쯤 음미해보아야 한다.

이 나라를 그토록 특별하게 만드는 것은 여러 요소들이 결합된 결과다. 이렇다 할 사유재산권이 없는 명목상 사회주의 체제라는 게 전부가 아니다. '주체'라는 이름의, 아주 독자적인 극단적 민족주의 이데올로기. 우리 눈에는 비현실적인 방식으로 숭배를 받으면서 벌써 3대째 정상에 있는 최고지도자. 세계 정세에서 거의 완벽히 차단된 주민들. 지속적으로 보고되는 대량 인권침해 사례들. 바닥을 치는 경제사정과는 어울리지도 않게 미국과 그 동맹국들의 격한 반발에 맞서, 최근에는 심지어 중국에 맞서면서까지 실험에 실험을 거듭하며 진행해온 핵무기와 미사일 개발 프로그램. 이는 동북아 지역의 안전에 예측할 수 없는 결과를 불러올 것이다.

다른 곳도 그렇지만 북한여행에서도 자신과 자기 나라에 대해 많은 것을 배울 수 있다는 부수 효과도 있다. 그동안 당연시했던 것들이 새삼 고마워진다. 마음대로 온도를 조절할 수 있는 깨끗한 물이 콸콸 쏟아져 나오는 수도꼭지, 끊기지 않는 전기, 슈퍼마켓에 넘치는 물건들. 자기가 사는 도시와 나라, 그리고 다른 곳까지 자유롭게 돌아다닐 수 있다는 것, 허락을 구하지 않고도 사진 찍을 수 있다는 것, 입장 거부를 당하지 않고 아무 상점이나 들어갈 수 있다는 것, 생판 낯선 사람과 이야기를 나눌 수 있다는 것. 언제 어디서나 접속할 수 있는 인터넷이 저주가 될 수도 있음을 인정한다 해도, 결국 나중에는 우리 문명이 이룩한 이런 업적까지도 그리워하게 된다. 찰나의 구글 검색, 페이스북, 이메일, 왓츠앱, 이 모든 것이 북한에서는 안 되거나 몹시 제한을 받는다.

서양 방문객은 북한에서는 소수다. 2017년 여름에 미국 정부가 여행금지를 선포하기 전까지 연간 6,000명 정도였다. 중국인이 연간 13만 명으로 외국 방문객 중 1위를 차지한다. 보수적으로 잡아서 그렇지 분명 그보다 많다. 중국인들을 북한으로 끌어당기는 매력은 무엇인가? 얼마 전까지만 해도 가난했던 중국에서 해외여행은 오늘날에도 특권에 속한다. 유럽이나 미국, 하다못해 남한까지 가는 비행기 표를 감당할 수 없는 사람들이 당일치기 북한여행을 예약한다. 외국은 외국이니까. 나이 든 세대 중국인들은 전에 자기 나라 사정이 어땠는지를 기억하기 위해서도 북한에 간다. 흘러가버린 젊은 시절에 대한 향수 말고도, 그런 시절이 지나간 것에 한목소리로 안도한다. 아직 환경오염과 도시화로 파괴되지 않은 북한의 풍경을 보며, 그냥 고전적인 의미에서의 기분전환을 얻는다.

그에 반해 서양 관광객에게 북한여행은 흔히 일종의 인간동물원 방문과 비슷하다. 널리 벌어지고 있는 일들을 평가하고 비판적 태도로 확인해보려고 그곳으로 간다. 그토록 당당하면서도 폐쇄적이라는 이 나라는 그렇다면 어째서 우리를 받아들이나?

특별한 투시력을 갖지 않아도 재정적인 동기들을 볼 수 있다. 이 나라는 외환으로 교환이 가능한 화폐가 없고, 국제 금융시장에서 돈을 빌릴 수도 없으며, 새로운 경제제재들로 인해 해외무역에서 점점 더 많은 제약을 받기 때문에 관광으로 들어오는 소박한 금액마저도 상당히 의미심장한 돈이 된다. 서양 관광객 1인이 약 1,500유로를 가져온다면, 관광객이 6,000명이면 벌써 연간 900만 유로에 이른다. 여기에다 보수적으로 따져서 중국인 관광객 1인당 500유로를 가져온다고 치면, 관광으로 북한이 벌어들이는 돈은 거의 7,500만 유로에 이른다. 대단한 액수는 아니지만 다른 돈벌이 대안이 거의 없는 나라로서는 상당한 금액이 아닐 수 없다.

게다가 관광객의 수가 꾸준히 늘어나는 듯 보인다. 북한 정부의 야심찬 목표치는 연간 100만 명이다. 만만치 않은 숫자이긴 한다. 하지만 〈파이낸셜 타임스Financial Times〉에 따르면 2016년 8월부터 11월까지만 약 400만 명의 중국 관광객이 남한을 찾았다. 이는 잠재된 가능성을 짐작하게 한다. 미국이 북한에 대한 제재를 점차 관광업으로 확대하는 것이 놀랍지가 않다.

명백한 재정적 유혹에도 불구하고 북한이 서방 손님을 맞아들이기란 쉽지 않은 일이다. 방문객들과 기자들의 끝없는 비방과 비웃음을 보고 있으면, 거의 마조히즘이 의심될 지경이다.

그들은 어째서 우리를 나라 안으로 들이나? 우리로서는 납득이 잘 안 되지만, 정말로 업적에 대한 자부심도 한몫을 한다. 지금 노동자의 천국에 오셨으며 위대한 지도자들 덕에 거룩한 지역에 있다는 설명을 듣는다면, 그것은 정말 진심으로 하는 말이다.

그것을 순진하거나 딱하다고 여긴다 해도, 외국인 상대 안내원의 설명을 들으면서 그 순간 그 사람이 정말로 그렇게 생각한다고 상상해보는 것은 분명 해롭지 않은 일이다. 쉽지는 않다. 북한을 여행하는 사람들은 대부분 자신이 여기서 계속 당하고 있는 건 아닌가 하는 두려움을 이야기하곤 한다. 조심스럽게 표현하자면, 그런 감정들이 근거가 전혀 없지는 않다. 하지만 자주 쓰는 너무 빤한 속임수가 항상 악의적으로 오도하려는 목적은 아니고 그냥 민족적 자부심 때문일 때도 많다. 그러니까 손님들을 잘 만들어진 붙박이식 부엌으로 안내하면서, 잘못 만들어진 지하실 벽에서는 눈길을 돌리게 하려고 애쓰는 경우 말이다.

흥미로운 일이지만 기층민에 속하는 외국인 상대 안내원이나 가이드가 사람들이 보통 회의적인 태도를 품고 북한에 온다는 사실을 가장 잘 아는 듯이 보인다. 내가 북한에서 집촉한 몇 사람은 이런 상황에 대해 심지어 내게 당혹감을 표현한 적도 있다.

하지만 이들은 예외다. 당국의 고위직 인사들은 장시간 버스여행이나 저녁때 맥주 한잔 자리에서 비꼬는 농담을 하는 관광객을 직접 상대하지 않는다. 어느 정도 난방이 잘되는 관청에서 그들은 점점 늘어나는 관광객 숫자, 증가하는 수입, 높아지는 승진의 기회 등을 기뻐한다. 이런 상황에서 어떤 가이드가 멍청하게 상사의 아름다운 꿈을 깨뜨리면서, 수입이 좋은 자신의 직업을 망치겠는가? 여행안내원은 1주일 동안 상대적으로 손쉬운 일을 하고 나서—그 대안이라야 흙투성이가 되는 논일이나 컴컴한 광산일이 전부일 텐데—100유로 넘는 팁을 받고, 적어도 그중 일부를 자기 몫으로 받을 수 있는데 말이다.

북한을 여행할 수 있나?
허가도 받을 수 있고, 그럴 만한 의미도 있나?

이 주제는 아마도 잠재적 북한 여행자가 직면하는 핵심질문의 하나일 것이다. 순수하게 기능적으로만 따지면 답은 간단하다. 그렇다, 갈 수 있고 허가도 받을 수 있다. 기자들과 남한 국민, 그리고 2017년 8월부터 미국 국민만 예외다. 남한과 미국은 정부가 여행을 금지했고, 기자들은 특별신청을 해야만 하는데, 신청하면 항상은 아니라도 놀랄 만큼 자주 입국허가가 난다. 서방 여행사들은 여행자에게서 서면으로 기자가 아니라는 확인을 받고, 거짓 진술일 경우 결과에 대해 일절 책임지지 않을 것임을 분명히 한다. 나머지 모든 사람들은 여행사를 찾아가면 보통 별문제 없이 비자를 받는다.

동반자나 미리 계획된 여행경로가 없는 순수한 개인여행은 현재 원칙적으로 가능하지 않다. '대표단'이라 불리는 단체의 일원이 되어, 계획에 따라 안내를 받는 여행을 한다. 물론 대표단은 단 한 명으로 구성될 수도 있다. 하지만 여러 이유에서 그것을 말리고 싶다. 첫째로 보고 경험한 것을 다른 여행자들과 서로 나누는 쪽이 훨씬 편안하다. 그 밖에도 단독 여행자는 원칙적으로 운전기사와 적어도 두 명의 가이드로 구성된 수행팀의 일관된 주목을 받는데, 이것은 누구나 쉽게 견딜 수 있는 일이 아니다.

이런 여행을 양심과도 잘 합치시킬 수 있느냐는 또 다른 문제다. 여기에는 확고한 답이 없다. 우선, 여행자는 외환을 북한으로 들여감으로써 현재의 정권을 후원하게 된다. 지도자 동상 앞에서 의무적으로 허리를 굽혀 절하는 외국인들은, 북한 체제에 경탄하는 사람들이라며 북한 주민을 향한 내부 선전에 이용된다. 많은 이들이 이런 이유에서 북한여행을 절대 거부하는데, 나로서는 이해할 만한 일이다.

다른 한편 이렇게 들어온 외환으로 국내에서 수요가 생기게 된다. 이런 수요는 조심스러운 맹아로 존재하는 시장경제를 장려한다. 여행자들 덕분에 직간접적으로 혜택을 보는 사람들은 생활수준이 평균보다 월등히 높기 때문에, 국가가 선전하는 사회주의 평등을 가장 공개적인 방식으로 헛소리로 만든다. 더 많은 돈은 전능한 관료층과 결탁해 피할 길 없이 부정부패와 연결된다. 이 모든 것이 체제의 기반을 서서히 무너뜨리면서 변화를 강요한다. 동상에 절하기도 체제에 위협적으로 작용할 수 있다. 북한 사람 모두가 이런 광경에서 김일성 일가를 향한 외국인 찬양자만을 보는 건 아니니까. 자의식이 있는 사람들이 자기로서는 엄두도 못 낼 자유로운 옷차림에 비싸 보이는 카메라와 전자기기들을 들고 있다. 젊은 북한 여성이라면 자신에게도 잘 어울릴 법한 구두와 핸드백을 든 여성들을 쳐다보며, 자기도 저런 아이라인을 그릴 수 있을까 자문할 것이다.

이런 모든 것이 아무리 평범해 보여도 그 효과를 얕잡아보면 안 된다. 내가 아직 동독에 살던 때, 고향 도시 라이프치히에서 서방의 방문객을 자주 볼 수 있었다. 많은 말이 필요치 않았다. 뚜렷이 드러나는 부유함, 제스처, 심지어 자의식이 깃든 시건방짐까지도 나를 자극했다. 탈북자들의 보고에서 알 수 있듯이 북한도 이 점에서 다르지 않다.

일부 여행자들은 양심문제를 공격적으로 다룬다. 나는 북한에서 여러 번이나 미국의 기독교단체 여행자들을 만났는데, 신의 뜻으로 이토록 시련을 겪는 북한 사람들을 위해 기도하려고 왔다는 사실을 당국에 감추지도 않았다. 그들은 언제나 자기들끼리 기도를 했기 때문에 당국의 방해도 받지 않았다.

북한에 진짜 관심을 가진 사람이라면 어차피 현장검증을 거치지 않는 길이란 없다. 가보지도 않고 그 나라 이야기를 하는 사람은 별로 믿음직하지가 않다. 오늘날 상당수 서방 평론가들은, 그런 게 극복할 수 없는 큰 장애라고 여기지도 않는 듯하지만 말이다.

하지만 방문객이 주로 권력자의 의지가 보여주고자 하는 단면들만 보게 된다는 것도 아주 분명하다. 정치범은 보여주려는 범주에 들어가지 않는다. 공개처형이나 굶주린 아이들도 마찬가지다. 그냥 보통 사람들의 일상조차 관광객에게는 대체로 감추어져 있다. 많은 것이 연출된 것이다. 외국인에게 영향을 주려고 행해지는 일들을 우리가 좀 과대평가하는 편이지만, 이는 엄연한 사실이다. 그렇다고 길가에 웃고 있는 아이들 패거리가 모조리 관청에서 우리를 위해 연출한 광경은 아니다.

정치적으로 얼치기 교육만 받은 서방 관광객도 국가 기획의 쇼를 재빨리 알아챈다. 북한 사람들이 섬세함의 대가는 아니다. 금지된 것은 오히려 현실을 더 잘 가늠하게 해준다. 북한으로 넘어가는 중국 쪽 국경도시 투먼의 안내판은 어째서 '마약거래'를 금지하고 있나? 그리고 관광 프로그램에 재교육 수용소는 들어 있지 않지만, 현장에 있으면 이곳 체제가 어떤 것인지, 일상에서 인권이 어떻게 침해될 수 있는지 재빨리 알아채게 된다. 특히 인권침해 문제에 대해서는 많은 사람들이 중요한 깨달음을 얻게 된다.

여행이라고 다 같은 여행이 아니다. 결국은 내용이 중요하다. 전문가가 이끄는 여행은 아마도 4월의 평양마라톤이나 8월의 맥주축제에 재미로 참가하는 여행보다는 윤리적으로 더 쉽게 정당화할 수 있을 것이다. 우리의 돈이 체제를 강화할까, 아니면 그 변화에 기여할까? 우리가 그곳에 가는 것이 체제를 강화하는 쪽으로 작용할까, 아니면 방해하는 쪽으로 작용할까? 우리는 이 나라에 대해 무엇이든 배울 수 있나, 아니면 그냥 눈이 먼 채로 있어야 하나? 단순히 재미와 오락을 찾아서 북한여행을 하는 것이 정상인가, 아니면 가능한 한 많은 것을 이해하기 위해 가능한 한 많은 정보를 미리 얻고 전문지식을 장착하고 가야 할 것인가?

북한여행은 안전한가?

이 질문에 대해서도 우선은 그렇다고 답할 수 있다. 북한은 문자 그대로 매우 안전한 여행지다. 어디나 존재하는 국가의 안전기구들을 생각하면 놀랄 일도 아니다. 절대로 도둑맞지 않고 공격받지 않으며, 아무리 노력해도 길을 잃지 못한다. 감시자들이 결코 멀리 있지 않으니까. 관광객에게는 먹을 것이 넉넉하고 가격은 적절하다. 황달, 말라리아, 콜레라 등의 질병은 논할 것이 못 된다. 근래 들어 결핵이 조금 늘어나긴 했지만.

여기까지는 좋다. 하지만 지난 세월 북한 정권에 억류되어 여러 해나 강제노동 형벌을 받은, 우리 느낌에 수백 명쯤 되는 관광객은 어찌 된 일인가? 미국 외무성 사이트에는 관광수입이 핵무기 개발에 쓰이는 게 '절대 확실하다'고 되어 있다. 게다가 북한을 여행했다가는 체포되어 장기간 구금될 위험성이 매우 높단다. 사적인 영역은 전혀 보장받을 수 없다. 2017년 중반에는 아예 여행금지령이 내려졌다. 미국 국민은 더는 북한을 여행하지 못한다.

통계로만 보면 북한여행 도중 체포될 개연성은 미국여행의 경우보다 더 적다. 하지만 비행기도 이론적으로는 자동차보다 안전하다지만, 여전히 비행공포가 존재한다. 북한의 경우 불쾌감과 신경과민은, 자기도 모르는 사이 북한 관청과 갈등에 빠질지도 모른다는 감정에 근거한다. 법치국가가 아니라는 사실도 있다. 북한에서 체포된 사람은 어느 정도 대책 없이 이 나라의 자의에 맡겨지게 된다.

서방 여행자들이 범했다는 '범죄'들은 북한 체제의 매우 독특한 가치와 우선순위를 보여준다. 호텔 방에 성서를 남겨둔 사람, 지도자를 조롱하는 글귀를 끄적거린 사람, 남한 멜로드라마를 몰래 반입한 사람은, 여행안내원이 짧게 경고한 것보다 훨씬 더 큰 위험을 무릅쓰는 것이다.

여기서 눈에 띄는 것은 체포된 사람들이 거의 예외 없이 미국인 또는 한국계 미국인이라는 점이다. 미국을 대화로 불러내려는 또는 특히 한국어 사용자들에게 경각심을 불러일으키려는 정치적 의도가 분명히 드러난다.

다른 곳과 마찬가지로 북한에도 거기서 통하는 규칙들이 있다. 이런 정보는 모든 여행사가 반드시 사전에 알아야 하고, 방문국의 규칙을 존중하는 것은 당연한 일이기도 하다. 많은 경우 위반자의 체제 전복 의도보다는 무지나 부주의가 더 문제였지만, 체포가 완전히 멋대로 이루어진 것만은 아니다. 체포된 사람들은 대부분 가혹한 형량을 선고받았지만 비교적 짧은 시간 내에 적어도 신체적으로는 멀쩡한 상태로 도로 석방되었다. 이해하기도 받아들이기도 어려운 단 한 번의 비극적인 예외를 제외하고는 말이다. 꾸준히 업데이트되는 모든 사례들에 대해서는, 스티븐 해거드Stephen Haggard와 마커스 놀런드Marcus Noland의 블로그 'Witness of Transformation'에서 찾아볼 수 있다. 여기서는 몇 개만 선별해 제시한다.

유나 리Euna Lee와 로라 링Laura Ling은 미국의 여기자들인데, 2009년 3월 불법으로 중국 국경을 넘어 북한으로 들어갔다. TV쇼에 쓸 자료를 촬영하기 위해서였다. 그들은 즉시 체포되었고 12년의 중노동형을 선고받았다. 2009년 8월에 미국의 전직 대통령 빌 클린턴Bill

Clinton이 개인적으로 개입해서 그들은 클린턴과 함께 북한을 떠날 수 있었다.

아얄론 고메즈Aijalon Gomez, 31세 미국인. 남한의 영어 강사이던 그는 2010년 1월 불법으로 국경을 넘었다가 체포되었다. 아마도 북한에서 전도를 하려 했던 것 같다. 그는 8년 중노동형과 70만 달러 벌금형을 받았다. 미국 전직 대통령 지미 카터Jimmy Carter의 개입으로 그 또한 2010년 8월에 카터와 함께 북한을 떠났다.

케네스 배Kenneth Bae, 43세의 남한 출신 미국인. 2012년에 종교활동 및 반국가활동을 이유로 체포되어 2013년 4월에 15년 중노동형을 선고받았다. 1주일에 6일씩 농장에서 일하면서 몸무게가 많이 줄고 건강상태도 악화되었다. 2014년 11월 버락 오바마Barack Obama 대통령이 북한 인권을 위한 특사를 파견한 다음 매슈 밀러Matthew Miller(다음에 설명)와 함께 역시 북한을 떠났다.

메릴 뉴먼Merrill Newman, 한국전 용사인 84세 미국인. 2013년 10월 관광객 신분으로 북한에 갔다. 공식 북한 안내원의 도움을 받아 한국전 당시 자기가 훈련시킨 남한 스파이 그룹과 접촉하려고 했다. 전쟁 당시 그들의 임무는 전선 저편, 곧 북한에서의 암살 및 방해공작이었다. 북한의 관점으로 보면, 옛날의 가해자가 희생자 후손의 도움으로 이곳에서 옛날 공범들과 접촉을 시도한 일이었다. 일이 더욱 꼬이느라고 마침 이 스파이 그룹은, 미국의 전쟁범죄를 널리 선전하는 신천박물관(11장 참조) 근처 구월산 지구에서 공작 중이었다. 박물관 입구 위에는 이런 팻말이 붙어 있다. "신천 땅의 피의 교훈을 잊지 말자!" 뉴먼은 북한 사람들의 생각과 감정에 한국전이 살아 있음을 분

명 얕잡아보았다. 그는 여행 마지막 날에 무슨 영화에서처럼 막 이륙
하려는 비행기에서 끌려내려와 평양의 양각도호텔로 돌아왔으며, 그
곳에 두 달가량 억류되었다. 뒷날 그 자신의 설명에 따르면, 북한 당
국은 이 손님이 고령으로 건강이 악화될까봐 극진히 배려했다. 2013
년 12월 초에 공개사죄를 한 다음 그는 북한을 떠날 수 있었다.

　매슈 밀러, 25세 미국인. 2014년 4월에 평양공항에 입국하면서
자신의 여권을 찢어버리고 정치적 망명을 신청했다. 북한 당국에 넘
길 자료를 가지고 있는데 중대한 미국 국가기밀도 포함되어 있다고
주장했다. 북한 당국은 진술을 들은 후 그를 도로 석방하려고 했으나
그는 떠나기를 거부했다. 자기는 한국어를 모르나 '보통 사람들'을
만나 '보통 대화'를 하고 싶다고 우겼다. 밀러는 6년 중노동형을 선
고받았다. 아마도 심경 변화에 대한 기대가 있었을 것이다. 2014년
11월에 미국 국가정보국장 제임스 클래퍼James R. Clapper가 북한을 방
문한 다음 석방되었다.

　제프리 파울Jeffrey Fowle, 56세 미국인. 2014년 5월 관광객으로 청
진을 여행하던 중 체포되었다. 청진 선원클럽 화장실에 성서를 은닉
하려 했다는 죄목이었다. 고려투어가 조직한 여행이었다. 이 여행사
는 베이징에 본부를 둔 영국계 여행사로서 북한 여행업계의 정상을
차지하고 있다. 나는 이 여행사를 잘 알고 있으며 창업자인 닉 보너
Nick Bonner도 잘 안다. 그런 만큼 특히 북한에서 성서나 그 비슷한 책
들에 대한 금지사항을 고객에게 아주 분명하게 고지했으리라고 확신
한다. 북한 당국의 선고에 따르면, 파울은 단독행동을 한 것이지 어떤
조직에 속해 있던 것은 아니었다. 그는 숙소에 몇 달 동안 억류되어

있다가 2014년 10월 석방되어 국외추방을 당했다. 이 사건 이후로 가이드들은 고객들이 호텔을 떠난 다음에 언제나 방을 검사한다.

주원문, 미국 영주권을 가진 21세 남한인. 그의 주장에 따르면 체포되었다고 한다. 2015년 4월에 중국 단둥으로 갔다가 불법으로 국경을 넘어 북한으로 갔다. 이어서 그의 소원이 성취되었다. 그는 2015년 10월 남한으로 강제추방당할 때까지 억류되어 있었다.

임현수, 한국계 60세 캐나다 목사. 2015년 2월 라선에서 체포되어 2015년 말에 종신 구금형을 선고받았다. 그는 18년 동안이나 인도적인 영역에서 북한과 협조하면서 북한 최고위층과 접촉했노라고 주장한다. 북한에서 주민들의 탈북을 체계적으로 지원하고, 또 금지된 방법으로 선교활동을 펼쳤다는 비난을 받았다. 2017년 8월 캐나다 대표단이 방문한 다음 캐나다로 돌아갔다.

김동철, 62세 한국계 미국인. 라선 경제특구에서 무역업 및 요식업을 하다가 2015년 10월에 체포되었다. 2016년 4월에 10년 중노동형을 선고받았다. 그는 남한의 국가정보원을 도와 군사첩보활동을 펼쳤으며, 군사정보가 담긴 USB를 넘기다가 붙잡혔다고 자백했다. 특별한 중범죄였다. 2015년 10월 저널리즘 웹사이트 '인터셉트The Intercept'는 카이 히라민Kay Hiramine이라는 사람이 이끄는 기독교 인권단체 '인도주의 국제서비스 그룹Humanitarian International Services Group(HISG)'이 미국 국방부의 위탁을 받아, 공작도구들을 구호물자 안에 숨겨서 현지 조력자들도 모르게 북한에 반입했다는 사실을 폭로했다. 이런 일이 이 건 하나만은 아니었다. 물론 미국 같은 나라가 북한 관련 정보를 얻기 위해 위성감시 외에 다른 수단들도 쓴다는 게 놀라운 일은 아니다. 다만 의도적으로 구호단체들에 접근했다는 것이 문제다. 이는 북한 측의 불신을 더욱 강화하고, 그것은 다시 북한으로 들어오는 모든 외국인들에게 영향을 미친다.

김상덕, 김학송. 미국과 남한의 기독교단체가 설립한 평양과학기술대학교(PUST)의 객원교수. 이들은 2017년 4월과 5월에 내용이 상세히 알려지지 않은 '적대적 범죄행위'를 이유로 체포되었다[김동철, 김상덕, 김학송은 2018년 5월 마이크 폼페이오Mike Pompeo 미국 국무장관의 방북 후 석방되었다].

이 목록을 읽으면, 멍청한 행동, 만천하에 공표, 가혹한 형벌, 유명인이 개입하며 몇 달 뒤 석방이 결국 수순이구나 하고 생각할 위험이 있다.

그것은 2017년 여름 이후로 끝났다. 하나의 사건이 그 원인이되었다. 이 사건은 다른 많은 일들처럼 시작되었지만 비극적인 종말을 맞이하면서, 외국에서 북한의 위신을 심각하게 깎아내렸다.

오토 웜비어Otto Warmbier, 미국 대학생, 당시 21세. 2015년 12월 말에 관광객으로 북한으로 들어갔다. 2016년 1월 초에 체포되어 두 달 뒤 카메라가 돌아가는 가운데 15년 중노동형을 선고받았다. 그가 범했다는 범죄는 다음과 같다. 섣달그믐날 늦은 밤 술에 취한 채 평양 양각도호텔의 투숙객 출입금지 구역을 멋대로 침입해 선전깃발을 훔쳤다. 북한 관청에 따르면, 그는 고향 기독교단체에서 이 깃발을 가져오면 큰돈을 받기로 하고 이런 행동을 했노라고 고백했다.

고백이 다 사실인지는 모르겠지만, 실제로 도둑질을 했다는 것은 분명해 보인다. 미국 대학생의 눈으로는 별로 해롭지 않은 장난질이지만, 북한 당국의 관점으로는 체제에 대한 공격이었다. 여기서 서로의 관점 차이가 뚜렷하다. 한글을 읽을 줄 모르는 오토 웜비어가 몰랐던 사실인데, 그 깃발에는 김정은의 작고한 부친 김정일의 이름이 적혀 있었다. 이로써 그는 성스럽다고 할 만한 물건을 더럽히고, 지도자를 개인적으로 공격한 것이었다.

이런 행동과 부조리할 정도로 높은 형벌에 대해서 모두들 고개를 젓지만, 관찰자로서는 한 가지 질문이 있다. 이 사건을 통해 유명해진 '영파이어니어투어'가 과연 북한의 특수성에 대해 고객들에게 충분히 알렸는가 하는 질문이다. 북한에서 재미있게 즐기고 안전하다고 느낄 수도 있다. 하지만 북한이 관용을 모르는 이념 기반의 독재 정권이라는 사실, 이런 정권에서 국가의 전횡은 우리가 아는 상식의 경계를 지키지 않는다는 사실이 바뀌지는 않는다. 방문자는 이 사실을 언제나 거듭 되새겨야 한다.

2017년 6월에 오토 웜비어의 운명은 예상치 못한 극적인 전환점을 맞이했다. 그가 외부와의 접촉 없이 15개월을 지낸 다음 의식불명 상태로 미국으로 돌아오자, 서방 신문사들의 인터넷 광장에서 그의 어리석음을 두고 쏟아지던 온갖 악의적인 비난의 말들이 조용해졌다. 겨우 며칠 뒤에 그는 가족들이 지켜보는 가운데 숨졌다.

그의 상태와 죽음의 원인에 대한 온갖 사변들은 문제가 있다. 북한의 진술에 따르면 식중독이었다. 하지만 어쩌면 한국어를 모르는 채 낯선 환경에 고립되어 완전히 절망한 젊은이의 자살시도가 너무 늦게 발견된 탓일 수도 있다. 북한법과 갈등에 빠진 다른 사람들의 경험을 토대로 보자면, 웜비어는 신체적 고문을 당했을 수도 있다. 어

1. 왜 북한이냐:
위험과
양심문제

쨌든 사고가 있었던 것 같다. 그렇다 해도 북한이라는 국가가 그의 죽음에 책임이 있다는 사실만은 변함이 없다. 이런 사실을 배경으로 놓고 보면, 북한 정부가 즉시 부모에게 사죄하지 않은 것은 이해할 수 없는 일이다. 그런다고 오토 윔비어가 살아 돌아올 수는 없지만, 그런 태도는 문명화된 국가에 기대할 수 있는 최소한의 일이었을 테니 말이다.

오토 윔비어의 높은 형량과 형벌의 방식이 그의 국적과 관계가 있었을까. 유럽인이 같은 일을 저질렀다면 같은 벌을 받았을까. 의견들이 분분하다. 엄연한 사실은 지금까지 유럽인이 관련된 비슷한 예가 없었다는 점이다. 전반적으로 처신을 더 잘했기 때문인지, 여행사가 더 유능했던 덕인지, 아니면 유럽인이 북한에서 '인질'로서 별로 쓸모가 없어서인지는 분명하지 않다.

미국과 북한 사이에 외교관계가 단절되었다는 것도 절대로 도움이 되지는 않았다. 바로 이런 상황에서 대사관의 존재이유가 현장에서 입증되는 것이니까. 이런 이유에서 독일 정부가 2017년 11월에, 워싱턴의 요구에도 불구하고 평양의 대사관 폐쇄를 거부한 것은 환영할 만한 일이다. 문제가 생기면 대화채널이 필요해진다.

잊지 말아야 할 점은 앞에 나열한 경우에서 서양 여행자들만 고약한 일을 겪은 것은 아니라는 사실이다. 특히 북한의 담당 안내원들은 당국의 불쾌한 심문을 받아야 했다. 이에 대해 서방의 언론은 아는 바가 없다. 몇몇 경우 담당 안내원들이 안내원 일을 재개했다는 것을 나는 알고 있다. 그러니까 처형당한 것도 아니고 수용소에 보내지서나 형벌을 받은 것도 아니다. 물론 여행안내원들이 흔히 유력한 집안 출신이라는 점도 고려해야 한다. 안내원이었던 사람을 몇 년 후 북한의 대사관이나 외무부 또는 국제적 기업체에서 다시 만나는 경우가 있다. 가족이 보호의 손길을 제공하는 경우에도 그들에게 서류상의 오점은 남는다. 앞에서 언급한 서양인의 '범죄'에 책임이 있는 몇 사람은, 운이 그만큼 좋지 못했다는 소문이다. 그들이 외국인들을 위해 일하는 모습을 더는 볼 수 없게 되었다.

이런 맥락을 안다면, 여행 중 가이드들이 너무 '세심하게 보살피는' 느낌이 들어도 마음이 좀 풀릴 것이다. 그들은 체제를 만들어낸 것이 아니고 그냥 그런 체제 속에 태어난 사람들일 뿐이다. 그들은 관광객들의 무지나 모험심의 대가를 자기가 치르고 싶지 않은 것뿐이다.

그 밖에 어떤 일이 일어날 수 있나?

나는 위험할 뻔한 사건을 본 경우는 극히 드물다. 내가 이끌던 여행단 한 명이 호텔 용품을 슬쩍한 적이 있는데 호텔 측이 손실을 알아채 이 기념품은 즉시 반납했다. 이 불쾌한 사건에 대한 보상으로 나는 작은 선물을 주고 사죄를 했다.

또 한번은 우리를 인솔하던 북한 안내원 한 명이 전화를 받았는데, 우리 여행단 한 명이 평양 밖에서 '적절치 못한 사진'을 찍는 것을 누군가가 목격했다고 했다. 이 일은 감시체제의 작동 방식과 반응속도를 알 수 있게 해주어 흥미로웠다. 그 '행동'은 거의 두 시간 전에 일어났다. 누군가 그것을 목격하고 지방 관청에 신고했다. 지방 관청은 본부에 연락해서 어떤 서양인 여행단이 문제가 되는 시간에 그 지역에 있었는지를 알아내, 북한의 국영 조선국제여행사Korea International Travel Company(KITC)에 알리고, 가이드들의 핸드폰 번호를 문의했던 것이다.

이 사건도 무사히 끝났다. 우리는 심각하게 걱정하는 북한 안내원에게 우리가 찍은 사진들을 보여주었다. 불법적인 사진은 단 한 장도 발견되지 않았지만, 분위기가 엉망이 되었다. 아름다운 경치와 새로운 인상 덕분에 기분이 좋았던 여행자들은 단번에 자기들이 어떤 나라에 있는지 상기했다. 하지만 모두가 그 사건을 그렇게 고약하게만 느낀 것은 아니었다. 몇몇은 사람을 마음대로 조종하는 일이 생각보다 훨씬 적어서 실망이라는 말을 나한테 털어놓기도 했으니까.

한번은 특히 너그러운 가이드와 여행하고 있었는데, 동영상이나 사진을 찍으면 안 된다는 엄격한 규칙을 위반하는 일이 벌어졌다. 사진을 찍지 말라는 요구 없이 거의 1주일을 보내다보니, 경고사항은 이미 잊은 지 오래였다. 아마도 고향에서 자랑할 속셈으로 한 신사가 버스 맨 앞자리에 앉아서 평양에서 개성으로 가는 총 150킬로미터 고속도로를 거의 전부 촬영했던 모양이다. 그러면서 부주의하게 개성 외곽에서 군대의 감시초소까지 찍다가 들켰다.

초소 지휘관인 하사관이 카메라를 보고 거칠게 항의했다. '범죄자'는 버스에서 내려서 카메라를 보여주어야 했다. 너무 긴장해서 영상을 지우는 법도 얼른 생각나지 않았다. 우리 가이드는 초소로 불려들어가서 분명히 나이가 더 적은 하사관한테 따끔한 질책을 들어야 했는데, 이는 유교국가에서는 심각한 모욕으로 느껴지는 일이었다. 이 사건은 수도에 보고되었고, 그 뒤로 어떻게 되었는지 우리는 모른다. 전날 저녁에도 우리 버스는 거울처럼 매끈한 도로에서 미끄러지는 사고를 겪으면서 만경대학생소년궁전 입구의 화강암 판을 깨뜨렸으니, 이것은 내가 그때까지 알았던 가장 유능하고 친절한 가이드 한 명의 일생에서 아마도 몹시 힘든 한 주간이었을 것이다. 그러니까 북한에서도 대개는 엉뚱한 사람이 그런 일을 겪는다.

내가 직접 겪은 가장 힘든 사고는 내가 안내하던 유럽 관광객 두 명이 주먹질을 벌인 일이었다. 그것도 하필 남한과의 경계선 최전방 초소에서였다. 저편으로는 비무장지대와 철조망, 남한의 벙커 등이 보였다. 사건의 장소와 어울리게도 싸움의 계기가 그야말로 기묘했다. 기념촬영을 할 때, 우리를 국경지대로 안내한 북한군 대좌[대령] 옆에 누가 서느냐를 놓고 실랑이가 벌어졌다. 분명 모두가 탐내는 이 자리를 놓고 초소의 컴컴한 화장실에서 이 두 사람이 말싸움을 벌이다가 급기야는 큰소리와 함께 주먹이 오가는 지경에 이르렀다.

곧바로 무장 군인 세 사람이 달려 들어왔다. 담배 다섯 갑과 싸움꾼들을 희생양으로 삼은 지저분한 농담으로 겨우 이 일을 무마할 수 있었다. 다행히도 여러 해 전부터 담당 장교를 알고 있었던 덕분에, 이 사건이 국경에서의 도발로 보고되는 것을 막을 수 있었다. 그랬다가는 일이 얼마나 더 꼬였을까.

여행자는 무엇보다도 두 가지를 명심해야 한다. 첫째로 우리의 일상적인 규칙들과는 다른 북한에서 적용되는 규칙들을 분명히 알아야 한다. 아는 것만으로 다가 아니고, 적어도 그 위험성을 현실적으로 평가할 수 있는 정도는 되어야 한다. 둘째로 그런데도 무슨 일이 벌어진다면, 사건이 커지지 않게 막아서 윗선으로 보고가 올라가는 것을 어떻게든 피해야 한다. 사소한 일이 급속도로 통제불능 상태로 바뀔 수도 있으니까.

북한여행은 감정적으로 상당한 도전인데도 자주 과소평가되곤 한다. 누구든 지속적인 긴장상태에서 익숙하지도 않고 이해되지도 않는 일들을 끊임없이 겪으면서 만족스러운 설명도 거의 듣지 못하다 보면, 상당한 좌절감이 쌓이게 마련이다. 그러잖아도 문화충격을 받는데, 이런 감정까지 쌓이면 뚜껑이 열릴 수가 있다. 이런 이유에서 나는 혼자 여행하기보다는 단체여행을 추천한다. 북한 첫 방문은 1주일 이상으로 잡지 말 것을 권고한다. 보통 유럽인들은 4~5일이 지나면 천천히 한계에 도달한다. 최초의 신호는 점점 신경질적으로 변하는 농담과 늘어나는 알코올 소비량이다. 그렇다, 북한여행은 절대로 어린이 생일파티가 아니다.

입국:

 # 2 _____ 생각보다 쉽네

양심과 관련된 질문을 긍정적으로 해결했다면 이제 평범한 기술적인 문제들에 봉착한다. 어디서 예약을 하지? 비자는 어떻게 받나? 무엇을 가져가고, 무엇은 집에 남겨두어야 하나? 입국 절차는 어떻게 되나? 이런 일들은 놀랄 정도로 쉽사리 해결되지만, 악마는 디테일 속에 숨어 있다.

여행사 없이는 되는 일이 없다

공항에서 시내로 어떻게 들어갈지, 어떤 호텔에 묵어야 할지 등으로 골머리를 앓을 필요도 없다. 그 모든 것이 미리 정해져 있다.

대부분의 여행자는 관광객 자격으로 북한으로 가지만, 경제협력이나 외교문제, 학술, 저널리즘, 문화교류 등의 영역에서 어떤 임무를 띠고 공식적으로 방문하는 경우도 있다. 이는 북한 측의 초청을 받아야 되는 일인데, 물론 받기가 어렵다. 보통은 접촉할 기회가 거의 없기 때문이다. 설사 접촉한다 해도 북한 당국에서 납득할 만한 계기가 있어야 한다. 커다란 트렁크 가득 돈을 담아 가지고 들어가는 투자자들이 가장 쉽사리 그런 계기를 얻는다. 물론 그랬다가는 경제제재 때문에 삶이 힘들어질 수도 있지만.

관광객이 북한으로 가는 길은 무조건 국영 여행사를 통한다. 아주 오랫동안 조선국제여행사(KITC)가 단독으로 주관해왔다. 북한에서는 그냥 '려행사'라고 한다. 그사이 시장경제 냄새를 풍기는 북한 땅 여기저기서 점점 더 환상적인 이름의 국영 여행사들이 마치 버섯처럼 솟아올랐다. 경쟁이 사업을 생동하게 하는 법이니까. 물론 경쟁상대들이 각기 다른 국가기관들이라 해도 말이다.

KITC 말고도 조선국제스포츠여행사(KISTC), 조선국제청년여행사(KIYTC), 그리고 최근에 생겨난 조선국제태권도여행사(KITTC), 평양고려여행사 등이 있다. 이것은 빙산의 일각에 불과하다. 다양한 국가기관들 속의 기업가정신이 제각기 전문분야와 네트워크를 기반으로 스포츠여행, 건축여행, 청년여행 등을 제공한다. 관광산업이라는 케이크에서 한 조각을 받으려는 관리자의 소망이 이런 사업의 추진력이다. 물론 외환수입을 늘리라는 국가의 절박한 요구도 거든다. 여기 더해서 대개는 KITC와 협동으로 각 도에서 활동하는 지역 관광조직들도 있다. 신의주를 중심으로 사업하면서 상당한 매출을 올리는 묘향산여행사, 라선 경제특구에 집중하는 라선국제여행사, 함경북도와 그곳의 칠보산을 전문으로 하는 칠보산여행사 등이 있다.

이 여행사들 중 한 곳에 직접 예약하는 것은 현재로서는 가능하지도 않고 권할 만한 일도 아니다. 보험, 보증, 여행취소 등의 문제는, 여행자와 동일한 법체계를 따르고 그래서 문제를 실질적으로 가까운 법원에서 처리할 수 있는 파트너를 두는 쪽이 더 낫다. 게다가 북한으로의 송금은 현재의 국제제재로 인해 기술적으로 불가능하다.

따라서 북한 관광여행은 대부분 중개자로 나서는 여행사에서 제공한다. 이들은 세계 여러 곳에 있고, 상당수는 베이징에 지점을 두고 있다. 인터넷에서 어느 정도 검색도 가능하다. 따라서 여기서는 주로 나의 주관적인 경험을 바탕으로 이름 몇 개를 거론하기로 한다. 당신이 어떤 결정을 내리든, 북한 쪽 파트너가 누군지 물어보는 것은 해롭지 않은 일이다. 그런 게 반드시 있기 때문이다.

20년이 넘는 가장 오래된, 자신들의 말로는 매출도 가장 큰 북한 전문 여행사는 베이징에 본부를 둔 고려투어다. 이 회사는 1993년에 영국인 닉 보너가 설립했는데, 나는 15년 전부터 그를 알아왔고 또 높이 평가한다. 그는 원래 문화, 특히 영화와 그림에 열정적이었다. 호감 가는 이 괴짜 영국인은 이런 열정을 재정적으로 뒷받침하려고 고려투어를 차렸다. 그가 만든 작품들 중에서 가장 유명한 것들을 꼽자면 다음과 같다. 다큐멘터리 영화 〈어떤 나라A State of Mind〉는 아리랑축전을 다루었고, 〈푸른 눈의 평양 시민Crossing the Line〉은 미국인 탈영병으로 2016년 죽을 때까지 50년 이상을 북한에서 살았던 제임스 드레스녹James Dresnok의 삶을 다뤘다. 〈천리마 축구단The Game of Their Lives〉는 1966년 월드컵 8강에 올랐던 북한 축구대표단을 다룬다. 〈김동무는 하늘을 난다Comrade Kim Goes Flying〉는 어떻게든 교예단에 들어가고 싶어하는 여성 석탄노동자가 나오는 로맨틱코미디 영화. 닉의 파트너인 사이먼 카커럴Simon Cockerell은 완전 전문가로서, 고객들의 온갖 기묘한 소망이나 북한 측 파트너의 그 어떤 행동에도 동요하지 않는다. 내 생각에 그는 기자들의 호기심 어린 질문을 다루는 방법을 포함하여 여행업계에서 세계적으로 가장 경험이 많은 사람이다.

특별히 혈기왕성한 사람이라면 과할 정도로 재미를 강조하는 느긋한 영파이어니어투어가 있다. 이 여행사의 안내원 한 명이 버뮤다 팬츠 차림에 어깨까지 내려오는 레게머리를 해서, 보수적인 북한 사람들을 깜짝 놀래키는 것을 몹시 흥미진진하게 관찰한 적이 있다.

런던에 본부를 둔 폴리티컬투어는 북한여행의 틈새를 공략했는데, 나는 2012년부터 이 여행사와 함께 일하면서 아주 긍정적인 경험을 하고 있다. BBC와 〈뉴욕타임스 The New York Times〉의 기자 출신인 니컬러스 우드 Nicholas Wood가 설립해서 운영하는 이 여행사는 높은 가격대에 개인 훈련을 통해 집중적으로 준비를 마친 극히 소규모 인원에게 전문가 동반 여행을 알선한다. 전 세계의 갈등을 직접 체험하고자 하는, 교육수준이 높고 정치에 관심이 있는, 보통은 매우 유복하고 모험을 즐기는 개인여행자들이 대상이다. 거대한 국제 기업 연합의 상속녀, 올해의 기업가, 실리콘밸리의 최고경영자 등도 대상 그룹에 포함된다.

독일어권에도 풀타임 또는 파트타임으로 북한여행을 중개하는 20개 이상의 작은 여행사들이 있다. 베를린 프렌츨라우어 산에 본부를 둔 평양트래블도 그중 하나인데, 나는 2017년부터 이따금 이 여행사와 함께 일하고 있다.

여정: 미리 준비된 메뉴

서방의 여행자가 자유롭게 여행 프로그램을 구성할 가능성은 없다. 여행 프로그램은 원칙적으로 정해져 있다. 여러 여행사들이 제공하는 프로그램을 비교해보면, 몇십 군데 동일한 관광지를 중심으로 짜여 있다는 사실을 금세 알 수 있다. 이 책에서도 이 장소들을 다루지만, 이는 큰 문제가 아니다. 특히 북한을 처음 여행하는 사람은 정확히 이 장소들을 방문해야 하니까. 수도 평양, 오래된 도시 개성, 판

문점 일대 휴전선, 묘향산 국제친선전람관, 원산 일대의 동해 또는
청진부터 라선 경제특구 등이다.

특별한 소망을 가진 사람은 그 소망을 말할 수는 있지만 낙관주의
는 최소한도로 제한하는 것이 좋다. 약속을 받았다 해도 현장에서 아
예 이행되지 않거나 변형된 형태로 이행된다. 이는 여행사 측의 나쁜
의도나 의도적인 기만과는 관계없는 일이다. 북한은 북한이고, 그곳
에서 여행지 목록은 최고위층에서 나온다. 그 목록은 협상의 대상이
아니다. 그러니까 '건축여행'을 하면서 북한의 건축학 전공 대학생을
꼭 만나보겠노라 고집하는 사람은 이 계획이 '일시적으로 방해'받았
다는 말을 각오해야 한다. '경제여행'에서 특정 기업을 시찰하고 싶
은 사람은 업체의 갑작스러운 휴업이라든가 경제와 전혀 상관없는
혁명열사릉 방문에 너무 놀라지 마시라.

많은 돈을 지불한 자신의 여정을 손수 결정하겠노라는 과도한 서
양식 생각을 내려놓을 수만 있다면, 모든 것은 상당히 매끄럽게 진행
된다. 여전히 보고 체험할 것이 많다. 기대했던 것보다, 그리고 짧은
여행기간에 소화할 수 있는 것보다 훨씬 더 많다.

이야기 뒤에 숨은 이야기

실제로 북한여행에서 가장 큰 문제는 여행자가 모든 것을 알지 못
한 채로 너무 많은 것을 보는 것이다. 대동강 하구의 서해갑문에서는
1980년대에 댐을 건설하면서 제대로 훈련도 받지 못한 군인들이 잠

수 헬멧을 쓰고 여러 시간씩 해저에서 작업하다가 수백 명이나 목숨을 잃었다는 사실을 아무도 이야기해주지 않는다. 미군의 잔인성을 보여주는 신천박물관이 이전하기 전에는 남한의 참전에 대해 훨씬 적은 암시만 했었다는 것도, 그리고 어째서 그렇게 바뀌었는지 아무도 설명하지 않는다.

평양 개선문에 있는 양식화된 3층 지붕이, 사라진 대한제국의 권력에 대한 주장을 상징한다는 설명을 내게서 들으면 북한 측 동반자들도 번번이 놀란다. 북한 안내원은 '단고기'를 제공하는 다섯 번째 식당 앞을 지나가면서 이 말이 개고기를 뜻한다는 사실을 알려주지 않는다. 그리고 멀리서도 눈에 잘 보이는 평양 모란봉공원의 기념탑에 러시아어와 한국어로 쓰인 제명題銘에서는 공식적인 역사 서술과 달리, 이 나라를 식민세력에서 해방하도록 도와준 러시아군에 감사하고 있다는 것을 누가 주목이나 할까? 또는 김일성광장에서 카를 마르크스Karl Marx 상을 제거했지만, 만수대언덕에 세워진 거대한 지도자 동상들 양쪽 군상 중 하나의 정상에 선 노동자가 여전히 1848년의 《공산당 선언Manifest der Kommunistischen Partei》을 손에 쥐고 있다는 것을 누가 알까?

북한으로 들어갔다가 무사히 도로 나오는 것만이 도전은 아니다. 무엇보다도 본 것을 이해하는 것이 중요하다. 사람들은 북측의 조작이나 일방적 정보에 맞서려고 단단히 정신무장을 하지만, 그러고 나면 무엇이 남는가? 언어도 모르고 맥락도 모르면 이 긴장된 여행에서 얻는 것은 절반밖에 되지 않는다.

물론 전문가를 동반한 여행이 이상적이다. 다만 이런 여행은 드물고, 비용도 더 든다. 나도 여행할 때면 일곱 명 정도를 동반하지만, 자리는 금방 동나고 만다.

비용 대비 성과가 좋은 대안은 확실하게 준비하는 것인데, 이 책도 거기 기여하고자 한다. 물론 그사이 관련 책과 다큐가 많이 나왔다. 관찰력이 뛰어난 알바로 롱고리아Alvaro Longoria의 〈프로파간다 게임 The Propaganda Game〉과, 여기저기서 수요가 많은, 감성적이고 아주 뛰어난 조성형 감독의 〈북녘의 내 형제자매들Meine Brüder und Schwestern im Norden〉도 그런 영화들이다.

몇몇 다른 작품들은 물론 원작자들의 무지로 인해 거리낌 없이 단호한 의견을 내놓는다는 결함이 있다. 북한 상황에 대한 폭넓은 지식이 부족하다는 사실이 이따금 디테일에서 드러나곤 한다. 수십 년 전부터 더는 사용되지 않는 '친애하는 지도자동지'라는 호칭도 여기 속한다. 누군가가 북한의 '비밀'을 팔겠다면서 김정은의 이름조차 제대로 발음하지 못하는 것을 보면 특히 고통스럽다.

사소한 일이라고? 영어 한마디도 못하면서 런던에 1주일씩 몇 번 머문 게 고작인데, 영국에서 브렉시트의 매우 복잡한 국내정치적 영향에 대해 지껄여대는 전문가를 상상해보라. 기본지식조차 없는 사람에게, 남의 손을 통해 얻은 지식의 되풀이 말고 얼마나 많은 통찰을 기대할 수 있을지 누구나 스스로 판단해야 한다.

이 책에서 북한의 역사와 정치경제 형태에 대한 체계적 서술이 부족하다고 느끼는 사람은 나의 책《내부관점》을 보시라고 추천한다. 그것 말고도 특히 그사이 상당수에 이르는 탈북자들의 보고도 반드시 살펴보라.《14호 수용소 탈출Escape from Camp 14》《탈북: 자유를 향한 용기》나, 다큐멘터리 〈속삭임의 땅*DPRK : The Land of Whispers*〉 등이 있다. 효과용 양념으로 추정되는 부분과 일련의 거짓 진술이 여기저기 보임에도 불구하고, 이것들에 묘사된 북한의 잔인한 삶의 양상을 알아야 한다. 특히 관광객 자격으로는 현지에서 바로 그런 사람들을 만날수가 없으니 말이다.

여행하기에 가장 좋은 시기는?

이것은 원래 전형적인 여행 가이드북의 주제다. 대개는 고약한 날씨를 피하거나 그 나라에 전형적인 축제 등 특이한 것을 경험하기 위해서다. 이 모든 것은 북한에도 해당하지만, 한 가지 익숙하지 않은 양상을 고려해야 한다. 어째서 이 나라를 여행하려고 하는가 하는 질문과 관계가 있다. 고전적인 의미에서의 휴가여행, 즉 '휴식과 관광'이 중요하다면 5월, 또 9월 중순에서 10월 중순이 이상적이다. 이 계절에 한국은 가장 아름답다. 비는 드물고 풍경은 초록이고 기후는 온화하다. 7~8월 여행은 피하라고 말하고 싶다. 비가 내리는 계절인 데다가 정말로 후덥지근하다. 북한에서 기름기를 뺀 발러만Ballermann [퍼마시자 축제] 방식의 '재미'를 마다하지 않는 사람이라면, 평양맥주 축전이 8월에 열린다는 사실을 알아두면 좋다. 물론 2017년처럼 이유도 알리지 않은 채 시작 직전에 행사가 취소되지 않는다면 말이다.

'아름다운' 북한을 보고 싶다면 겨울철에는 움직이지 않는 쪽이 좋다. 마식령리조트에서 스키 타기라는 명백한 즐거움을 빼면 북한

의 겨울은 혹독하다. 늦어도 12월부터 3월 초까지는 보통 기온이 영
하권이고, 1월에는 영하 10도 아래 머문다. 난방은 꺼져 있거나(얼음
장 같은 추위) 아니면 풀가동 중이다(달걀이 부화될 더위). 자동차들이
스노타이어를 장착했는지는 확실하지가 않다. 자갈과 염화칼슘은 부
족하다. 누구나 아는 사실도 한몫을 한다. 날이 일찍 어두워지니 돌
아다니고 사진 찍을 시간이 많지 않다.

여행의 동기에 '정치교양'이 포함된다면, 이 나라에서 큰 국경일을
지내보라. 이 기간에는 TV에서 보던 행진과 매스게임이 열리고, 집과
거리가 장식되고, 사람들은 명절 기분이 된다. 기념일에는 매번 군대
퍼레이드를 한다. 한번은 평양 동부 대로변에 서서, 군인들이 탱크,
미사일 발사장치, 그 밖의 차량들과 함께 끝없이 열을 지어 지나가는
것을 몇 시간이나 구경한 적이 있다. 그들은 대동강 저편에 있는 나
라의 권력자들 앞에서 성공적인 행진을 마치고 나서 다시 도시를 떠
나면서, 환호하는 주민들 —그들이 아들, 아버지, 형제이니—에게 작
별을 고했다. 이런 행사 직전 며칠 동안 도시 곳곳에서 연습이 이루
어지는데, 도대체 얼마나 많은 비용이 들어갈지 짐작할 수 있다. 거리
의 모퉁이마다 사람들이 작은 무리를 이루어 행진, 집단체조, 집단무
용의 한 부분을 연습한다. 이 기간에는 누가 그 사람들 대신 일을 하
는 걸까?

이런 엄청난 경비 때문에 북한 지도부가 김정일(1941년생)의 생일
행사와 아버지 김일성(1912년생)의 생일행사를 같은 해에 연달아 치
르려고 김정일의 생년을 1년 늦추었다는 대담한 소문이 여전히 돈다.
마찬가지로 김정은의 공식 탄생년도도 2017년 겨울까지는 1982년

▽
관청이 뒤에서 조직해 인민문화궁전 앞에서 벌이는 집단무용.
뒤쪽 신사들은 아마도 시민 복장의 보안요원들일 것이다.

으로 남아 있다. 원래는 1983년이나 1984년으로 생각된다[현재는 1984년생으로 알려져 있다].

정치적 국경일은 김정일의 생일인 2월 16일에 시작된다. '밝게 빛나는 별의 날'이라는 뜻의 '광명성절'이다. 광명성은 북한 위성의 이름이기도 하다. 김일성의 생일인 4월 15일에는 김일성의 이름 즉, '태양이 생기다'를 뜻하는 '태양절'이 이어진다. 다음으로는 4월 25일 조선인민군 창건일을 거론할 수 있지만, 이날은 국경일의 특성이 현저히 줄어든다. 7월 27일은 '조국해방전쟁 승리 기념일'인데, 여기서 전쟁은 한국전쟁을 말한다. 8월 15일은 광복절, 1945년 일본군이 대륙에서 항복한 날을 기념한다. 해마다 다르지만, 1948년 조선민주주의인민공화국 창건일인 9월 9일도 비교적 큰 축제일이다. 10월 10일 조선로동당 창건일도 상당한 경비를 들여 축하한다. 기념일마다 군대 퍼레이드를 기대할 수 있다.

그 밖에 정치교육의 가치를 지닌 행사로는 평양국제무역박람회가 현재는 봄에 한 번 가을에 한 번 열린다. 9월에 열리는 평양영화축전도 있다. 수년간 8월부터 10월까지 아리랑축전이 열렸다. 나의 책 《내부관점》에서 한 챕터 전체를 이것에 할당했다. 2016년과 2017년에는 아무 행사도 없었는데, 이는 일시적으로는 릉라도 경기장의 수리, 장기적으로는 기본적인 문화정책 결정과 관계된 일로 보인다.

이 나라에서 편하게 지내는 데 별 가치를 두지 않고, 주로 이곳의 문제들을 보고 싶은 사람이라면, 오히려 특별한 계절을 피하는 편이 좋다. 나는 여행자들이 9월에 북한에 대해 비교적 긍정적인 이미지를 얻는 것을 경험했다. 아직 녹색인 나무들, 벼가 익어가는 누런 논,

사람이나 짐승이나 첫 가을걷이로 든든히 배를 채웠고, 이 모든 것이 친절한 태양빛을 받으며 쪽빛 하늘은 짙푸르다. 이 나라의 현실을 민낯 그대로 보고자 한다면, 잿빛과 갈색으로 차갑고 음울한 11월부터 3월까지의 몇 달, 설날과 2월의 국경일만 빼면 거의 아무 사건도 없는 기간에 그런 기대를 채울 수 있을 것이다. 하지만 당신이 운이 나쁘다면, 여행단을 위해 성심성의를 다하는 마음씨 따뜻한 가이드들이 아마도 당신의 불쾌감을 날려버릴 것이다. 장기간 북한에 머무는 외국인 주민들이 북한을 가리켜 좋고도 나쁘다는 이중 의미에서 '놀라움의 나라'라고 부르는 것은 공연한 일이 아니다.

비자 받기는 어려운가?

독재국가의 옛 신하들 상당수가 어째서 독재국가를 되찾고 싶어하는지 차츰 분명해진다. 여행경로를 짜는 것과 비슷하게, 비자도 옵션 없이 아주 간단히 발급할 수 있기 때문이다. 몇 개 안 되는 북한 전문 여행사에 예약하고, 비자신청서와 필요한 서류—보통은 컬러사진 한 장과 여권—를 제출하면 그것으로 끝이다. 나머지는 여행사와 자기 나라 또는 베이징에 있는 북한대사관이 처리한다.

여권은 원본을 제출해도 되는데, 그 경우 여권에 직접 비자가 붙여진다. 또는 여권의 복사본을 보내고 이른바 관광객카드를 받을 수도 있다. 관광객카드 소지자는 입출국 시 여권에 도장을 받지 않는다.

북한여행의 흔적이 여권에 남는 문제는 걱정하지 않아도 된다. 적어도 지금까지는 그렇다. 나는 여러 번이나 북한 비자가 붙은 여권으로 미국여행을 했는데, 출입국 심사관이 의심의 눈길을 보내거나 호기심 어린 질문을 하지 않아서 실망할 정도였다. 미국이나 유럽에서 여권에 붙은 북한 비자 때문에 문제를 겪었다는 사람은 한 명도 보지 못했다. 거꾸로 북한 사람들도 출발지 도장이 미국에서 찍혔든 남한에서 찍혔든 전혀 상관하지 않는다.

관광비자는 보통 별 어려움 없이 발급된다는 점을 말해야겠다. 극소수의 경우에만 발급되지 않는 것을 보았는데, 대개는 진짜든 짐작이든 저널리즘이라는 배경 때문이었다.

경제제재와 자금문제

돈문제는 조금 더 복잡한데, 이는 결국 경제제재 때문이다. 호텔이나 여행의 기타 세부일정을 북한에 직접 예약할 수 없는 이유이기도 하다. 2016년에 있었던 일을 하나 이야기하자면, 내가 아는 뉴질랜드 신사가 300유로 정도의 예약금을 영국의 여행사로 송금하려고 했다. 그가 거래하는 은행은, 국제거래를 하는 대형은행을 이른바 중개자로 끼워넣었다. 하지만 이 대형은행이 송금을 거절했다. 이유는 고객이 송금 목적에 '북한여행'이라고 적었기 때문이다. 은행은 뜨거운 열판 앞에서 물러나듯 놀라서 뒷걸음쳤다. '북한'이라는 낱말이 세계 재정시장을 감독하는 미국의 블랙리스트에 올라갈지 모른다는, 끝도 없이 강력한 두려움을 불러일으켰던 것이다.

몇 년 전 나는 당시 미국 재무부 차관보 사무실에서 난감한 시간을 보낸 적이 있다. 차관보는 책상에 앉아 백악관의 멋진 풍경을 내다볼 수 있었다. 원래 나는 전문가 자격으로 이 선량한 신사에게 북한에 대한 이야기를 들려주기로 되어 있었다. 하지만 겨우 5분 정도 이야기했을까? 약속한 나머지 시간 동안 나는 어째서 북한이 지구상에서 가장 어두운 장소인지, 어째서 그곳에 돈이 흘러들어가는 것을 온갖 수단을 다 동원해서 막아야 하는지 풍부한 가르침을 들을 수가 있었다. 북한을 극히 비판적으로 바라보는 사업가들조차 이 조치에 대해서는 의혹을 표현했지만, 그러는 사이 제재는 미국 정부와 미국 동맹국들의 공식적인 전략이 되었다.

북한을 여행하려는 사람도 북한으로 돈을 보내는 일이 불가능하다는 의미다. 서양의 여행사로 송금할 때도 머리를 써서 그 어떤 언급도 내비치지 않는 쪽이 낫다. 물론 북한여행이 금지된 것이 아니니 송금 자체는 완전히 합법인데도 그렇다.

북한은 분명 쇼핑천국은 아니지만 그곳에서도 돈을 쓸 일은 있다. 매일 1인당 5유로 정도의 팁을 생각해야 한다. 점심과 저녁 식사 때도 음료를 추가하려면 하루 5~10유로 정도를 더해야 한다. 군대와 관련된 또는 유치한 모티프들이 그려진 우편엽서나 우표, 선전포스터 등의 유혹에는 누구도 별로 넘어가지 않는다. 외환거래 상점들은 스낵을 팔고, 최근에는 시장이나 가게 방문도 허용되는 편이다. 개별적으로 추가비용을 내면, 따로 소풍을 가거나 특정한 레스토랑에서 식사를 하는 것도 가능하다. 전체적으로 자신의 쇼핑습관만 통제한다면 북한에서 1주일에 300유로 정도를 계산하면 된다. 많은 여행자들이

며칠 만에 쇼핑 금단현상을 경험하는 모습과, 그런 다음에 그야말로 쇼핑을 위한 쇼핑을 하는 것을 관찰하는 것은 흥미로운 일이다.

트렁크에 무엇은 되고 무엇은 안 되나?

우선 반드시 현금을 지니고 가야 한다. 북한에서는 자동인출기나 은행에서 돈을 찾을 수 없고, 서양의 신용카드는 통하지 않는다.

평양에서는 유로면 충분하지만 동북부로 여행할 때는 중국 콰이(위안화 즉 인민폐를 가리키는 속어)를 가져가라고 충고한다. 이따금 거스름돈 문제가 있으므로 소액 지폐가 가장 좋다. 유로, 달러, 인민폐로 실질적으로 거의 모든 것을 살 수 있다. 미국 달러를 거스름돈으로 받으면 빳빳하고 깨끗한지, 아무 글씨도 쓰이지 않았는지 조심스럽게 살펴야 한다. 내 일행 중 한 명은 자가인쇄로 보이는 수상쩍은 1달러 지폐를 거스름돈으로 받은 적이 있다.

북한을 여행할 때 서방 여행자들 스스로가 '옷을 갖춰 입지 않은' 느낌이라고 말하는 것을 자주 듣는다. 북한, 특히 수도 평양 사람들은 눈에 띄게 단정하고 격식을 차린 옷을 입는다. 여성들은 양장을, 남성들은 셔츠와 넥타이를 갖춘 양복을 입는다. 그러니 청바지와 티셔츠를 입었다가는, 외교적 영접의 자리에서 푸른 작업복을 입은 하수도 공사 노동자 같은 느낌이 들게 마련이다. 이런 느낌을 피하려면 그에 맞는 여행 복장을 가지고 가야 한다. 어차피 김일성 일가의 영묘[금수산태양궁전]를 방문하려면 예의를 갖춘 의상이 필요하다.

전자기기와 촬영기기로 말하자면 흥미로운 부분이 있다. 원칙적으로 카메라와 비디오카메라는 허용된다. 카메라의 줌 기능에서 초점거리가 너무 길 경우(200밀리미터 이상), 오랜 기간 귀찮은 일이 생길 수가 있었다. 하지만 지금은 실제로 그렇게 엄격히 따지지는 않는다. 일반인용으로도 기능이 뛰어난 저렴한 카메라들이 나온다는 현실을 인식한 덕이다. 나는 자주 600밀리미터짜리 작은 카메라를 들고 들어가지만 말썽이 된 적은 없다. 관광객이라 주장하면서 수킬로그램 무게의 수천 유로짜리 전문가용 기기를 들고 가면 눈썹을 치켜올리는 경우가 있다. 위장기자로 의심을 사면 불쾌한 결과가 뒤따를 수 있다. 무거운 장비는 집에 두고 가시라.

우리가 아웃도어 용품으로 알고 있는 전문가용 GPS 기기와 내비게이션도 금지품목이다. 이론적으로 핸드폰이나 카메라에도 동일한 기능이 있다. 나한테 물어본다면 반입과 사용이 가능하기는 하다. 그래도 확실히 해두고자 하는 사람은 GPS 기능이 없는 카메라를 가져간다. 지도를 가져가도 불필요하게 스파이 의혹을 받을 수 있으니 나 같으면 피하겠다.

예전에는 핸드폰을 공항에서 수거했다가 출국 직전에 되돌려주었지만, 2013년 1월부터는 허용된다. 하지만 우리의 심카드는 여기서 쓸모가 없다. 입국할 때 세관원이 핸드폰을 켜 사용하려고 해도 놀라지 마시라. 단말기 식별번호를 보려는 것이다. *#06#을 누르면 단말기 식별이 가능하다. 여행자들이 몰래 핸드폰을 이곳 사람과 바꾸는 것을 막으려는 것이다.

보안요원들이 비밀리에 유해 소프트웨어를 스마트폰에 깔거나 전화번호부를 살펴보지 못하게 하라는 경고를 이따금 받는다. 내가 그런 일을 직접 당해본 적은 없다. 이 정권에서 자신이 얼마나 대단한 사람인지는 스스로 판단해보라.

물론 스마트폰에 금지된 내용이 들어 있다면 불쾌한 일이 벌어진다. 노트북, 태블릿이나 인쇄물 등도 마찬가지다. 종교 관련 자료, 음란물, 남한의 드라마, 'Korea'라고 적힌 물건들은 절대로 가져가면 안 된다. 관광객은 점점 늘어나는데 제대로 교육받은 담당 인원이 부족한 것이 이런 무관용정책의 배경이다. 세관원이 독일어나 영어 책을 한 페이지 한 페이지 읽어볼 여유는 없다. 그러니 'Korea'라는 글자만 보고 의심받기 시작하면 끝도 없는 질문에 시간을 뺏기고 신경이 곤두서게 된다.

입국할 때 혼란을 피하려면 SD 메모리카드, USB 스틱 같은 저장매체를 미리 봉지에 담아서 그 개수를 기억하시라. 출국할 때도 같은 수가 있어야 한다. 혼자만 똑똑한 척하며 저장매체를 몰래 들여가는 일은 그만두라고 분명히 못 박아둔다. 특히 공항에는 성능 좋은 현대적인 스캐너들이 있고, 당국은 무장을 잘 갖추고 있다.

전기공급은 알다시피 불안정한 편이다. 전선의 과부하, 석탄 운반 문제, 저수지의 낮은 수위 등이 이유다. 밤에 전기가 나가면, 당연한 일이지만 온 도시가 갑자기 캄캄해진다. 하다못해 간접조명이라도 남는 우리 도시들에서는 경험해보지 못한 '칠흑 같은' 캄캄함이다. 그래서 휴대용 조명이 필수다. 핸드폰에 손전등 앱을 깔아두는 것도 좋다. 물론 핸드폰이 충전되어 있다면 말이다. 핸드폰이나 카메라를 전선 없이 충전할 수 있는 파워뱅크를 가져가는 것도 나쁘지 않은 아이디어다.

　원칙은 최악을 예상하고 최선을 희망하라는 것이다. 예를 들어 2017년 2월에 입국할 때 세관원은 내 USB 개수를 세어보지 않았고, 핸드폰의 단말기 식별번호도 확인하지 않았다. 아주 좋은 경우지만, 마음을 놓지는 마시라. 북한에서 사태는 급변할 수 있으니까.

모든 길은 중국을 거친다

　특수한 경우를 빼면 북한으로 입국하는 길은 세 가지가 있고, 모두 중국을 거치는 길이다. 독일, 오스트리아, 스위스 등지에서 출발하는 북한 직항 노선은 없다. 베이징에서 출발한 비행기는 보통 이른 오후, 평양 북쪽에 있는 순안공항에 도착하게 된다. 김정은의 아내 리설주가 이곳 순안 출신이다. 비행기가 중국-북한 국경선을 넘을 때, 위대한 지도자 김일성이 열세 살 때 조국을 일본 제국주의자들의 손에서 해방시키고 다시 돌아오겠노라는 확고한 결의를 품고 중국 국경을 넘었다는 설명을 듣는다.

　베이징과 평양, 공식 항로표시로는 PEK-FNJ 구간의 서비스는 두 개 항공사가 제공한다. 처음부터 순수한 북한 체험을 하고 싶은 사람은 차이나항공 말고 고려항공을 이용한다. 고려항공은 전에는 조선민항이라는 이름이었다(그래서 지금도 약자가 JS). 2006년부터 2010년까지 이 항공사는 낡은 항공기 IL-80으로는 유럽에서 비행할 수 없다는 금지령을 받았다. 현대적인 투폴레프 기종인 TU-204와 안

토노프 기종인 AN-148을 러시아에서 들여온 이후로 이 금지령이
풀렸다. 이 기종들이 베이징-평양 노선을 비행한다. 그런데도 항공
사 컨설팅회사 스카이트랙스는 2015년 항공사 평가에서 고려항공
에 '세계 최악의 항공사'라는 수식어를 붙였는데, 온갖 합당한 비판
에도 불구하고 나로서는 이해가 되지 않는 평가다.

비행기에 타면 맨 먼저 두 개 등급이 있다는 데 놀라게 된다. 사회
주의의 평등을 그토록 외치면서 북한 비행기에도 비즈니스와 이코
노미 좌석이 있으니 말이다. 두 시간 미만의 짧은 비행은 이코노미
좌석으로도 충분하다. 정숙한 나라로 알려진 북한에서 여승무원들이
그렇게 짧은 스커트를 입는다는 사실을 확인하면 놀라움은 더욱 커
진다. 그야 이 직업에서는 세계적으로 흔한 일이긴 하다. 승무원이
까치발로 승객의 짐칸을 닫을 때면, 교양 있는 유럽인의 얼굴에 홍조
가 번질 만한 통찰이 허용된다. 그사이 만수대언덕의 지도자 동상들
을 빼고는 아마도 가장 많이 사진에 찍히는 북한 물건일 햄버거가
제공된다. 둥글납작한 하얀 빵 두 조각 사이에 닭튀김을 넣은 음식은
햄버거로 보인다. 영어 또는 한글로 된 북한 신문이 제공되지만 면밀
하게 도로 회수되곤 한다. 유감이다. 정보가치는 의심스러울지라도
멋진 기념품이 될 텐데.

공항에서는 제복 입은 사람들의 무적함대가 기다리고 있다. 물론
주요 시설에서 흔히 볼 수 있는 풍경이긴 하지만, 북한에 관한 온갖
소름 끼치는 이야기들이 생각나면서 이 여행 괜찮을까 자문하게 된
다. 하지만 돌아갈 길은 막혔고, 그러니 천진한 미소를 지으며 피할
수 없는 것 속으로 들어간다. 좀 느긋한 사람들은 이참에 같이 온 동

▽
베이징에서 평양으로 가는 북한의 안토노프 AN-148 항공기 내부.
'계급 없는 사회'인데도 뒤의 커튼이 이코노미와 비즈니스 좌석을 갈라놓는다.

료에게 고려항공 비행기의 트랩을 내려오는 자기 모습을 사진 찍어
달라고 부탁한다. 최근에는 여기서도 승객들이 자주 '손가락'을 치
켜들곤 하는데, 이게 기념사진으로 썩 괜찮은 모티프인지 나는 모르
겠다.

예전에 옛 공항 건물 정면에서는 지도자의 커다란 초상화가 우리
를 영접해주었었다. 김정은이 주도해 건축한 새 터미널에는 그런 초
상화가 없다. 왜 그럴까? 도착하자마자 북한에 대해 대답할 수 없는
수많은 질문 중 하나에 마주치다니, 곰곰 생각하며 즐거움을 누리시
기를. 어쩌면 바로 이 순간 김일성 초상화를 공항 건물 정면에 붙이
는 중일 수도 있으니까.

짐을 기다리면서 혹시 짐만 달랑 베이징공항에 있는 것은 아닐까,
또는 까다로운 세관원이 당신의 트렁크를 여는 것은 아닐까, 오만가
지 생각이 떠오른다면, 생각을 약간 돌리고 컨베이어벨트에 실려 당
신 앞을 지나가는 거대한 짐들을 바라보라. 평면 TV, 컴퓨터, 가재도
구, 무언지 모를 물건이 든 상자들, 무엇 하나 최대 무게인 20킬로그
램을 넘지 않는 게 없다. 1주일에 몇 번 베이징, 선양, 상하이 등지에
서 출발한 비행기들이 들어올 때 여기서 북중 무역이 이루어지는데,
이는 다른 수단으로 운송한 것들과 마찬가지로 어떤 통계에도 잡히지
않는다. 기차로 입국할 때는 짐 부피가 오히려 더 커진다. 다만 평양
에서 내릴 때는 너무 소란스러워서 보통 그런 광경은 놓치게 되지만.

나머지는 대체로 국제 표준절차다. 여권심사, 이어서 통관. 여기서
절차는 세계 정치의 기상상태에 달려 있다. 대개는 아주 간편하고 빠
르다. 나쁜 경우에는 핸드폰을 일일이 등록하고, 겨우 참아줄 만한

▽
30년 가까이 미완성 상태인 류경호텔은 2011년에야 유리로 겉면이 덮였다.
이 건물은 특이한 실루엣으로 평양의 스카이라인을 지배한다.

영어를 하는 관리들이 저장매체의 개수를 파악하고, 짐을 뒤져 책과 잡지를 찾아낸다. 이는 몹시 신경을 긁는 일인데다가, 여행단 전체가 이 고문을 무사히 통과하기까지 시간도 많이 걸린다. 좋은 소식이라면 나는 아직 담배나 도수 높은 술을 많이 들여오다가 걸렸다는 사람을 못 봤다. 미국 입국의 표준절차인 지문 채취와 망막 스캔 등은 북한에서는 아직 생각할 단계가 아니다.

통관이 끝나면 외국어가 유창한 적어도 두 명의 여행안내원이 환한 미소를 지으며 기다린다. 유창한 외국어는 이들이 대부분 북한에서 습득한 것임을 생각하면 주목할 만하다. 여행단의 구성원이 모두 빠져나오기까지 기다리는 동안 이동통신사 '고려링크' 창구에서 심카드를 살 수도 있다(3장 참조). 공항을 나와 보통은 '킹콩'이라는 마크가 붙은 버스를 타고 시내 방면으로 가다보면 맨 먼저 피라미드 모양의 류경호텔이 보인다. 아니, 이것은 미사일발사대가 아니다.

목적지에 천천히 접근하고 싶은 모든 이에게는 기차로 도착하는 방법도 있다. 이 가능성도 대개는 중국이 출발점이다. 베이징에서 단둥과 신의주를 거쳐 평양으로 들어가는 1,400킬로미터 길이의 기차 여행이 인기다. 이런 재미는 4인 침대칸에서 대략 24시간 정도 지속된다. 이것은 '안내를 받지 않고' 북한을 체험할 유일한 기회다. 여행안내원들은 마지막 역에서 여행단을 기다리기 때문이다. 여기서 운이 따르면, 중국과 북한의 사업가들을 만나 천천히 북한이라는 모험을 위한 각오를 다지게 된다. 국경선에서야 비로소 흥분이 살짝 고조된다. 보통은 저녁 17시 27분에 베이징을 출발하는 밤기차를 타고 아침 7시 무렵에 압록강 강변에 위치한 중국 국경도시 단둥에 도착한다.

여기서 곧바로 기차에 탈 수도 있지만, 단둥에서 하룻밤을 보내기를 추천한다. 그 비용은 뽑고도 남음이 있다. 특히 어두울 때 국경선의 광경이 그야말로 숨이 막힐 정도니까. 강의 한편에서는 강철과 유리로 지은 고층건물이 있는, 호황을 누리는 중국의 도시가 불빛, 네온사인 광고, 자동차들, 전염성이 강한 부지런함을 뽐내고 있다. 여기서 세계적 권력이 성장하는 중임을 누구나 금방 알아볼 수 있다. 이어서 압록강 위에 놓인 다리가 ―직선으로 줄지은 강력한 조명등이 환하게 불을 밝히는, 외부가 유치한 녹색으로 조명된 다리가 ―강의 가운데까지 계속된다. 이어서 갑자기 캄캄해진다. 다리가 여기서 끝나나보다고 믿을 정도다. 하지만 그곳은 그냥 북한이다. 더 자세히 살펴보면 그곳에도 불빛이 있음을 알게 되지만, 절대 우연이 아닌 중국 측의 과한 조명 때문에 완전히 가려져 있다. 자동차들을 위한 차로에서 화물차들이 정체를 겪고 있다. 북한 쪽에서는 신의주시의 약간 때가 긴 낮은 건물들, 좋게 보자면 바우하우스 양식의 사회주의 변이형태라 부를 만한 양식의 건물들이 여행자를 기다린다. 단둥과의 대비가 거의 고통스럽다.

입국 절차는 거의 영원처럼 느껴지는 것이니, 다섯 시간 정도를 계산해야 한다. 그리고 그 긴 시간 동안 열차 화장실이 폐쇄된다는 점도 염두에 두어야 한다. 중국 쪽에서는 보안검사와 여권심사를 위해 열차에서 내려야 한다. 북한 쪽에서는 2016년까지는 기차에서 기다리면 북한 관리들이 열차의 차량으로 찾아왔었다. 최근의 여행자들은 북한에서도 짐을 들고 내려서 이웃한 정거장 건물에서 입국심사를 마쳐야 한다고 말한다. 여기서도 긴 심사 시간을 각오했다가 생각보다 쉽게 절차가 끝나면 기뻐하는 쪽이 좋다. 이런 절차는 자주 바뀌니 믿음직한 예측을 내놓기란 어려운 일이다. 어느 경우든 여기서 여권 또는 관광카드에 도장이 찍히고, 보통은 핸드폰, 저장장치, 출판물 검사와 기록이 이루어진다. 세관원들은 짐을 철저히 검사한다.

신의주에서 기차는 계속 남쪽으로 달린다. 계절에 따라 초록이나 베이지-브라운의 북한 풍경들이 펼쳐진다. 들판, 마을, 표어들, 지도자 초상화들이 등장하는 풍경이다. 평양의 정거장에서 가이드들이 당신을 영접하고, 약간 서둘러 행진해서 정거장 앞 광장에 도착해 호텔이나 첫 번째 관광지로 데려다줄 버스에 탑승하게 된다. 이제부터는 그 무엇도 손수 염려할 필요도 없고, 그럴 자유도 없다.

북한 동북부에서는 통상적이지 않은 입국 방식 하나가 더 있다. 얼마 전부터 중국의 투먼시에서 걸어서 국경선을 통과해 북한의 남양으로 들어갈 수 있게 되었다. 내게는 이것이 이 나라로 들어가는 가장 인상 깊은 방식이다. 이 노선은 물론 어느 정도의 수고와 경비가든다. 먼저 중국 지린성에 있는 옌볜 자치구의 한가운데에 위치한 옌지로 가야 한다. 이곳에는 중국의 소수민족인 조선족이 가장 많이 살고 있고, 따라서 북한 사람들과의 수많은 직접적인, 매일 눈에 보이는 거래와 접촉들이 이루어진다. 그렇기 때문에 옌지 자체만 해도 이미 여행할 가치가 충분하다. 남한 기독교도들이 경영하는 옌볜과학기술대학교(YUST)를 방문하는 것과 결합한다면 말이다. 이 대학은 북한 복판에 있는 평양과학기술대학교와 자매대학이다. 그렇다, 당신은 제대로 읽었다. 그러니까 남한의 기독교도들이 경영하는 것 맞

▽
전형적인 마을 풍경. 앞쪽은 논, 뒤편에는 작고한 두 지도자의 기념비.
그 옆에는 "21세기를 위대한 김정은 세기로 빛내이자!"라고 적혀 있다.

다. 이것은 다시 북한에서 가장 예상치 못한 것을 만나는 또 다른 예
일 것이다.

나는 옌지에서 언젠가 여행단과 함께 언덕 위에 고적하게 서 있는
식당을 방문한 적이 있다. 북한의 여종업원들이 북한 음식을 서비스
하고 북한의 노래와 춤도 보여주는 곳이었다. 몇몇 여행자들은 이곳
에서 아마 다른 서비스도 제공될지 모른다는 의심을 털어놓았다. 약
간 취한 중국인들의 입에서 나온 몇 가지 소문으로는—조심해서 즐
기라는 말과 함께— 중국에서 활동한 북한 여성들은 3년의 체류기간
이 끝나면 고향으로 돌아가기 전에 처녀막 검사를 받는다고 했다. 필
요할 경우 중국인 의사의 도움을 받아 처녀막을 복원할 수도 있단다.
이 여성들은 자기들이 중국에서 번 돈의 30퍼센트를 받는다는데, 그
래도 여전히 북한에서의 평균 수입보다 월등히 많다. 실제 사정이야
어떻든, 여기서 노동력 수출이 실제로 어떻게 이루어지는지를 볼 수
있다. 공식적으로는 북한 사람 5만 명이 중국에서 일한다. 비공개 수
치는 알려져 있지 않다. 자주 10만 또는 그 이상이라고들 한다.

원한다면 옌지에서 북한 당국이 운영하는 1980년대의 먼지 낀 매
력을 발산하는 류징Liujing 또는 류경 호텔에서(같은 이름인 평양의 피라
미드 건물과 혼동하지 말 것) 묵을 수 있다. 하지만 어차피 북한으로 갈
사람이라면 그러지 마시고 현대적인 중국 호텔에서 서방의 기준을
누리는 쪽이 낫다. 물론 이것은 취향 문제이긴 하지만.

옌지에서 자동차로 한 시간 남짓 달리면 투먼에 도착한다. 이것은
북한에서 두만강이라 부르는 이름의 강변에 위치한, 실례지만 상당
히 볼품없는 소도시다. 물론 지난 기간 중국인들은 투먼에 엄청난 투

자를 했다. 맨 처음에는 친절하게— 도발적이라고 말할 수도 있지만— 북한 쪽을 향해 문을 연, 강철, 유리, 고급목재로 지어진 호화로운 문화센터가 등장했다. 이어서 건축 붐이 일어났다. 전망대가 세워지고, 그곳에서 북한 쪽 남양을 건너다볼 수 있다. 남양은 철도 정거장 하나와 집이 200채 정도 있는 곳이다. 그 밖에도 북한 쪽은 낮은 덤불숲이 뒤덮은 황량한 산비탈만 보이지만, 중국 쪽에서는 울창한 숲이 자라고 있다.

뛰어난 중국인 안내원을 만나면 투먼에서 북한 사람들의 탈북을 돕는 기독교 지하단체 대표들과 만날 수도 있고, 북한에서 나온 정보들을 얻으려고 돈 보따리를 싸들고 온 일본 기자들, 정보를 팔려는 온갖 종류의 사람들을 만날 수가 있다. 마치 잭 런던Jack London의 도슨시티의 극동판 변종 같은 느낌이 살짝 든다.

약 10위안의 출국세를 지불하고 초현대적인 건물을 거쳐 중국을 떠난다. 필요한 절차를 거친 다음 트렁크를 끌고 걸어서 길이 500미터, 폭이 4미터도 되지 않는 콘크리트 다리를 건넌다. 아무도 지키는 사람 없는 다리 한가운데 그어진 누런 페인트 표시가 이제 국경선을 넘는다는 것을 알려준다. 다리의 끝 북한에서는 벌써 김일성 초상화가 손님을 맞이한다. 가건물에서 입국 절차를 마치면 언제나 그렇듯 적어도 두 명 이상의 안내원들이 등장하여 이동한다.

걸어서, 버스로, 철도로, 비행기로, 무엇으로 이동했든 입국했다면 이 비밀스러운 나라에 대한 탐색은 이미 시작되었다. 북한이 관광객의 여행경로에 마련한 장애물은 다른 나라에서보다 조금 더 높다. 무엇보다도 여행자는 일련의 제약들을 각오해야 한다.

소통과 미디어:

이 나라의 고유한 특성들

북한의 시계는 다른 속도로 돈다. 특히 소통의 문제에서. 이 나라는 편집증까지는 아니라도 몹시 의심이 많다. 한편으로는 비밀엄수 때문이고, 다른 한편으로는 서양 방문객이 주민들에게 미치는 영향 때문이기도 하다. 북한 사람들끼리도 그렇지만, 외국인과 북한 사람들 사이의 소통은 더 심하게 제한을 받는다. 자기도 모르는 새에 그곳의 규칙들과 문제를 일으키지 않으려면 이 점을 알고 있어야 한다. 물론 여기에도 예외와 합법적 가능성이 있기는 하다.

"아름다운 것만 찍어요, 제발": 까다로운 사진 촬영 기술

사진 촬영은 북한 여행자들 사이에서 가장 뜨거운 주제의 하나다. 도착하자마자 친절하지만 엄하게, 허용되지 않는 모든 것이 지적된다. 금지 목록은 길고 여행의 시기와 장소에 따라 변동될 수 있다. 내가 가이드들에게 해주는 충고는 각각의 금지항목을 열거하기보다는 수완을 발휘해서 좋은 기분으로 여행을 시작하라는 것이지만, 이는 아마도 상당히 열려 있는 사람에게만 통할 것이다. 관료라면 누구나, 규정은 규정이라는 사실을 알고 있다. 어쨌든 특별한 환영인사로 일장 훈계가 등장한다.

즉 버스에서 바깥 풍경을 찍으면 안 된다. 일하는 사람을 찍으면 안 된다. 군인을 찍으면 안 된다. 땅바닥에 쭈그려 앉은 사람을 찍으면 안 된다. 시장에서 사진 찍으면 안 된다. 종합하면 늘 싹싹하게 허락을 구하라는 말이다. 북한 주재 영국대사를 지낸 존 에버라드John Everard는 책 제목에서 이것을 멋지게 요약했다.《아름다운 것만요, 제발Only Beautiful, Please》

이론상으로는 그렇지만, 실제로 그렇지는 않다. 만약 그렇다면 카

▽
북한 남자들은 젊은 시절을 군대에서 보낸다.
군인들을 촬영하는 것은 엄격히 금지되어 있다.

메라는 집에 두고 가라는 말이니까. 제복 입은 사람이 없는 사진을 찍으려고 시도해보라. 거의 불가능하다. 여행의 절반은 버스에서 보내니 당연히 사람들은 버스 창문을 통해 사진을 찍게 되고, 보통은 제지도 받지 않는다.

지도자들의 사진을 찍을 때는 정말로 조심해야 한다. 작고한 지도자 김일성과 김정일의 유리관들을 관람할 수는 있지만 그에 앞서 모든 카메라와 핸드폰을 내려놓아야 한다. 김일성 일가의 초상화와 동상은 언제나 중간이 잘리지 않도록 전체 모습만을 찍어야 한다. 거의 종교적인 경건함으로 숭배되는 이 지도자들의 초상화 앞에서는 어떤 제스처를 취하거나 펄쩍 뛰어오르거나 물구나무를 서거나 하는 행동은 삼가야 한다. 이들은 민족적 상징이며, 여기서 북한 사람들은 농담이란 것을 이해하지 못한다.

군용차나 군인들은 퍼레이드 중이 아닐 경우 사진을 찍지 않는 편이 좋다. 검은 번호판의 차량도 마찬가지다. 조심, 군용차량이다.

그 밖에 중요한 것은 전술적 감각, 섬세한 손기술이다. 처음 하루 이틀은 약간 뒤로 물러나 있는 것이 좋다. 보란 듯이 카메라를 조준하고 버스 창밖으로 상체를 내놓지 않는 편이 낫다. 어느 정도의 존경심과 이해심을 보이면, 여행안내원들도 규칙을 일일이 따지지 않고 약간 누그러질 수밖에 없다. 그러면 무언의 신뢰 같은 것이 생긴다. 거리를 가로질러 가는 군인 행렬 등 엄격히 금지된 것이 아닌 한, 가이드들은 얌전히 못 본 척한다.

이미 말했듯이 적당한 정도라는 게 중요하다. 그리고 일종의 팀플레이도 중요하다. 충고를 무시하고 지나치게 열성적으로 사진을 찍

▽
나이 든 이 남자는 거리에서 라이터의 가스를 보충해주고 부싯돌을 판다.
빈곤의 촬영은 당국이 탐탁지 않게 여기는 일.

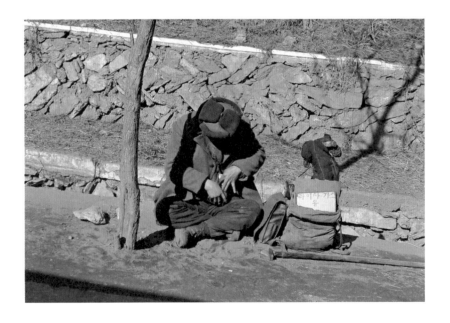

어대는 사람 하나가 있으면 가이드들의 참을성이 바닥나고, 그러면 여행단 전체가 엄청 피곤해진다. 북한의 가이드가 아니라 여행단에 속한 사람들이 이런 말썽꾼을 제지하는 경우도 많다. 이로써 스스로 억압체제의 도구가 된다는 사실이 당장은 머리에 떠오르지도 않는다. 그냥 독재체제가 얼마나 무서울 정도로 효율적이고 비열하게 작동하는지를 보여주는 심리학 수업을 받은 셈이다.

나는 다양한 여행을 통해 북한에서 볼만한 것은 대부분 사진으로 찍었다. 거리에 출몰하는 보따리상들, 소달구지, 연기를 자욱하게 뿜어내는 장작기화기가 달린 화물차, 땅바닥에 쭈그려 앉은 사람들(한국에서는 다들 이런 자세로 기다린다) 노동 중인 인민반(주민 그룹,《내부관점》에서 이에 대해 설명했다), 휠체어 탄 사람, 발전소, 도로의 팬 자리들, 기차, 항구, 녹슨 배들, 평양의 자동오락기 앞에 자리 잡은 젊은 이들, 너덜너덜한 타이어가 달린 자동차들. 이런 사진들 중 특별한 용기를 요구한 것은 없었고, 남몰래 찍은 것도 없다. 북한에서 좋은 사진을 찍으려면 꼭 영웅이 되어야 하는 것은 아니다.

유감스럽게도 최근까지 소란한 시장 풍경을 찍는 것만은 거의 불가능했다. 나는 평양과 라선의 몇몇 시장을 방문했는데, 시장 사진들이 북한에 대한 긍정적인 이미지를 전달할 테니 금지하기보다 장려하는 것이 좋다는 나의 주장은 번번이 아무 성과도 없이 묻혔다. 그래서 이런 금지령이 2017년 2월 광복백화점에서(7장 참조) 마지못해 변경되었을 때 깜짝 놀랐다. 내가 그냥 운이 좋은 건가? 당국이 마침내 그걸 깨달은 걸까? 아니면 아무도 금지령에 신경 쓰지 않는 걸까? 몇 가지 관찰을 바탕으로 결론을 끌어내는 일은 조심해야 한다. 어쨌든 팩트는 이렇다. 그들은 자주 생각보다 많은 일을 벌이는데, 그러니까 아주 조용히 무언가를 시도하고는 절대 포기하지 않는 방식이다.

하지만 현실감각을 유지하기로 하자. 서양 사람들이 북한 사람들의 진짜 일상을 보기는 어렵고, 그것을 찍는 일은 더 어렵다고 말이다. 1991년 내가 대학생 때는 매일같이 일터로 가거나 집으로 돌아가는 평양 사람들 사이에 정어리처럼 꽉 끼어서 무궤도전차를 타고 다녔다. 오늘날 관광객에게는 가능하지 않은 일이다.

북한의 주부가—이 나라에는 여전히 전통적인 역할분담이 남아 있는데—어디서 생필품을 사는지 궁금한 사람도 아무런 소득 없이 돌아오게 마련이다. 생필품 배급소에는 접근할 수 없다. 북한의 남편은 저녁에 퇴근하면 어디서 맥주를 마시는지가 궁금해도 마찬가지다. 물론 학교나 유치원을 방문할 수는 있지만 그건 결국 쇼다. 사실 이건 유럽에서도 그다지 다르지 않을 것 같다. 중국인 관광객들이 빈의 쇤브룬 궁전에서 베를린의 찰리 검문소로 이동하는 도중에 재빨리 당신 아이들의 학교 수업을 참관하고 싶다고 한다면 당신은 정상이라고 생각하겠는가?

그런데도 북한에서의 진짜 삶에서 거의 완벽하게 차단당하는 것이 지속되면 관광객을 낙담시키고 성격에 따라서는 슬픔이나 분노에 빠지게 만든다. 보통은 평범하고 정상적인 일들에 대해 끊임없이 허가를 구해야 한다는 것이 힘들다. 식사 전에 호텔 주변을 한 바퀴 둘러봐도 되나요? 안 됩니다. 시내를 잠깐 걸어도 되나요? 어디 봅시다, 이맛살을 찌푸리고 귓속말을 속닥이다가, 오케이. 기껏해야 무리를 이뤄 가이드들의 날카로운 감시 아래 한 200미터 걸어가면 끝이다. 단 한순간이라도 진짜 일상을 찾으려 신들린 듯이 헤매는 것도 무리가 아니다. 스파이 짓을 하려는 것도 아니고, 나중에 집에 가서 북한을 나쁘게 말하려는 것도 아니고, 그냥 정말로 그 나라에 가봤다는 느낌을 갖고 싶어서이건만, 당국은 이해하지 못한다. 작은 창문 하나라도 열리면 곧바로 편집증이 끼어든다. 이게 진짜일까? 아니면 연출된 걸까? 이러니 얼마나 대단한 딜레마인가.

기술적인 팁 하나. 눈에 잘 띄지 않는 좋은 카메라를 가져가는 것이 좋다. 그게 정확히 무슨 뜻이냐고? 이곳에서는 거꾸로 큰 것이 좋은 것으로 평가받기 때문에, 견고한 작은 카메라를 선택하는 것이 좋다. 따로 렌즈를 가져가봤자 북한에서는 별 의미가 없다. 계속 움직이면서 언제나 재빨리 찍어야 하니까. 셔터와 자동초점의 빠른 반응과 아울러 피사체가 밝은 빛을 받고 있는 것이 무엇보다 중요하다.

사진 마니아들의 얼굴이 분노로 붉어질 만하다. 한번은 함께 여행하는 사람이 (깨문 사과 마크가 그려진) 하이엔드 스마트폰으로 찍은 인상적인 사진들을 본 적이 있다. 그의 셔츠 주머니 밖으로 비죽이 나온 이 기계로 사진을 찍고 있다는 것을 보통 아무도 알아채지 못한다는 점이 이점이었다.

그 밖에 최고로 솔직한 충고를 하자면, 어떤 사진도 찍다가 북한에서 스파이로 의심받을 만큼 가치 있는 사진은 없다. 게다가 모든 것이 적어도 열 번 이상 이미 사진으로 찍혀서 인터넷 여기저기에 올라와 있다. 나는 사람들이 언제라도 나를 제지할 수 있을 만큼 공개적으로만 사진을 찍는데도 3,000장 정도를 집으로 가져온다. 일찌감치 자신의 카메라를 내가 '북한모드'라고 부르는 상태로 바꾸는 게

▽
예술가나 미술대학생들은 특히 경치가 좋은 곳이나 아름다운 건축물 앞에서
자주 만날 수 있다. 이들은 아무 때나 제지받지 않고 촬영해도 된다.

어떨까 자문해본다면 해롭지는 않을 것이다. 즉 삑 소리나 찰칵 소리 등을 꺼버리는 것이다. 뭐든 몰래 하라는 말은 아니지만, 그렇다고 끊임없이 찰칵 소리를 내서 남들의 주목을 끌 필요는 없지 않겠는가.

전화를 할 수 있나?

북한에서 전화를 하려면 상대적으로 돈이 많이 들지만 할 수는 있다. 호텔에서 유선통신망 서비스 구역을 이용할 수 있다. 이따금은 방에서 직접 전화를 걸 수도 있다. 아니면 공항이나 호텔에서 보통 우리 스마트폰에도 쓸 수 있는 고려링크의 심카드를 살 수도 있다. 2016년에 일회용 심카드는 60유로였다. 다음번 여행에서 다시 사용하려고 하면 20유로를 더 내야 한다.

북한에는 동일한 기관이 운영하는 적어도 세 개의 이동통신사가 있다고 알려져 있다. 각각 외국인용, 내국인용, 국가기관용이다. 한 통신사 이용자는 다른 통신사 이용자와 통화할 수 없다. 즉 당신은 고려링크의 그 비싼 심카드를 사도 당신의 가이드에게는 전화할 수 없다.

2008년부터 북한과 이집트 회사 오라스콤의 합작벤처 회사인 체오 테크놀로지가 고려링크를 포함한 이동통신사들을 운영했다. 2015년 말에 오라스콤이 체오에 대한 권한을 상실했고, 이 부분이 합작벤처 파트너인 체신성[우체국] 및 텔레콤 관할 부처로 넘어갔다는 보도가 있었다. 나아가 '별'과 '강성네트'('강하고 튼튼한 대제국'이라는 뜻의 강성대국에서 유래한 이름)라는 이름으로 영업하는 또 다른 순수한 두 북한 기업에 의한 독점이 시작되었다.

최근의 보고에 따르면 북한의 이동전화 사용자가 300만 명 이상에 이르렀다고 하는데, 이는 2,500만 인구의 12퍼센트에 이르는 수치다. 이 숫자는 성장하는 중산층에 대한 흥미로운 추론을 허용한다.

북한 사람들이 이용하는 핸드폰은 해상도 낮은 컬러 디스플레이를 장착한 단순한 전화기에서부터 폴더 핸드폰을 거쳐 '평양' '아리랑' '진달래' 등의 마크가 붙은 현대적인 안드로이드 스마트폰까지 다양하다. 인터넷 연결은 되지 않는다. 통화와 문자메시지, 메모, 사진, 음악이나 영화 감상 등에 사용한다. 가격은 모델에 따라 대략 100~200달러에 이른다.

오라스콤에 따르면 서비스 연결지역이 90퍼센트 이상이라고 한다. 수많은 언덕에 세워진 이동통신용 송수신탑과, 귀에 핸드폰을 대고 돌아다니는 사람들을 도처에서 볼 수 있으니 이 말을 믿을 수밖에. 평양에서도 유럽과 마찬가지로 길거리에서 계속 핸드폰을 들여다보거나 게임을 하는 '핸드폰좀비'들을 자주 보게 된다.

외국 이동통신이 잡히는 지역에 들어가면 흥미로운 일이 벌어진다. 개성의 언덕에 위치한 지도자들의 동상 앞에서 서양 핸드폰은 남한의 이동통신사 KT, SK텔레콤 등의 네트워크와 연결된다. 1,400킬로미터에 이르는, 북쪽의 중국 국경선에서도 비슷한 일이 벌어진다. 이런 장소에서는 북한의 감시를 받지 않고 외국으로 전화를 하거나 정보를 보낼 수가 있다. 그래서 특히 국경지역에서 관청은 계속 불법 핸드폰을 단속하고, 외국 이동통신사의 주파수를 차단하려고 애쓴다.

입국할 때 어째서 핸드폰 단말기번호를 등록하는지 그 이유가 이

제 분명해진다. 한번은 어둠을 틈타서 북한 남성 하나가 우리 여행단
의 여성에게 핸드폰을 팔라고 접근한 적이 있다. 값싼 핸드폰과 USB
저장장치는 특별히 인기가 있는 밀수품목으로, 첩보원이나 반反북한
NGO단체들을 통해서 혹은 기구氣球 등을 이용해 중국에서 이런 접
경지역으로 운반된다고 한다.

인터넷＝인트라넷

　대부분의 북한 사람들은 인터넷에 접속하지 못하고 북한 국내의
인트라넷[내부연결망]을 이용할 수 있다. 예를 들어 청진의 새 도서관
에서 접근 가능한 극소수 웹사이트가 있지만, 들리는 말에 따르면 이
것은 굉장히 단순하고, 게다가 외국인은 접근할 수 없다고 한다. 물
론 앞에서 언급한 고려링크의 심카드는 외국인에게 이동인터넷 접
속을 제공한다. 40달러 추가비용이 들고, 데이터 양에 따라 넉넉하
게 사용료가 더 붙는다. 단, 그 과정에서 전송된 나의 데이터와 비밀
번호가 어떻게 될지 생각해볼 필요가 있다.
　북한의 지인들에게서 곧 진짜 인터넷을 쓸 수 있을 거라는 소문을
듣곤 하지만, 아직까지는 희망사항으로만 남아 있다. 전문가들 사이
에서는 보안 담당 관청들이―2008년 디지털 이동방송을 도입하기
전과 비슷하게―몇 가지 특수한 기술적 부분을 제작 중이라는 추측
이 돌고 있다.

북한의 태블릿컴퓨터

태블릿컴퓨터야말로 정말이지 예상치 못한 물건이다. 주민들의 생필품 공급에도 문제가 있는 가난한 나라 북한, 모두들 끊임없이 일하고 행진하고 정치교육에 참가하는, 그리고 어차피 핵무기에 돈을 쏟아붓고 있는 북한이 웬 태블릿컴퓨터란 말인가? 게다가 인터넷도 없는데?

적어도 네 개의 상표가 존재한다. '아리랑' '삼지연' '아침' '울림'. 나는 아리랑과 삼지연을 갖고 있고, 2016년에 울림을 사려 했지만 외국으로 가지고 나올 수가 없다고 했다. 아침은 2017년에 가게에서 보기는 했다. 이 기계들은 부품이 모두 북한에서 생산된 것은 아니라도 적어도 북한에서 조립된 것이다. 소프트웨어는 일부는 변형된 수입품이고, 일부는 자체 개발품이다.

북한 태블릿컴퓨터는 모두 안드로이드 기반이다. 가격은 국제 기준에 들어맞으며, 대략 75~350유로다. 인터넷 연결은 되지만 통상 접속은 안 된다. 따라서 앱이나 프로그램이 대부분 활성화되지 않는다. 아주 많은 비용을 들여 만든 사전들, 백과사전, 일종의 한국어대사전, 중국어 등 다양한 외국어 학습 프로그램, 동영상 및 레시피를 갖춘 요리 앱들, 앵그리버드 등 게임들, 초등학교와 중등학교 교과서를 포함하는 일련의 전자책, 오피스 패키지, 그리고 여러 다른 앱들이 들어 있다. USB 연결장치와 SD카드 슬롯이 있지만 그래봤자 확장되는 저장능력은 여전히 소박한 정도다. 각기 적어도 카메라가 하나는 부착되어 있다. 삼지연은 아날로그 TV 수신기와 뽑을 수 있는 작은 안테나까지 달려 있다.

북한이 아니라면 이 태블릿컴퓨터 같은 제품은 말할 가치도 없었으리라. 다만 여기서는 하이테크 기계들, 그에 합당한 사용자의 능력, 그리고 분명히 존재하는 개인적 재력의 결합이 여행자의 눈길을 사로잡는다.

북한 사람과의 대화

사진에 관한 원칙이 북한 사람들과의 접촉에도 적용된다. "아름다운 것만요, 제발."

물론 대화 상대의 겉모습을 말하는 것은 아니다. 몇 년 전 햇볕정책의 틀 안에서 남북한 접촉이 이루어졌을 때 북한 정부가 아주 신중하게 대표단을 선발했다는 의심이 곳곳에서 나오기는 하지만 말이다. 예컨대 아주 매력적인 현재 북한의 퍼스트레이디는, 2005년 아시안게임 때 스포츠팀을 따라 남한으로 파견된 90명의 북한 응원단 일원이었다는 소문이 있다.

하지만 이것은 북한 같은 비밀소매상의 나라라면 기꺼이 생각해볼 수 있는 것이니 잊어버리시라. 여행자에게 정말로 고통스러운 것은, 도대체 북한 사람들과 대화할 기회가 너무 적다는 것이다. 특히 북한 사람들은 대체로 매우 열려 있고 소통을 좋아한다. 과한 얌전빼기는 그곳의 전통적인 사회기준에도 맞지 않는다. 남한이든 북한이든 한국인은 호기심이 많고 말하기를 좋아한다. 이 나라를 두루 여행해본 사람이라면 여행자들을 향해 고개를 돌리며 관심의 눈길을 보내는 것을 못 볼 수가 없다. 어린아이들이나 청소년들이 용감하게 "헬로" 하고 말해놓고는 민망해서 히죽거리곤 한다.

거리나 공원 혹은 주점에서 북한 사람과 대화하기를 기대했던 사람은 실망하게 마련이다. 우선 여행자가 그런 공공장소에 있기가 어려운데다 대개는 시간에 쫓기곤 한다. 게다가 북한 사람들은 항상 바쁘다. 그게 꼭 생산성으로 연결되는 건 아니지만 말이다.

무엇보다 외국인과 허가 없이 대화를 했다가 화를 당할지도 모른다는 북한 사람들의 두려움이 결정적이다. 사랑하는 주민들이 호기심에 찬 유럽인과의 대화라는 스트레스를 받지 않도록 애쓰는 관청의 '배려'도 있다. 1991~1992년 평양에서 한국어를 배우던 시절, 내가 그냥 시간만 물어보아도 다들 어디론가 도망쳐버리곤 했다. 같은 건물에서 공부하던 독문학 전공자들과도 학기 내내 한 번도 만나지 못했다. 나중에도 만남의 상대는 일과 관계된 사람들, 직책상 나하고 이야기하지 않으면 안 되는 사람들로만 한정되었다.

그렇다면 북한에서 관광객은 누구와 이야기할 수가 있단 말인가? 물론 안내원들이다. 이들은 관광객과 말하라는 목적으로 고용된 사람들이다. 바로 여기에 맹점이 있다. 그들이 진실을 말하든 약간 미화해서 말하든 새빨간 거짓말을 하든 상관없이, 나라의 분위기와 우리의 사전지식은 이 모든 것이 정직하지 못한 쇼라는 의심을 불러일으킨다. 나는 오랜 경험을 통해 반드시 그렇지만은 않다는 것을 알지만, 그게 대체 무슨 소용인가. 신뢰란 섬세하고도 민감한 작은 식물이니, 단 한 번의 차가운 겨울바람만 불어와도 시들고 만다.

그래서 나는 이렇게 권한다. 그냥 마음을 '닫아걸지' 말고, 모든 건강한 의심을 간직한 채, 주어진 기회들을 이용하라. 관광 프로그램에 따라 학교를 방문하는 경우가 종종 있고, 특히 영어수업을 참관할 수 있다. 이때 가끔 관광객들에게 학생들을 배정해주어서 20분 정도 아무도 듣는 사람 없이 영어로 대화할 수가 있다. 물론 그 상황은 미리 준비되었을 테지만, 학생들은 꽤 영리해서 영어를 매우 잘한다.

외국인 단체여행자 앞에서 도망갈 가능성이 제한된 또 다른 북한 사람들과도 몇 마디 말을 나눌 수가 있다. 외환거래 가게의 판매원들, 관광객에게 서비스를 하는 레스토랑 직원들, 호텔 직원들이다. 여기 덧붙여서 수많은 지역 관광안내원들이 있는데, 이들은 자기들이 안내하는 관광 대상에 대해 그야말로 정확한 척도, 무게, 수치 등 백과사전적인 지식을 구비하고 있다.

좋은 소식 하나. 최근에 북한 사람들의 수줍음이 점차 사라지고 있는 듯이 보인다는 것. 특히 관광객이 많은 평양에서는 아무도 외국인을 두려워하지 않는 것을 수시로 깨닫게 된다. 특히 요새는 내가 1990년대에 처음으로 머물던 시절과 비교하면 사람들이 훨씬 더 자신감이 있고 아는 것도 많아졌다. 물론 2016년에 대동강에서 낚시하던 나이 든 낚시꾼이 고기를 얼마나 잡았느냐는 내 질문에 화를 내면서 단칼에 나를 쫓아낸 적이 있기는 하다. 하지만 이런 일은 빈의 도나우 강에서도 일어날 수 있다. 특히 고기가 잘 잡히지 않는다면 말이다. 명절기간에는 여기저기서 수다판이 벌어지기가 아주 좋다. 술에 취한 중년 남자를 만나기라도 하면, 금세 믿음의 의미로 포옹을 당하고 솔직한 수다 세례를 겪게 된다.

▽

기념비들과 행진 한가운데서도 여전히 일상이 보인다. 낚시는 나이 든 남자
들한테 특히 인기 있는 소일거리. 강변에 무리를 지은 낚시꾼들을 자주 볼 수
있다.

북한 여성들은 잘 알려져 있다시피 자의식이 매우 강하다. 내가 이 끄는 여행단에 매력적인 젊은 남자가 있으면 나는 기분이 좋아진다. 그는 곧바로 벌집 근처에 있는 꿀이 뚝뚝 떨어지는 꽃처럼 온갖 연령층의 여성들로 둘러싸여서, 현재 연애사에 관한 킥킥대는 경박한 질문들의 폭격을 당하는데, 가이드들은 기분 좋게 이런 질문들을 통역해준다.

이제 대화의 내용에 대해 말해보자. 지도자와 그의 가족은 원칙적으로 절대적 터부다. 김씨 일가의 외모도 성격도 대화의 소재로 적절하지 않다. 통상적인 관광 프로그램에서 상세하게 듣는 공식적인 전기나 일화를 빼고는 그렇다. 다만 퍼스트레이디에 대해서만은 북한 사람들의 은근한 호기심 같은 것을 느낀 적이 있다. 그런 일들은 나라 안에서보다 밖에서 더 잘 알려져 있는 경우가 많으니까. 2017년 2월에 말레이시아에서 지도자의 이복형이 독살당한 주간에 나는 마침 북한에 있었는데, 아주 조심스러운 대화 시도조차 곧바로 차단을 당했다.

지도자에 대한 재미있는 농담을 혹시 알고 있다면 모쪼록 혼자만 간직할 일이다. 외국인이 자기들의 지도층을 모욕하면, 국가적 사건으로 비화하지 않더라도, 가장 친절한 북한 사람조차 즉시 맹렬한 분노에 빠져든다. '김일성' 또는 '김정은'이라는 말을 했다가 의혹의 눈길을 계속 받지 않으려고, 우리는 일종의 별칭을 미리 합의해놓는다.

또한 일본에서 해방된 일이나 한국전에 대해 몇 가지 역사적 사건을 공부했어도, 자신의 지식을 큰 소리로 떠들면 안 된다. 나라를 해방시키는 과정에서 김일성의 역할을 의심하거나, 한국전이 남한의 공격으로 시작되었다는 진술을 의심하면, 북한 사람들은 사실에 대한 토론의 계기로 삼지 않고 그냥 국가위신에 대한 악의적인 공격으로 받아들인다.

마찬가지로 수용소나 인권상황에 대한 질문들도 받아들여지지 않는다. 이런 주제들은 우리의 관심사고 또 우리를 화나게 하는 일이기도 해서 참기가 힘들다. 이런 경우에 나오는 답변은, 관타나모와 수많은 노숙자들을 거론하면서 미국이야말로 세계에서 인권을 가장 많이 해치는 나라라는 것이다. 또한 북한에 대한 이런 보고들은 적들의 선전으로, 이를 통해 이 나라를 국제적으로 고립시키고 억압하려한다는 것이다. 당신의 말은 더 이상 먹히지 않으며, 그러기에는 상대방이 분노로 인해 이미 호르몬 균형이 망가진 상태다.

구체적인 수치나 데이터에 관한 질문은 허용되긴 하지만, 성과가 없어서 실망하게 마련이다. 우선 답변을 얻지 못하기도 하고, 또 숫자가 너무 믿을 수 없거나 이해할 수가 없거나 모순되어서, 차라리 주먹으로 탁자를 쾅 내리치고 싶을 지경이 된다. 어쩌면 내가 경제학자라서 이 부분에 특히 민감한지도 모른다. 보통 월수입이 얼마인지 한번 물어보시라. 세 번 질문하면 서로 동떨어진 답변을 네 개쯤 듣는다. 아니면 군복무 기간이 얼마나 되느냐, 그게 의무냐, 여성도 군대에 가야 하느냐 등을 물어보시라. 당신이 특별히 무신경한 사람이라면 곧바로 국민총생산이나 인플레이션 비율을 물어보시라. 그냥 모르는 것이든 의도적으로 거짓말을 하는 것이든, 믿을 만한 정보는 어차피 얻지 못한다.

그냥 좋아하는 음식은 무엇인가, 최고의 식당은 어디인가, 아이들에 대한 계획은 세웠나, 첫 키스는 어땠나 따위를 물어보시라. 북한에서 흔한 농담이나 가족사를 들어보라. 평양에서는 어디서 사는 게 가장 좋은가? 어떤 핸드폰이 가장 좋은가? 어떤 자동차가 멋진가? 젊은이들은 춤추러 어디로 가나? 가장 인기 있는 밴드는 또는 배우는 누군가? 살이 찌지 않으려면 어떻게 해야 하나? 휴가 때 가장 가고 싶은 곳은? 최고의 축구팀은? 가능한 질문 목록은 끝이 없다.

가이드나 호텔 직원들의 소소한 인간적인 기쁨, 어려움이나 꿈에 대한 이야기가 매우 많은 것을 알려줄 수도 있다. 이 나라를 아직도 제대로 이해할 수 없다는 괴로운 감정이야 여전히 남겠지만 1주일 정도는 견딜 수 있다. 그 이상의 야망을 가진 사람이라면 무엇보다도 참을성과 두둑한 배짱을 지녀야 한다.

네모 속 음절: 한국어와 한국어 이름

북한에서는 민족주의 언어정책이라는 취지에서 오래전부터 한자어를 '고유어'로 바꾸려는 노력을 해왔다. 프랑스와 비슷하게 북한도 오랫동안 영어 개념을 받아들이기를 거부했다. 그 때문에 남북한 사람들은 대화할 때 어려움이 생기곤 한다.

임의적인 언어정책의 한 예는 독일, 오스트리아, 스위스의 나라 명칭이다. 남한에서 독일은 중국에서 사용되는 개념에서 나온 '독일獨逸'이라는 이름으로 불린다. 북한에서도 이 명칭이 오랫동안 쓰였지만, 이미 한참 전에 처음에는 약간 뻑뻑하게 들리는 '도이췰란트'로 대체되었다. 이것은 한국어 발음으로 정확하게 'Deutschland(독일)'

에 해당하는 말이다.

나라 이름을 그 나라 발음 그대로 받아들이자는 것은 상당히 현대적인 생각이다. 일본에서도 독일은 그냥 '도이치Deutsch'라고 불린다. 하지만 이 새로운 이념이 북한에서 철저하게 적용되지는 않는다. 오스트리아는 중국어로 '아오딜리奧地利'가 되지만 북한에서는 예나 지금이나 이 한자를 한국어로 발음한 '오지리'라고 불린다. 스위스는 옛날부터 '스위스'인데, 이는 흥미롭게도 중국어 '루이시瑞土'가 아니라 원어인 'Suisse'에 해당하는 말이다.

좋은 소식. 오늘날의 한글은 자음 14자와 모음 10자, 모두 24자로 이루어져 있다. 한국인들은 이 자음과 모음을 우리처럼 나란히 이어서 쓰지 않고, 음절이 되도록 모아 쓰는 것이 습관이다. 각각의 음절은 적어도 두 개, 많으면 네 개의 자모로 이루어진다. 네 개 자모로 이루어진 음절을 보면 네모의 위 왼쪽을 맨 먼저 읽고, 이어서 위 오른쪽, 그런 다음 네모 아래 왼쪽, 그리고 마지막으로 네모 아래 오른쪽을 읽는다. 이런 쓰기 방식은 자음과 모음이 서로 고리처럼 얽히도록 만든다. 서양인의 눈에는 하나의 음절이 마치 하나의 기호처럼 보이니 유창하게 읽으려면 어느 정도 연습이 필요하다.

한국어 성은 대개 한 음절, 이름은 두 음절로 이루어진다. 특히 이름의 경우 몇 가지 예외가 있는데, 나중에 8장에서 혁명열사릉을 둘러보며 다루기로 한다. 중요한 것은 흔히 성이 맨 먼저 불린다는 점이다. 누군가가 "안녕하세요, 나는 강-동-삼입니다"라고 자신을 소개하면 아마도 강씨이지 삼씨가 아닐 것이다. 물론 이 강씨가 이미 서양 이름의 관습을 아는 터라 손님의 관습을 좇아서 자신을 '동-

삼-강'이라고 소개하면 혼란을 부른다. 그러니까 확실하게 하려면 반드시 물어보시라.

이미 이름 이야기가 나왔다면 곧바로 그 뜻을 물어볼 수 있다. 이것은 걸어가면서 대화할 수 있는 좋은 주제다. 한국의 이름들은 대개 한자로 이루어져 있기 때문이다. 남자들에게서는 피할 수 없는 남성 상징들을 만나게 된다. 예를 들어 철(쇠)이나 룡(용) 등이다. 부모가 후손을 위해 학문적 야심을 품었다면 '문(문자)'이나 '학(배움)'이 이름에 나타난다. 여자들에게서는 자주 '미(아름다움)'나 '향(향기)'이라는 글자가 나타난다. 하지만 이미 말했듯이 많은 변이형태들이 있다. 이 주제는 비정치적인 것이니, 당신의 대화 상대를 기쁘게 할 것이다.

좀 지루하다 싶으면 진짜 교활하게 'USA'가 한국어로는 무엇이며 그 뜻은 무엇인가를 물어보라. 답은 '미국(아름다운 나라)'이기 때문이다.

이따금 같은 사람이 여러 이름으로 등장하는 경우도 있다. 이것은 꼭 기만적 행동은 아니다. 한국에서는 전통적으로 시간이 흐르면서 이름을 바꾸는 일이 자주 있었기 때문이다. 가이드에게 그 또는 그녀의 어릴 적 이름이 무엇이었는지 물어보시라, 그러면 기쁨으로 눈꼬리가 올라가는 경우를 볼 수도 있다. 이름을 바꾼 유명인으로는 북한의 건국자인 김일성도 있다. 그는 원래 이름이 김성주였는데, 전쟁 중에 가명을 썼다. 이는 울리야노프(레닌Vladimir Lenin)나 추가슈빌리(스탈린Iosif Stalin)와 비슷한 경우다.

대화에서 이름을 부르는 것은 가급적 피해야 한다. 한국에서 성이 맨 먼저 나오는 것은 우연이 아니다. 김씨는 대부분의 사람들에게 그냥 김씨다. 그가 광일이라는 이름을 가지고 있어도 이 이름은 별로 사용하지 않는다. 이름은 가까운 친구나 나이 어린 가족에게 부를 수 있다. 말을 걸 때 성에는 보통 직위가 붙는다. 우리에게 익숙한 '미스터' '미시즈' 등이 북한에는 없다. 그곳에서는 각각의 지위인 '국장' 또는 '선생' 아니면 일상적으로는 '동무'가 붙는다. 이것은 당원 여부와는 아무 상관이 없다. 동독에서 군복무를 할 때 우리가 서로 'XY 동지'라고 부르던 것과 비슷하다. 북한에서 '김 동지'는 '김 동무'가 되는 것이다. 여기서 성이 맨 먼저 오고 다음에 직위나 동무가 온다. 독일어권에서 온 여행자들은 이런 공식적인 호칭을 미국이나 스칸디나비아 사람들보다는 더 쉽게 받아들인다.

전통적으로 서열관계를 매우 중시하는 한국에서, 이론적으로는 평등한 사회주의 이념에도 불구하고 동무의 또 다른 개념이 있는데, 이는 '존경하는 동무'라는 뜻으로 번역될 수 있는 '동지'라는 말이다. 분명하게 고위층 북한 사람이고 그의 성이 최라면, 그에게 정중하게 말을 걸려고 한다면 '최 동지'라고 부르는 것이 맞다. 하지만 관광객은 통상적인 사용법인 '동무'라는 말로 충분히 좋은 인상을 남긴다. 남한에서 자주 중간적인 표현으로 이용되는 '당신'이나 '~씨'는 북한에서는 잘 쓰이지 않는다.

'북'이라는 말은 분노를 부르니: 이 나라를 무어라 불러야 할까?

이상한 질문이네, 북한은 북한이지, 라고 흔히 생각하실 것이다.

하지만 꼭 맞는 말은 아니다. 공식 국가명칭은 조선민주주의인민공
화국이다.

진짜 문제는 '북'이라는 음절이다. 공식적인 설명에 따르면 한국
Korea은 예나 지금이나 하나의 나라인데, 그냥 임시로만 갈라져 있다
는 것이다. 따라서 '한국의 북쪽 부분'은 정치적으로 정확한 말이지
만 '북한'이라는 말은 그렇지가 않다. 그것은 두 나라임을 전제하기
때문이다. 그래서 영어로 발간되는 북한매체에서 남한은 언제나 소
문자 's'를 써서 'south Korea'라고 하지, 통상적인 'South Korea'
라고 하지 않는다.

그렇다면 유럽의 관광객인 우리는 어떻게 말해야 하나? 가장 간단
하게는 그냥 '코리아'라고 말하면 된다. 어차피 문맥을 통해 북한을
이야기한다는 것이 드러날 테니까. 영어로는 통상 DPRK, 즉
Democratic People's Republic of Korea이다.

여행안내를 맡은 많은 가이드들이 일찌감치 포기하고 '노스 코리
아'를 그냥 받아들이고 심지어 자신도 그렇게 쓰는 것을 볼 수 있다.
하지만 그것이 이 나라에서는 경우에 따라 심각한 문제를 야기할 수
있다는 사실을 기억해두면 해롭지는 않을 것이다. 곧바로 상대방을
화나게 하는 말이라면, 적어도 그것을 알고는 있어야 하니까.

표어와 현수막

북한 도착 직후 벌써 눈에 들어오는 게 있다. 전국이 온통 표어, 현

수막, 플래카드, 모자이크 등으로 뒤덮이다시피 했다는 사실이다.

지도자들은 자주 특별한 꽃이나 탄생장소 같은 상징으로 등장한다. 그러니까 대형 모자이크에서 한국 전통가옥 두 채와 눈에 덮인 통나무집이 묘사되어 있다면, 김일성과 그 아내 김정숙, 그리고 아들 김정일을 뜻하는 것이다. 아직 김정은을 위한 상징은 없다. 꽃도 탄생장소도 말이다. 물론 조상들과 마찬가지로 김정은도 일련의 노래로 찬양되지만, 당연히 한국어로 노래되는 덕에 서양 관광객에게는 일곱 개의 봉인이 붙은 책으로 남고 만다.

건물이나 자동차, 벽보나 풍경 한가운데 있는 거대한 판에 적힌 글자들은 한국어와 그 문맥을 모르고는 아예 무슨 말인지 알 수가 없다. 이건 진짜 손실이긴 하다. 이를 통해 이 나라의 현재 상황과 정부의 정책에 대해 아주 많은 것을 알 수 있기 때문이다. 예를 들어 2013년 초 언론들이 여러 달 동안이나 군사적 갈등이 커짐을 보도하면서 한반도에 전쟁이 다가오는 듯이 보였을 때, 이 나라 어디서나 볼 수 있는 표어들만 읽을 수 있었다면 매우 도움이 되었을 것이다. 이런 표어들은 경제력 강화를 지향하고 있을 뿐, 예를 들어 군사동원령 요구나 적에 대한 미움을 강화하는 표현을 포함하지 않았었다.

전문가들이 처음에 김정은이 자신의 권력승계를 어떻게 정당화할 것인가를 자문하던 때도 표어들은 소중한 암시를 해주었다. 김정은이 처음으로 "21세기의 위대한 태양"이라는 호칭으로 불렸을 때 새로운 지도자의 주관이 분명하게 나타났다. 그때까지 '태양'은 그의 아버지에게만 부여되던 것이었다. 그가 처음으로 연설할 때 맨 첫 줄 현수막에 "인민의 생활조건 개선"이라는 표어들이 나타났을 때도 권력승계의 정당화를 위해서 이념이 맨 앞에 나서지 않으리라는 점이 암시되었다. 김정은이 가문통치라는 정치질서를 어떻게 표현할 것인가라는 질문에 대한 답도 역시 표어들에서 나타났고, 지금도 나타나고 있다. 그의 할아버지가 1994년에 사망한 다음에도 헌법 개정을 통해서, 그리고 "위대한 수령 김일성 동지는 영원히 우리와 함께 계신다"라는 표어를 통해서 그의 지속적인 현존이 표현되었다. 2011년에 김정일이 죽자 이 모든 표어들은 상당한 비용을 들여 차례로 바뀌었다. 그래서 이제는 "위대한 김일성 동지와 김정일 동지는 영원히 우리와 함께 계신다"가 되었다. 건국자인 할아버지의 강력한 이미지와 아버지까지 가깝게 연결하려는 김정은의 시도가 이렇게 드러난 것이다.

북한 사람들의 생활에 대해서도 많은 것을 표어에서 읽어낼 수 있다. 예를 들어 2016년 5월 조선로동당 제7차대회 직전에, 전국적으로 노동에 더욱 매진하자는 70일전투가 있었다. 곳곳에서 "오늘 할 일을 완수했는가?"라는 질문이 적힌 플래카드를 볼 수 있었는데, 그러면서 목표일까지 남아 있는 날짜 수가 제시되곤 했다.

산에서는 숲을 보호하자거나 산불을 조심하라는 현수막을 볼 수 있다. "8월과 9월은 보건의 달"이라고 알리는 계절적인 표어들이 있다. 라선 경제특구에서 한번은 "대외무역을 최우선으로 행동하자"는 표어가 담긴 현수막을 본 적도 있다. 노동현장에는 "당이 명령하면 우리는 따른다" 같은 붓글씨 문장들이 매달려 있다. 길가에는 "위대한 수령님이 계신 행복"이라는 제명이 적힌 돌들도 있다. 유치원 입구에서는 "우리는 행복해요"라는 글귀를, 학교에서는 "고맙습니다,

▽
강선의 철강노동자. 체제의 공식적 자화상에 완벽하게 일치하는,
그래서 주저하지 않고 찍어도 되는 피사체, 배경의 플래카드는
조선로동당 제7차대회를 맞이하여 강철생산량을 더 높이자고 격려한다.

김정은 아버지동무" 같은 글귀를 읽을 수 있다.

한글에 대한 지식 없이도 읽을 수 있는 종류의 표어들도 있다. 보통은 붉은 바탕 위 흰 글자들 사이로 검은색 두 음절 글자가 나타나면, 이것은 거의 확실하게 미국, 그러니까 미 제국주의(미제)라는 의미다.

모든 글이 정치 구호는 아니다. 레스토랑이나 상점, 대중탕을 알리는 광고들도 있다. 이런 표지판들은 글자들의 황금 색깔이나 전반적인 다채로운 색상으로 알 수 있다.

그러므로 함께 여행하는 사람들 중에 한국어를 아는 사람이 없으면 가이드에게 글자의 뜻을 물어보는 것이 쓸모가 있다. 이런 글들은 북한의 일상생활에서 기본 요소이다. 그리고 집으로 가져가지는 못해도, 전혀 망설임 없이 사진을 찍어도 된다.

옷깃의 지도자 배지

이에 대해서는 소문이 무성하다. 모든 북한 사람이 노동복을 입었을 때나 목욕할 때 말고는 왼쪽 가슴에 늘 달고 다니는 배지 말이다. 둥글거나 모난 모양의 배지에 김일성이나 김정일이 보인다. 최근에는 붉은 깃발 위에 이 둘이 함께 나타날 때가 많다.

북한 사람들은 기념일에 각자의 활동장소에서 이런 배지를 받는다. 군대의 단위부대가 될 수도 있고, 공장이나 대학이 될 수도 있다. 따라서 많은 사람들이 이런 배지를 여러 개 갖고 있다. 한번은 북한 사람이 내게 이것들을 나란히 늘어놓으면 얼마나 멋있는지를, 그리고 밖에서는 보이지 않도록 가슴 호주머니 안쪽에 부착하는 방법까지 알려준 적이 있다.

당원이나 대규모 투자자가 되지 않고도 이런 배지 하나를 꼭 갖고 싶은 사람은 중국에서 알아보면 된다. 단둥에서는 온갖 형태, 색깔, 크기의 배지들이 팔리고 있다.

북한의 영화와 TV

특수한 정치적 맥락에서 북한 지도층이 영화의 효과를 각별히 평가한 것은 우연이 아니다. 영화는 심지어 지도자의 일이 되었다. 현재 지도자의 아버지인 김정일은 영화를 특별히 찬양한 것으로 알려져 있다. 그는 영화에 대한 몇몇 이론서를 쓰기도 하고 손수 감독으로 활동하기도 했다. 북한의 기묘한 영화역사에는 남한의 영화감독과 그의 아내인 여배우를 납치한 사건도 있고, 〈불가사리〉라는 제목으로 북한판 〈고질라〉 영화를 만든 적도 있다. 원하는 사람은 꼼꼼한 조사를 바탕으로 쓴 추천할 만한 책인 요하네스 쇤헤어Johannes Schönherr의 《북한 영화North Korean Cinema》에서 많은 정보를 읽을 수 있다.

북한 사람들도 다른 사람들과 똑같이 영화를 좋아한다. 물론 외국 영화를 볼 기회는 제한되어 있다. 2년에 한 번씩 열리는 '평양영화축전'에서는 유럽 영화도 볼 수 있지만 남한과 미국 영화는 등장하지 않는데, 어쨌든 외국 영화를 볼 수 있는 매우 드문 기회이다. 그러니까

북한에서는 주로 국내 제작 영화를 영화관에서나 TV 혹은 DVD로
볼 수 있다. 컴퓨터가 널리 보급되면서 USB 매체도 함께 유통된다.

남한에 사는 탈북자들은 한목소리로, 공식적으로 금지된 남한의
오락물이 북한에서 매우 인기가 많다고 말한다. 모두가 남몰래 남한
TV 드라마를 본다는 것이다. 그런 행사에 초대받기를 기대하지는 마
시라. 하지만 눈을 뜨고 있으면 어디서든 남한 드라마에서 본 것을
따라 하는 듯한 특성과 행동 방식을 볼 수 있다. 북한의 일부 그룹,
특히 젊은 중산층 사이에서 서울 말투도 널리 퍼져 있는 듯 보인다.

수도에는 세 개의 공식적인 TV 방송국이 있는데 그중 하나는 주
로 영화를 보여준다. 나머지 지역에서는 대개 하나의 방송만 수신된
다. 물론 모두가 국영방송이라는 사실은 굳이 언급하지 않아도 될 것
이다. 2016년부터 선별된 지역에는 IPTV도 있는데, 데이터 통신망
을 통해 가정에 공급된다. 이것은 기술적인 진보 덕분에 안테나도
필요 없다. 안테나가 있으면 '실수로' 엉뚱한 방송을 수신하는 경우
가 생긴다.

북한에 서방, 아니 더 정확하게 말하자면 남쪽 TV는 없다. 이것은
나의 고향인 옛날 동독과 매우 중요한 차이점이다. 옛날 동독에서는
가난한 드레스덴 사람까지도 서독의 제1방송, 제2방송 등 다양한 프
로그램을 보면서 자랐다. 게다가 북한은 외부의 라디오 방송도 수신
할 수 없도록 신호가 차단되어 있다. 물론 공식적으론 그렇지만, 일
부 호텔에서는 알 자지라, 도이치벨레 TV, BBC 등이 수신되곤 한다.
청소부가 이따금 방을 청소할 때 TV 끄는 것을 잊더라도 누가 알겠
는가.

우정을 위한 작은 선물?

관광객으로 북한에 무엇을 가져가야 하느냐는 질문을 자주 받는다. 이에 대해 나는 대부분의 여행사가 추천하는 것과는 전혀 다른 의견이다. 한마디로 말하자면 선물을 가져가지 말라는 것이다.

선물은 나름의 기능이 있다. 우정을 키우고, 고마움을 전하고, 자신을 기억하도록 하고, 냉기류를 깨고, 답례하고, 생일과 축제일 같은 행사들에 올바르게 대처하는 등의 일이다. 좋다. 하지만 관광객으로 북한을 여행하는 경우 이중 들어맞는 게 대체 무어란 말인가? 아직 전혀 알지도 못하는 사람을 위해 무엇을 살 수가 있단 말인가?

북한여행의 마지막 저녁에 현지 가이드들에게 팁을 지불하는 것이 관례다. 물론 서비스의 질에 따라 다르긴 하지만 인색하지 않아야 한다. 가이드들은 정해진 틀 안에서 일하지만 어느 정도는 당신의 여행을 조금 더 재미있게, 그리고 더 편안하게 만들 수가 있다. 보통은 1인당 하루 5유로, 또는 해당 금액을 달러나 위안으로 지불한다. 나는 여행 전에 미리 단원들에게서 이 금액을 걷어두었다가—실질적인 만족도에 대한 사전 토론을 거친 다음— 우리 단체의 이름으로 이 돈을 넘겨준다. 이로써 누군가가 마지막 날에 돈이 안 남았다거나 금액을 놓고 싸움이 벌어지는 문제 등을 피하려는 것이다. 돈은 두 명의 가이드와 운전기사 몫으로 분배해서 봉투에 넣어 봉인해 전달한다. 그전에 미리 단체 대표와 상의하는 것이 좋다. 여행 도중에 안내원들은 언제나 한잔하는 자리에 초청을 받고, 외환으로 지불하는 식당에 갈 경우 그들의 식사 값을 우리가 지불한다. 운전기사는 여행

중에는 술을 마셔서는 안 되니 호텔에서 그가 원하는 술 한 병을 사서 선물한다. 나는 언제나 예상치 못한 사건에 대비해 담배 스무 갑을 사서 가져갔다가, 남은 것은 역시 마지막 저녁에 가이드들과 운전기사에게 나누어준다.

아이들을 위한 작은 선물을 두고는 여기저기서 불쾌한 경험을 이미 했다. 여러 번이나 특정한 상점에서 사탕을 사라고 공격적이기까지 한 압력을 받았다. 프로그램에 따라 학교나 유치원을 방문했을 때 아이들에게 나누어줄 사탕을 교사들에게 선물하라는 것이었다. 그것 말고는 유럽에서 가져온 사탕이나 색연필, 봉제완구를 길에서 우연히 만나는 어린이들에게 나누어주는 것은 엄격히 금지된다. 분명히 여행자들이 과도하게, 그야말로 희사하듯이 선물을 나누어주었던 모양이다.

결국은 여행자 스스로 무엇을 가져가고 무엇을 가져가지 않을지 결정해야 한다. 무엇보다도 가이드들은 흔히 까다로운 중상류층 출신임을 감안해야 한다. 그들은 값비싼 외국 상표들을 잘 알고 있으며, 싸구려 물건에 대해서는 오히려 기분이 상했다는 반응을 보인다. 나 같으면 여행 짐도 줄이고, 소소한 관심을 무엇으로 표명할지는 현지에서 결정할 것 같다. 호텔에서 수입품을 살 기회가 있으니까.

관청과 관료들에 대한 태도

북한은 독재국가다. 국가가 전권을 갖는다. 따라서 국가의 대표자들에게는 그에 걸맞게 조심스럽게 대해야 한다. 분별 있고 친절한 태도가 도움이 된다. 애매할 경우에는 가이드에게 물어보시라, 그들은 그런 일을 처리하려고 그 자리에 있다. 방이 마음에 들지 않는다고? 음식이 맛이 없다고? 거스름돈이 맞지 않다고? 붉은 신호등에 거리를 건너다가 교통경찰에게 붙잡혔다고? 고약한 사진을 찍었다는 고발을 받았다고? 조용히 기다리면서 가이드에게 물어보시라, 그들은 멀리 있지 않다. 혼자 해결하려고 모험을 하지 마시라.

숙소:

4 ──────────── 사회주의의 매력

북한처럼 예외적인 여행지에서도 극히 일상적인 질문들이 생긴
다. 관광객은 북한에서 어디에 어떻게 머무르나? 어떤 편의시설
을 기대할 수 있나? 수돗물을 마셔도 될까? 선택지가 있다면 어
떤 호텔이 좋을까?

대부분 철저하게 미리 예약된 우리 여행에서 선택지는 없고, 그
냥 닥쳐오는 것을 받아들이는 수밖에 없다. 각 개인이 자기에게
제공된 것을 어떻게 받아들이느냐는 북한에서 자주 그렇듯이 관
점의 문제다. 가능한 최고 숙소와 가장 훌륭한 음식이 외국인에
게 제공된다면, 이는 전형적인 북한의 속임수일까? 많은 사람들
이 분명 그보다 훨씬 못산다는 것을 우리는 알고 있으니까. 아니
면 대부분의 나라에서 생각할 수 있듯이 그것은 손님을 환대하
는 민족적 자존심의 표현일까?

많은 관광객이 첫 번째 답을 선택한다. 그러고 나면 전기가 나가
는 것, 차가운 수돗물, 화장지가 없는 화장실 등 모든 것을 기억할
만한 정직함의 표현으로 평가하게 될 것이다.

무엇을 기대할 수 있나?

 북한에서 거의 모든 것이 그렇듯 여행은 국가가 운영하거나 적어
도 통제하는 사업이다. 돈벌이에 좋고, 외부에 나라를 알리는 일에도
좋다. 따라서 서방 관광객이 보통 수많은 북한 사람들의 현실과는 거
리가 먼 최고 호텔에 묵는다고 해서 그리 놀랄 일은 아니다.

 그렇다고 호텔들이 우리에게 익숙한 편안함을 제공한다는 뜻은
아니다. 북한의 숙소들은 대체로 무언가가 부족하다. 어쩌면 '동구권
매력'이라고 부를 수 있을 것 같다. 시설의 취향은 1970년대와 1980
년대를 지향한다. 많은 대리석과 황동, 거대한 샹들리에, 층고가 높
은 공간, 멋들어진 의자와 거대한 탁자들이 있다. 직원들이 매우 세
심하게 일해도 분위기는 오히려 차갑고 비인간적이다. 북한에서 정
말로 쾌적한 경우는 드물다.

 호텔들은 전성기를 이미 지났다는 인상을 자주 받는다. 그것은 우
연이 아니다. 사회주의 경제체제는 한 번 투자 후 항구적인 수선 및
정리가 특징이다. 수선 및 정리는 보통은 자국의 수단으로 수입품 없
이 이루어지게 마련이다. 새로 만들기보다 고쳐서 쓴다. 거기 투입되

는 노동자들의 높은 기술력에도 불구하고 시간이 흐르면서 고작해야 세월 속에 낡아가는 아름다움이라는 인상을 줄 뿐이다.

나는 이 자리에서 북한 사람들이 철저히 고급으로 건축하고 설비할 수 있다는 점을 언급하고 싶다. 과학기술전당 같은 새로운 시설에서 그것을 확인할 수 있다. 그곳에서는 가장 작은 디테일과 깊숙한 구석까지 깔끔함과 정교함이 지배한다.

그들이 외국인에게 최고의 인상을 주고 싶어한다는 앞의 언급을 놓고 보면 호텔들이 지닌 중간급 상태는 모순이다. 호텔 건물들을 고급으로 유지하려면 많은 돈이 든다. 호텔 분야는 아직 경기가 좋지 않은 상황인 만큼 우선순위를 조정한 것이다. 이념적·정치적 설명도 내놓을 수 있다. 외국 손님들을 매우 귀하게 여기기는 하지만 아버지처럼 보살피는 지도자의 눈길은 다른 곳, 이를테면 자국 국민의 복지를 향한다. 적어도 아름답게 꾸며진 류경호텔이 왜 미완성 상태인지 질문하면 오랫동안 나오곤 하던 답변이 이것이었다.

숙소의 질에 대한 나의 언급을 심술궂은 비판이 아닌 중립적인 사실 확인이라고 이해하신다면 좋겠다. 북한은 상대적으로 가난한 나라다. 그곳에서 유럽의 5성급을 기대하는 사람이라면 오만하다는 비난을 받아야 한다. 물론 라선 경제특구는 오늘날 북한에서도 합작 파트너와 함께라면 얼마나 많은 것이 가능한지를 보여준다. 그곳에서는 중국인들과의 긴밀한 협조 덕에 별 부족함 없이 서양 기준에 어울리는 것을 찾아낼 수 있다. 나는 라선에서 전기자전거를 보았을 때, 그곳이 선구적인 곳임을 진작 알아보았다. 몇 년 안에 숙소 사정도 극적으로 개선될 수 있을 것이다.

물: 그리 간단치가 않다

특히 평양 바깥에서는 자주 호텔 도착과 동시에 온수가 나오는 시간에 대한 설명을 듣는다. 이것은 귀담아들어야 한다. 보통은 아침과 저녁 각각 한 시간뿐이니까. 양치질은 찬물로 할 수 있다지만 찬물로 샤워하고 머리 감는 일은 누구나 할 수 있는 일은 아니다.

북한에서 외국인들이 자주 드나드는 호텔의 수질은 원칙적으로 좋다. 하지만 눈에 보이는 산업시설의 상태를 기준으로 삼고 보면, 모험을 하지 말자는 결론을 내리게 된다. 수돗물을 마시지 않기를 권한다. 플라스틱 병에 든 생수는 1년 반 전에 시작된 시장경제활동 덕분에 어디서나 아주 싼값에 구할 수가 있다. 많은 여행자들은 액상 또는 젤 형태의 소독제를 들고 다닌다.

이따금 주로 평양 바깥에서 관습적이지 않은 해결책을 보게 된다. 욕조에 커다란 물통이 세워져 있고, 그 안에 침수상태에서 물을 끓이는 기구가 떠 있다. 이것이 온수 보일러다. 시골에서는 샘물도 자주 보지만 관광객은 물론 샘물을 마실 일은 없다.

위생시설

외국인이 묵는 호텔의 위생시설은 우리 표준에 맞다. 그러니까 양변기가 있다. 비록 낡았지만 언제나 반짝반짝 깨끗이 닦여 있다. 하지만 관광 중에는 중국에 널리 퍼져 있는 바닥에 놓인 변기에 쭈그리고 앉아야 한다. 이것은 허벅지근육과 무릎에 상당한 도전이 될 수 있다. 그런 변기를 사용할 경우에 옷을 다루는 방법도 훈련해두어야 한다. 이런 사소한 것들이 진짜 문제가 될 수도 있다. 그러므로 변기를 이용할 때 움직이지 않고 버틸 수 있도록 집에서 훈련을 해두시기를.

제3세계의 많은 나라들이 그렇듯이 북한의 배수구는 직경이 좁은 경우가 많다. 두툼한 화장지를 너무 많이 쓰거나 다른 물건들을 내려보내려고 하면 쉽사리 막힌다. 그래서 화장실 벽에 쓰고 난 휴지를 버리는 작은 철사바구니가 걸린 것을 자주 볼 수 있다. 아름다운 모습은 아니지만 변기가 흘러넘치는 것보다는 훨씬 낫다.

오늘날에도 특히 평양 바깥에서 볼 수 있는 특이한 것 중 하나가 대안적 수세식이다. 수세식이 때로 작동을 하지 않기 때문에 마련한 것이다. 당신의 호텔 방에 욕조가 물로 가득 채워져 있다면 제발 이 물을 그냥 흘려보내지 마시라. 이전 고객이나 청소직원이 잊어버린 것이 아니다. 비상상황에서 당신을 위해 마련된 물이다. 큼직한 바가지가 욕조에 떠다닌다. 이것으로 변기의 물통을 채우거나 직접 변기에 물을 퍼 부을 수가 있다.

공공시설의 화장실에는 이런 목적으로 벽에 타일 수조가 부착된 경우가 있다. 여기서도 사회주의 경제의 총체적 부조리가 눈앞에 나타나는 수가 있다. 펌프질할 전기와 물 부족으로 인해 만들어진 수조는, 이 두 가지가 풍족해지면 그대로 흘러넘친다. 수도꼭지가 늘 열려 있는데 아무도 잠그려 하지 않기 때문이다.

전기: 들어왔다가 나갔다가

지난 몇 해 동안 북한의 전기공급이 현저히 좋아졌다는 인상을 받는다. 그래도 전기가 끊길 것을 고려해야 한다. 설사 전력량에 문제가 없어도 이따금 전선이 낡아서 제대로 작동하지 못하기 때문이다. 수위가 낮아져서 또는 겨울철의 냉혹한 서리로 인해 수력발전소는 제한적으로만 기능한다. 그러니 조명용 등을 가져갈 생각을 하시라.

전기제품의 충전을 위해서도 전기가 끊어질 수 있다는 점을 염두에 두어야 한다. 배터리가 소진될 때까지 기다리지 마시라. 전선이 먹통이 될 수도 있으니까. 보조배터리도 매우 쓸모가 있다. 전압은 220볼트이다. 세계 공용 플러그도 유용하다. 북한에서는 건축재를 닥치는 대로 쓰기 때문에 일본제, 러시아제, 중국제 콘센트 등 무엇이든 만날 수가 있다.

2017년 신년사에서 김정은이 언급한 북한 경제의 핵심과제는 식량과 에너지 공급이었다. 그의 충복들은 이 문제를 자기들 방식으로 해결하고 있다. 특히 평양 어디서나 창문에 태양광패널이 매달린 것을 볼 수 있는데, 낮 동안 집 내부의 자동차 배터리와 연결해 충전했다가 밤이면 이것으로 불을 밝히고 TV를 본다.

난방이나 요리 등 에너지가 더 많이 드는 용도로는 물론 부족하다. 겨울철에 이 나라를 여행하다보면 거리 가장자리에 시커먼 가루가 수북이 쌓여 있는 것을 볼 수 있다. 가루 형태의 석탄인데, 이것을 접착제와 섞어서 구멍이 많이 뚫린 원통형이 되도록 압착한다. 연탄이라 불리는 이것을 남한에서는 1980년대 말까지 대부분의 가정에서

▽

여유가 있는 사람은 연탄으로 요리와 난방을 한다.
연탄재는 들판에서 거름으로 쓰인다.

쓰다가 기름과 가스 난방으로 교체했다. 북한에서 연탄은 상당히 비싸긴 해도 전국적으로 중요한 에너지원이다. 정상적인 겨울철 몇 달 동안 가구당 하루 석 장의 연탄을 소비하고, 추운 1월에는 넉 장을 소비한다. 시골에서는 많은 집들이 거름 분해에서 생기는 바이오가스로 음식을 조리한다. 잘 들여다보면 거름구덩이에서 직접 부엌으로 연결된 플라스틱 호스를 볼 수가 있다.

북한 전역을 돌아다니면서 헐벗은 산등성이가 눈에 들어왔다면, 북한 사람들이 빤히 보이는 산사태의 위험을 감수하는 이유가 바로 에너지 부족임을 알 수 있다. 겨울철 온 세상이 얼어붙기 전에 사람들이 땔나무를 모으기 때문이다. 바닥에 떨어진 게 없으면 살아 있는 나뭇가지라도 베어낸다. 북한의 길거리에서는 사람들이 지게나 달구지 짐칸에 거대한 나무 짐을 싣고 오가는데, 땔나무를 팔거나 자기 집에서 사용하려는 것이다. 북한이 지속적으로 오일과 가스에 접근하지 못하고 외화벌이를 위해 대부분의 석탄을 수출하는 한에는, 조림사업과 환경보호를 국가 캠페인으로 삼는다 해도, 벌목으로 생기는 이런 환경파괴 문제가 계속될 것이다.

잠자리: 한국인들은 단단하고 따뜻한 바닥을 좋아한다

한국인들은 전통적으로 방바닥에서 잠을 잔다. 이것은 실용적이다. 그러면 침대가 필요하지 않고, 따라서 동일한 공간에서 거주, 식사, 잠자리 등을 해결할 수 있기 때문이다. 게다가 한국의 가옥들은

'온돌(따뜻한 돌판)'이라 불리는 바닥 난방을 이용한다. 부엌 아궁이에서 만들어진 더운 공기가 집 전체의 방바닥 아래를 통과한 다음 밖으로 연결된 굴뚝으로 빠져나간다. 따라서 전통 방식으로 지어진 집에서 가장 좋은 방은 부엌 바로 옆에 붙은 방이다.

한국인들은 단단한 잠자리에 익숙하다. 방바닥에 대략 5센티미터 두께의 요를 깔면 그것으로 그만이다. 침대도 자주 동일한 원칙에 따라 기능하며, 그래서 우리에게 익숙한 것처럼 늘 그렇게 푹신하지가 않다. 그러니 붕 날아서 침대로 뛰어들려고 한다면 조심하시기를. 특히 지방 호텔에서 침대는 간혹 온수관이 연결된 방바닥 한쪽을 높여 놓은 것이다.

이따금 당신이 선택권을 갖기도 한다. 특히 난방이 필요한 계절에 나는 개인적으로 단단한 방바닥 잠자리를 선호한다. 그래야만 방바닥이 아래부터 제대로 따뜻해지기 때문이다. 그런데 측정 제어술이라는 것이 북한에서는 그리 발전하지 못했다. 많은 호텔의 방은 익힐 듯이 뜨겁거나 얼음장처럼 차갑다. 손님들에게는 언제나 최고의 것을 제공하려고 하기 때문에, 가을에서 봄철까지 방들은 그야말로 절절 끓는다. 바닥에서 잠자는 사람은 자신의 수분으로 익을 지경이 되니 잠잘 생각은 거의 할 수도 없다.

자신의 특권적 지위를 잘 알고, 또 같은 시각 북한의 많은 사람들이 추위에 벌벌 떨고 있음을 안다면 원래는 고맙다는 생각이 들어야 할 테지만, 그게 언제나 쉽지는 않다. 나와 함께 여행한 사람들 몇 명은 한겨울에 절망감에 사로잡혀 참지 못하고 에어컨을 틀어서 방 온도를 30도에서 24도로 떨어뜨렸다. 나는 그것이 너무 낭비 같아 창

문을 열고 영하 8도의 바깥 공기를 안으로 들였지만, 잠시 뒤 밖에서
순찰 돌던 사람이 사나운 목소리로 어서 창문을 닫으라고 외쳤다.

평양의 호텔들: 중요한 차이점

개인여행은 거의 불가능하므로 보통은 숙소를 고르는 고통을 느
낄 필요가 없다. 하지만 당신이 직접 여행을 계획하는 위치라면 호텔
에 대해 생각해보는 것도 중요하다. 여러 이유에서 언급할 가치가 있
는 몇몇 숙소들이 있다.

평양에서 서방 여행자들은 통상 대동강의 양각도라는 섬에 있는,
같은 이름의 호텔에 머물거나 기차역 옆의 고려호텔에 머문다. 비즈
니스 여행자들에게는 창광산호텔도 가능한데, 이 호텔은 특히 현대적
인 웰빙 구역과 스케이트장에 가깝다는 것이 매력이다. 로동신문사
옆의 해방산호텔에는 훌륭하게 구색을 갖춘 슈퍼마켓이 있으며, 최근
에 보수를 마친 추천할 만한 보통강호텔도 있다[보통강려관. 북한에서
는 통상 '호텔' 대신 '려관'이라는 단어를 쓴다].

여행자들의 숙소는 보통 양각도호텔과 고려호텔이다. 선택할 수
있다면 고려호텔이 추천할 만하다. 호텔 안에 맥주양조장이 있어서
만이 아니다. 북한여행이란 어떻게든 이 나라를 체험하려고 쉬지 않
고 싸우는 일이다. 눈에 띄는 쌍둥이 탑에 녹 빛깔로 빛나는 정면부
를 자랑하는 고려호텔은, 시내 중심부에 위치한 덕에 이 도시에 머물
고 있다는 느낌을 준다. 창문을 통해 거리나 뒷마당에서 벌어지는 일

상생활이 조금 더 잘 보인다. 안내원 없이 시내 거리를 산책할 기회가 혹시라도 있다면 여기가 좋다. 역까지 걸어서 갈 수도 있다. 2017년 봄에 호텔 보수작업이 있었다.

양각도호텔은 대동강의 섬에 자리해 더 고립되어 있다. 유일한 접근로는 다리를 통과하는 길인데, 이 다리는 감시가 쉽다. 2016년까지는 관광객이 섬 안에서 자유롭게 돌아다닐 수가 있었지만, 오토 웜비어 사건 이후로 그마저 끝났다. 그런데도 나는 '양각도'라는 이름을 들을 때마다 속으로 킥킥대지 않을 수가 없다. 양각도는 '양의 뿔 섬'이라는 뜻인데, 섬이 긴 물방울 모양을 한 데서 나온 이름이다. 언젠가 매우 유능하고 정말로 노력형인 가이드 한 명이 영어로 이 뜻을 발음하는 데 몹시 애를 먹었다. 독일의 '아가테 바우어 송Agathe Bauer Song'을 아는 사람이라면 쉽사리 이해할 것이다['아이브 갓 더 파워I've got the power'라는 팝송 가사가 독일어 사용자에게는 '아가테 바우어(시골뜨기 아가테)'라고 들린다는 농담이다]. 그녀가 'horn of sheep(양의 뿔)'이라고 말하면, 용서하시라, 꼭 'hall of shit(똥의 홀)'처럼 들렸다. 덕분에 나의 동료들이 웃음을 간신히 눌러 참으면서 그녀에게 거듭 양각도라는 이름의 뜻을 설명해달라고 요청했다. 가여운 여성은 거의 절망에 빠졌다. 그러자 웃음과 눈물로 얼룩진 얼굴로 누군가가 마침내 그녀를 가엽게 여겨서 이 작은 발음 실수를 알려주었다.

양의 뿔 섬의 양각도호텔은 고려호텔보다 약간 새 건물이지만 두 호텔 모두 유사하게 낡은 인상을 풍긴다. 이 건물들은 사회주의의 키치로 우리 마음을 끄는 것이지, 견고한 느낌이나 초현대적인 우아함으로 마음을 사로잡는 것은 아니다. 어차피 그런 것은 기대하지도 않았다. 두 호텔에서 최소한의 편안함을 얻을 수 있으니, 수도꼭지를 틀면 나오는 따뜻한 물, 전기, 따스함 등이 있고, 방들은 깨끗하며 맥주는 차갑고 직원들은 친절하다.

이미 말했듯이 위치가 결정적이다. 양각도호텔에서 높은 층의 방들은 평양 서부와 동부를 내려다보는 훌륭한 전망을 제공한다. 하지만 평양 역시 잠들지 않는 도시다. 적어도 많은 길목들이 그렇고, 특히 호텔 앞 강변은 절대로 잠들지 않는다. 밤새도록 무거운 두레박식 준설기가 털털거리며 돌아간다. 새벽 네시에 작업을 교대하는데, 딱 그때만 반시간 정도 조용해진다.

극히 부담스러운 이런 준설작업은 1980년대 초에 건설된 서해갑문 댐의 결과다. 이에 대해서는 11장에서 다룬다. 이 댐이 대동강의 유속을 현저히 줄이면서 강물이 침전물을 제대로 운반하지 못하게 되었다. 산이 광범위하게 벌목되어 토사가 매우 많이 쓸려 내려오는데, 이 토사는 평평한 곳에 쌓여 강물을 막아 평양에 홍수 위협을 만들어 낸다. 그런데 당시 서해갑문 댐의 공사는 김일성 주석의 지시에 따라 그 아들이 주도했기 때문에, 이런 문제점이 제대로 지적되지 않는다.

하지만 이따금 곤궁에서 미덕이 생겨나기도 한다. 지난 수십 년 동안 평양에서 건설공사가 급격히 늘어난 까닭에 강바닥에서 퍼 올린 부담스러운 모래가 매우 반가운 건축자재가 되었다. 북한은 해변이 매우 길지만, 도로와 철도 연결망이 제대로 작동하지 않는 관계로 먼 거리 운반은 매우 많은 비용이 든다. 그사이 강의 준설공사가 상당히 이익이 남는 사업이 되어서, 사적인 암거래경제 같은 것이 생겨났다고들 말한다. 이웃 주민이 밤잠을 설치는 정도는 그야말로 사소한 일이 되고 말았다.

그것 말고도 방을 식히려고 창문을 열어봤자 헛일이다. 약 50층이라는 엄청난 높이에도 창문을 열 수는 있다. 계단실과 승강기 통로가 연통 역할을 하는 덕분에 생겨난 기류가 방에서 나온 더운 공기를 바깥으로 내보내기는 하지만, 대신 귀를 먹먹하게 만드는 굉음과 더불어 호텔 내부의 더운 공기가 출입문 아래로 밀려든다.

두 호텔에 모두 서점이 있는데, 여기서 제1백화점 맞은편의 국제 서점보다 더욱 저렴한 가격으로 책을 살 수 있다. 또 고려호텔에는 특히 잘 갖춰놓은 고급 슈퍼마켓이 있는데, 여기서는 서양 돈만 받는다. 훨씬 작은 양각도호텔의 상점도 이 점은 마찬가지다.

북한 호텔의 외국인 손님은 관청의 감시를 받는다는 소문이 끈질기게 돈다. 사방팔방, 그리고 TV나 라디오 등에도 도청기와 카메라가 감추어져 있다고들 한다. 여기서는 일정한 편집증에서 벗어나기가 어렵다는 말을 이미 했다. 실제로 독재국가들은 광적인 정보수집욕에 사로잡히곤 한다. 평범한 관광객을 감시한다는 말이 맞든 맞지 않든, 정말로 누군가가 당신을 엿보고 엿듣는다고 전제하고 행동하는 편이 가장 좋다.

개성의 민속려관

내 눈에 북한에서 가장 아름다운 호텔은 개성의 민속려관이다. 이 숙소는 그림같이 아름다운 개성의 구도심 중앙에 있다. 개성은 옛날

불교국가이던 고려왕조의 수도였고, 한동안 한국의 상업 중심지였
다. 이 근처에서 정전협정이 이루어졌기 때문에, 한국전쟁 때 북한
전역을 초토화했던 평지공습이 이 도시에는 미치지 않았다. 어두운
색 기와나 슬레이트 지붕을 인 흰색 단층집들이 빽빽이 들어차서, 좁
은 골목길과 작은 뒷마당들이 어지럽게 뒤엉켜 있다. 호텔은 이 구역
한복판에 전통 양식으로 지어졌다. 각각의 건물은 한지를 바른 미닫
이문 방들과 툇마루가 'ㅁ'자 구조로 안뜰을 둘러싸고 있다. 이곳에
서 비로소 관광객은 1970년대 동구권을 벗어나 한국에 도착했다는
인상을 얻는다.

　민속려관 구역 한가운데로 작은 개천이 흐르고, 그 위로 돌다리들
이 놓여 있다. 이 다리를 건너 서비스 구역으로 들어가게 된다. 그곳
에서 방바닥에 앉아 식사를 하는데, 이때 구멍 나지 않은 양말이 필
요하다. 작은 술집에서는 매우 매력적인, 그러나 조심하시라, 여러
서양 언어를 구사하는 여성 한 명이 일하고 있다. 나의 동반자들 수
십 명이 이미 이 여성에게 열렬히 자기들의 매력을 시험해보았으나
헛일이었다. 그녀에 비하면 영화 〈인터뷰The Interview〉에 공보상 역으
로 나오는 박숙영은 시시할 정도다.

　쇠장식이 붙은 거대한 갈색 목재 대문은 시내로 연결되는데, 그 문
바로 옆 가게에서 1392년에 멸망한 고려왕조와 관련된 다양한 기념
품을 판다. 고려청자와 인삼 제품들도 있다. 가게 밖으로는 자전거와
자동차가 지나다니고, 아이들이 소리 지르고 자동차가 경적을 울린
다. 그러면 진짜 북한에 조금 더 가까이 있다는 느낌이 든다.

　비무장지대(DMZ)에 있는 판문점을 방문하려면 보통 이곳에 묵는

▽
개성의 민속려관은 실패한 남북한 관광프로젝트의 부산물로서,
북한에서 가장 아름다운 숙소의 하나다.

다. 이 호텔에서 나와 분주한 일상을 통과해 지도자들 동상이 있는 산으로 올라가는 산책길은 북한여행에서 절정의 하나다. 이곳 산꼭대기에서 구도심 전체가 내려다보이고, 행운이 따르면 앞서 언급한 남한 이동통신 서비스를 받을 수도 있다.

민속려관은 힘든 남북한 관계의 상징이기도 하다. 이 건물들은 원래 조선시대 건축양식을 따른 것으로, 1989년 평양에서 개최된 세계청년학생축전의 일환으로 문을 열었다. 하지만 2000년 6월에 열린 최초의 남북정상회담 이후에 비로소 제대로 발전하기 시작했다. 남북한 지도자들은 이때 관광산업을 크게 확장하기로 합의했다. 남한의 방문객들이 서울에서 겨우 70킬로미터 떨어진 개성을 방문해 민속려관에 묵을 수 있게 되었다. 이 사업은 한동안 잘 진행되었다. 2008년 6월에만 개성에 1만 2,000명 이상의 남한 손님들이 (보통 당일코스로) 다녀갔다. 2008년 12월, 정치적인 이유에서 남북한 간 여행이 도로 금지되었다. 오늘날 예약이 꽉 차는 일이 드문 이곳에서 직원들은 지루해하면서 더 나은 시절이 오기를 고대하고 있다.

온천이 있는 룡강온탕원

한국어로 '룡강온탕원'이라는, 울림 좋은 이름의 이곳은 실은 옛날 당의 귀빈 접대소로 쓰이던 곳인데, 얼마 전부터 외국인 관광객을 위한 호텔로 이용되고 있다. 관광객으로서는 절대로 구경도 못해볼, 이 나라에 많다는 별천지인 초대소와 궁전을 이곳에서 상상해볼 수 있다.

이 호텔은 평양 남서부 작은 숲이 우거진 골짜기 속에 잘 감추어져 있다. 덕분에 평양에서 직선거리로 겨우 40킬로미터 떨어진 곳인데도 날씨와 교통상황에 따라 두 시간까지 걸린다. 도중에 풍력발전소를 지나치는데, 이것은 얼마 전에 미국 NGO단체의 도움으로 지역의 대안에너지원 모델로 건설되었다. 호텔까지는 주요 도로로 곧장 갈 수 없기 때문에 북한의 시골길을 가로질러 가게 되는데, 이는 돌과 고층빌딩으로 가득한 평양을 구경한 다음이라 확실히 기분전환이 된다. 도착하면 이미 캄캄할 때가 많다. 수백 미터 전부터 갑자기 도로가 매끈해지고, 하얗게 칠해진 주먹 크기 돌들이 점점이 박힌 것을 보고 목적지에 도착했음을 알 수가 있다.

호텔 자체는 단일 건물이 아니다. 48만 제곱미터나 되는 거대한 공원 같은 지역에 전통 한옥 양식으로 지은 2층짜리 콘크리트 빌라 일곱 채가 여기저기 흩어져 있다. 주위에는 울타리가 쳐져 있고 군인들이 지키고 있다. 서비스센터가 한가운데 있는데, 알려지지 않은 이유에서 지금은 그렇게 불리지 않는다. 그래도 식당과 여러 개의 당구대와 탁구대 등이 마련되어 있다.

짐 속에 꾸려온 조명등이 바로 이곳에서 필요하다. 식당에서 객실로 돌아가는 길이 조명도 없는데다, 배나무와 키 큰 관목들이 늘어선 꼬불꼬불하게 이어지는 길이어서 밤에는 대단한 모험이 될 수도 있으니까.

방들은 한때는 초호화 시설을 갖추었지만 이곳도 세월의 이빨이 갉아먹었다. 몇 시간 동안 이곳에서 루마니아, 동독, 쿠바 등지에서 온 국빈 같은 기분을 느낄 수가 있다. 이 호텔의 특별한 점은 온천인데, 덕분에 '온탕원'이라는 이름이 붙었다. 방마다 작은 모자이크 타일이 붙은 욕조가 있어 선택에 따라 뜨거운 온천수 아니면 보통의 수돗물을 받을 수가 있다. 하지만 조심할 것. 약 55도의 뜨거운 온천수는 방사능을 조금 포함한다. 특히 라돈과 브롬이 들어 있다. 마셔서는 안 되고 탕 안에 15분 이상 몸을 담가서도 안 된다. 직원의 말과 브로슈어를 믿어도 된다면, 이 온천수는 거의 모든 것에 도움이 된다. 전설에 따르면 어떤 사냥꾼을 통해 이 샘의 치유작용이 알려졌다고 한다. 사냥꾼은 다친 동물이 이 샘물에 들어갔다가 상처가 나아서 나오는 것을 목격했다고 한다.

말이 나온 김에 한마디 덧붙이자면, 이곳에서는 별미로 버섯구이가 제공된다. 취향의 문제이긴 하지만, 나는 이것을 피하라고 권하고 싶다. 무엇보다 조리 방식 때문이다. 한 더미의 싱싱한 버섯에 휘발유를 붓고 굽는 방식이다. 그들은 언제나 맛으로는 차이를 알 수 없다고 단언하지만, 나로서는 확인할 수가 없다.

룡강에서의 일화 한 개 더. 북한에 관한 다큐멘터리가 분명 좋은 돈벌이가 되는 터라 2013년 영국의 '탐사 저널리스트' 토드 스위니Todd Sweeney 팀이 '비밀리에' 북한을 여행했다. 토드 스위니는 런던정치경제대학의 학생 그룹에게 위장 사실을 알리지도 않고 그들을 이용해, 나중에 대학 측과 BBC 트러스트의 거센 항의를 받았다.

그런데도 방송국은 BBC 파노라마 시리즈로 이 방송을 내보냈다. 시작 부분에서 진지하게 비난하는 얼굴의 스위니 씨가 정당한 분노로 가득 찬 격정적인 모습으로 철조망 앞에 등장하는 것을 볼 수 있다. 그 철조망 저편에는 아마도 북한의 가장 악명 높은 수용소 하나가 있을 것만 같다. 어쨌든 대부분의 서방 시청자는 자기도 모르게 그렇게 짐작한다. 그런데 실제로는 그렇지가 않다. 이 장면에서 스위니 씨는 정말로 갇혀 있긴 했으니, 다시 말해 룡강온탕원 울타리 안에서 바깥의 마을을 내다보는 모습이다. 그 마을에서는 아침 여섯 시부터 일상으로 선전방송을 내보낸다. 북한의 미친 현실에 오신 것을 환영한다. 그리고 못지않게 비뚤어진 우리 측의 묘사를 보시는 것도.

민박숙소

민박숙소. 진짜라고 하기엔 너무 아름답게 들리니, 과연 진짜가 아니다. 북한에서 북한 사람들의 집에서 하룻밤을 보낼 수 있는 장소가 있다. 이른바 '홈스테이'.

함경북도 도청소재지인 청진시 남쪽 동해안에, 전국에서 유일하게 민박을 제공하는 마을이 있다. 이런 유일함 자체가 이미 이것이 외국 관광객의 소망을 갑자기 꿰뚫어본 것이 아님을 암시한다. 홈스테이 마을은 오히려 룡강온탕원과 비교해볼 수 있다. 결국은 조금 다른 종류의 호텔이다. 잘 닦인 길들이 열두어 채의 집을 서로 연결해서 하나의 마을을 구성한다. 각각의 집들은 각기 한 사람 또는 한 가족이 관리한다. 이 사람들은 보통 아래층에 기거한다. 손님들은 독자적인 욕실을 갖춘 2층에 묵는다. 손님이 온수를 원하면 보통 '아줌

마'라고 불리는, 집안의 어머니가 뜨거운 물이 담긴 플라스틱 통을 들고 계단을 올라온다.

유리처럼 맑은 동해안, 여기저기 낮은 산들로 둘러싸인 그림 같은 만에 자리 잡은 이 단지는 눈부시게 아름답다. 집들은 돌로 지어졌고, 정성스레 가꾼 밭들이 둘러싸고 있다. 밭에는 콩이나 고추 등 온갖 채소가 자란다. 해안에는 어선들이 있고, 잠수복 차림의 사내들이 얕은 물에 잠수해서 해산물을 채취한다. 북한에서 특히 수레 끄는 데 이용되는 소들이 보이고, 여기저기서 개가 짖는다. 마을 중앙에 건물이 한 채 있는데, 여기서 식사를 하고 약간의 쇼핑도 할 수 있다.

대개는 힘들게 배를 타고 '모험'을 거쳐 그곳에 도착한다. 그러기 위해 1인당 30위안(4유로)의 추가비용을 내야 한다. 관광객 바가지를 조금 씌운 것이지만, 관점에 따라서는 그냥 나쁘지 않은 기분전환으로 볼 수도 있다. 버스는 곳에 정차하는데, 수영을 할 수도 있고(수영복을 준비하시기를!) 피크닉을 할 수도 있다. 여기서 우리는 여러 번이나 평양에서 온 수다스러운 대학생들을 만났다. 이곳에서 휴가를 보내는 중이라고 했다. 혹시 우리 보라고 일부러 보낸 사람들일까? 이 빌어먹을 편집증은 절대로 떨쳐버릴 수가 없다. 어쨌든 곳에 내리면 앞서 말한 해안선의 어선을 타고 간단한 투어를 할 수 있다. 투어는 해안 근처를 배로 15분간 통통거리고는 홈스테이 마을 앞에서 끝난다.

마을에서는 숙소가 배정되는데, 침대 방과 바닥에 요를 깔고 자는 방 중에서 선택할 수 있다. 북한 농부들은 손님방에 대해서는 매우 유연하다. 그런 다음 여러 가지 여가활동이 제공된다.

한국식 쌀케이크인 떡 만들기가 특히 인기가 많다. 익반죽한 찹쌀 덩이를 거대한 나무망치로 거듭 내리쳐서 떡을 만들어낸다. 서양 관광객은 거기서 일하는 여성을 도우라는 제안을 받는다. 가엾은 여성은 약간 고통스러운 미소를 짓는데, 어째서 그런지 금방 알게 된다. 그녀는 나무망치가 닿을 수 없는 데 멀찌감치 앉아서, 관광객이 차례로 등장해 언제나 정확하게 목표지점을 맞히지는 못하는 살인적인 도구를 내리치는 동안에, 받침으로 쓰이는 화강암 위에서 손을 움직여 찹쌀덩이를 치대며 제발 저녁까지 손가락이 멀쩡히 남아 있기를 간절히 빌고 있다. 사람들이 사진을 다 찍고 나면, 농부 아낙의 좋은 방으로 들어가 방금 만든 떡을 시식해보라는 권유를 받는다. 물론 이런 활동에 대해 약삭빠르게 1인당 20위안(3유로)의 요금을 받는다.

같은 자리에서 쌀국수를 만들기도 한다. 미리 준비된 쌀 반죽을 틀에 넣고 긴 지렛대를 이용해서 누른다. 가는 면발은 물이 끓고 있는 솥 안으로 떨어져서 국수가 된다. 이것도 나중에 맛을 본다. 시골의 전통적인 노동 방식을 알아보는 이런 프로그램은 공짜는 아니라도 정말로 흥미로워서 관광객들 사이에서 인기가 있다. 원하는 사람은—물론 요금을 내고—마을 사내들과 배구경기를 할 수도 있고, 한국식 격투인 씨름을 해볼 수도 있다. 저녁이면 장작불 앞에 둘러앉거나, 또 다른 휘발유 조개구이를 즐길 수도 있다.

여기에도 물론 한계가 있다. 나와 함께 여행하던 두 사람이 운 좋게 갑자기 나타난 이른바 자유와 일상의 기회를 이용했다. 그들은 여러 날이나 바깥나들이도 없이 버스와 좁은 호텔 로비에만 앉아 있었으니 이 시설물을 (실례, 그러니까 이 마을을) 걸어 다니며 살펴보기로

했다. 그러다 옆길로 빠졌다. 우리 가이드가 보안지역에서 외국인 두 명이 가이드도 없이 자기들끼리만 있는 것을 발견하자 물론 엄청난 소동이 벌어졌다. 자세히 캐묻자 두 사람이 대화에 깊이 빠져들어 마을의 경계 너머로 수백 미터를 나가서 군대초소에 위험할 정도로 가까이 다가갔었다는 사실이 드러났다. 그 일로 여러 시간이나 흥분이 가시지 않았고, 우리는 다시 우리가 어디에 있는지를 깨달았다.

별다른 방해를 받지 않고 북한에 남아 있는 미국인들을 만나는 것은 기묘한 일이다. 냉혹한 반미 선전을 생각해보면 거의 기적이다. 하지만 홈스테이 마을에서는 그리 호락호락하지가 않다. 미국인들은 낮 동안 마을에서 온갖 '즉흥적인' 민속활동에 참가할 수 있지만, 저녁에는 가이드 한 명과 함께 버스를 타고 산속의 격리된 호텔로 간다. 미국인들은 안전상의 이유로 해안가 마을에서 밤을 보낼 수가 없다. 그게 정확히 무슨 뜻인지는 지금까지 아무도 설명하지 못했다. 어쩌면 북한의 미사일발사대 중 하나인 무수단리가 남쪽으로 겨우 20킬로미터 떨어진 곳에 있기 때문일 것이다. 이 문제는 2017년 중반에 해결되었다. 미국 정부가 미국인들에게 북한여행을 허용하지 않기로 했기 때문이다.

홈스테이 마을은 분명히 연출된 것이지만, 신랄함이나 거부감으로 빠져들기보다는, 그냥 이런 상황에서도 좋은 점을 찾아내는 것이 중요하다. 당연히 이것은 진짜 마을이 아니고, 민박숙소의 주인 부부는 마을과 연관된 일종의 직원들이다. 하지만 그들은 매우 친절하고, 보통은 닿을 수 없이 먼 거리에 있는 평범한 북한 사람들과 접촉할 기회를 준다. 나는 언제나 이 역할이 그들의 유일한 직업이 되기를

▽
북한 동해안에 있는 민박숙소는 이상적인 시골생활을 보여준다. 미국인들은
여기서 밤을 지내지 못한다. 미사일발사대가 근처에 있다.

빌어주곤 한다. 그러면 그들에게는 일이 잘 풀린 것이라고 할 수 있을 것이다. 끊임없이 자신의 손가락 걱정을 해야 하는 떡 만드는 여성을 제외하면 말이다.

전통적인 한국 농가를 더 살펴보고 싶다면, 김일성 주석의 탄생지를 방문할 수 있다. 그렇게 보면 홈스테이 마을은 북한 시골 사람들의 생활에 대해 어느 정도의 통찰을 제공한다. 밭에서 무엇이 자라는지 볼 수 있고, 전통적인 농기구도 살펴볼 수 있고, 언제나 옆에 있는 가이드들 말고 다른 사람들과도 이야기를 나눌 수 있다. 이곳은 어쨌든 놀랍도록 아름답고 그림 같은 곳이다. 플래카드 하나가 알려주듯이 김정일도 한 번 이곳을 다녀갔다.

음식:

5 _____ 김치와 개고기

북한은 1990년대 중반에 심각한 식량난을 겪었다. 수십만 명, 일부 출전에 따르면 100만 명 이상이 희생되었다. 이유는 관리부실 및 비효율적인 경제시스템, 불리한 환경조건, 지리생태계의 변화, 경제제재, 평양의 의문스러운 정책 우선순위 등 다양하다. 독일의 NGO기구인 세계기아구조 Welthungerhilfe에 따르면, 오늘날 북한은 열량공급 부족을 제어하게 되었지만, 여전히 문제가 많다. 식사는 탄수화물이 주를 이루고 단백질과 지방이 부족하다. 일반 주민들 중 과체중인 사람을 보기가 어렵다. 과체중인 사람들은 주로 평양의 길거리에서 볼 수 있는데, 평양에서는 그사이 피트니스센터 등 잉여사회의 지표들이 점점 더 인기를 얻고 있다. 영양 면에서도 수도와 나머지 지역이 첨예하게 나뉜다.

둘로 나뉜 사회

서양 관광객은 끊임없이 탁월한 것을 공급받는 행복한 처지에 있다. 1990년대 초에 내가 북한에 유학생으로 체류할 때도 그랬는데, 오늘날에도 여전하다. 그러니 식탁에 수북이 쌓인 별미들을 보면서 수많은 북한 사람들에게 그런 과잉은 상상조차 할 수 없는 일임을 잊으면 안 된다.

북한을 여행하는 사람은, 식량부족을 겪는 다른 모든 나라에서와 마찬가지로, 내가 여기 있어도 될까, 맛있게 먹어도 될까, 혹시 내가 누군가의 몫을 뺏어 먹는 것은 아닐까 자문하게 된다.

마지막 질문은 삭제해도 좋다. 외국인 한 명이 여행경비로 지불한 외환으로, 그가 여기서 소비한 분량의 여러 배에 해당하는 식품을 수입할 수 있으니까.

또한 그동안 북한의 많은 사람들에게 합법적인 방식으로 좋은 음식을 넉넉히 장만하는 것이 가능해졌다. 아직은 드물지만 시장을 방문할 기회를 가진 사람은 그곳에서 바나나부터 키위까지 온갖 것을 다 보게 된다. 물론 가격은 내가 사는 곳과 비슷하다. 그러니 북한 사

▽
가을이면 여기저기서 바닥에 수확물을 늘어놓고 말린다.
평양 남쪽의 청산리 협동농장에서 옥수수를 말리는 모습이다.

람들은 여기 쓸 돈이 있는 사람과 없는 사람으로 나뉜다.

한편으로 나는 청산리 협동농장으로 가는 길에 어떤 여인이 화물차가 흘린 옥수수 알갱이를 진창에서 주워 모으는 것을 보았다. 또 한편으로는 수도의 식당에서 점점 더 자주 북한 사람들이 식사한 다음 음식을, 심지어 고기를 접시에 남기는 것도 관찰했다.

북한 사회는 둘로 나뉘었다. 한 그룹은 식량, 주거, 난방, 의류 등에서 기본적인 공급을 넘어선 삶을 누릴 만큼 잘산다. 이는 긍정적인 일로, 이 새로운 중산층은 지난 몇 년 사이에 점점 더 커지고 있으며 일상에서도 더욱 분명히 보이게 되었다. 그러니까 관광객뿐만 아니라 나머지 사회에도 눈에 띄게 되었다.

북한 사회처럼 분명하게 평등한 사회가 그런 이중성을 지속적으로 어떻게 견딜까? 모든 사람이 사회의 발전에 대한 근거 있는 희망을 갖지 못한다면 장기적으로는 아마도 견디지 못할 것이다. 온갖 불길한 예언에도 불구하고 실제 현실은 나아지는 듯 보인다. 북한을 정기적으로 방문하는 사람들은 한결같이 지난 몇 년 사이에 상황이 눈에 띄게 꾸준히 좋아졌다고 말한다. 모든 적절한 비판에도 불구하고, 그리고 여전히 혼란스러운 수많은 일들에도 불구하고 이런 점에 대해 눈을 감아서는 안 된다.

김치: 가장 한국적인 음식

한국인에게 대표적인 한국음식을 물어보면 서슴없이 '김치'라고 대답할 것이다. 유럽으로 오는 남한 관광객들은 자주 김치 꾸러미를 여행가방에 들고 온다. 1970년대에 나는 부모님과 함께 소련에 살았는데, 한번은 김치 때문에 자그마한 소동이 난 적이 있었다. 그곳에 살던 북한 사람들이 김치를 손수 담갔는데, 그 강렬한 냄새 때문에 이웃 주민들의 노여움을 불러일으켰던 것이다.

김치가 뭐냐고? 아주 간단히 말하자면, 배추를 유산균 발효시킨 것이다. 이는 전통적으로 독일의 사우어크라우트[소금에 절인 양배추]처럼 추운 계절 생명에 중요한 비타민C를 공급해준다.

포르투갈 사람들이 16세기에 신세계의 다양한 식물을 아시아에 전해준 덕분에 오늘날 김치는 소금, 마늘, 젓갈 말고도 충분한 고춧가루로 버무려진다. 자주 설탕이나 다른 단 재료도 첨가된다. 그 결과 김치는 적당히 맵고 매우 독특한 맛을 낸다. 김치는 한국에서 끼니마다 올라온다. 아침식사도 예외가 아니다. 외국인들은 김치를 좋아하거나 싫어한다. 중독성을 조심할 것. 쓴 맥주처럼 이 음식도 처음에는 맛이 이상하다고 느껴지지만, 천천히 그에 대한 애착이 자라나 조만간 그것 없이는 못 살게 된다.

김치를 둘러싼 문화가 있으니 수많은 요리법이 있다. 배추 말고 무나 오이로도 김치를 담글 수 있다. 짧게 또는 오래 저장할 수도 있고, 고춧가루를 넣거나 뺄 수도 있다. 나는 개인적으로 무를 주사위 모양으로 썰어 담그는 깍두기를 가장 좋아한다. 오이로 담근 오이김치도 좋아한다. 함께 김장을 하는 것은 일종의 사회적 주요행사다. 늦가을에 북한을 여행하는 사람은 어디서나 산더미처럼 쌓인 배추를 보게된다. 이것이 각 가정에 분배되고, 평양에서는 흔히 발코니에서 작업을 거쳐 커다란 항아리에 저장된다.

나는 김치를 우리 집 냉장고에 넣는 중대한 실수를 저지른 적이 있다. 이것은 아내의 심각한 항의로 이어졌고, 그 결과 어떤 형태의 김치든 우리 집 안으로 들이는 것이 원칙적으로 금지되었다. 문제가 뭐냐면 통을 아무리 단단히 틀어막아도 언젠가는 시큼하고 매큼한 냄새와 마늘에 절인 배추 냄새가 냉장고의 모든 식품으로 전염된다는 것이다. 그래서 남한에는 김치냉장고라는 게 있다. 나머지 식품과 격리해서 이곳에 별미 김치들을 저장한다. 북한에는 이런 사치품이 아직 자리 잡지 못했다. 어차피 시골에서 김치는 김치 저장용 커다란 독에 담아 땅에 파묻는다. 여름이면 그 위에 짚으로 만든 지붕을 씌워서 햇볕을 직접 쐬는 것을 막는다.

그 밖에도 남한에서 북한에 가본 적이 있다고 말했다가는 그곳 김치에 대한 질문이 나올 것을 각오해야 한다. 여기서 기대되는 답변은 북한 김치가 '어딘지 더 자연스러운' 맛이라는 말이다. 이는 곧 북한은 시간이 멈추어 잉여사회 이전의 남한과 같다는 낭만적인 생각에서 나오는 것이다. 북한은 이런 틀에 박힌 생각을 이따금 약삭빠르게 받아들여, 남쪽을 향해 자기들이 '진짜' 한국을 대표한다는 것을 보여준다.

개고기: 관점의 문제

또 고정관념과 연관된 내용이다. 그렇다, 한국인은 개고기를 먹는

▽

개고기는 한국에서 별미로 통하고, 의학적 효과도 있다고 한다. 물론 누구나
먹을 수 있는 것은 아니며, 외국인에게 묻지도 않고 제공되는 경우는 없다.

다. 북한에서는 특히 시골에서 수많은 개고기 식당을 지나치게 되는
데, 이는 흔히 완곡어법으로 '단고기'라 불린다. 하지만 그렇게 멀리
까지 갈 필요가 없다. 양각도호텔 지층이나 고려호텔 입구 왼쪽에도
한국식당들이 있는데, 거기서도 주문하면 '단고기' 서비스를 받을 수
있다.

하지만 걱정하지 마시라. 북한에서는 절대로 외국인에게 물어보
지도 않고 개고기를 서비스하지 않는다. 그들도 우리의 유보적 태도
를 알고 있으며, 그게 아니라도 외국인에게 몰래 들이밀기에는 너무
소중한 별미이니 말이다. 위로가 될까 해서 하는 말인데, 모든 개가
식탁에 오르는 대상은 아니다. 한국에서는 식용 목적으로 사육되는
특별한 종이 있다. 물론 곤궁이 심한 시기에는 예외지만. 너무 큰 소
리로 분노를 폭발시키기 전에, 폭신한 털을 가진 토끼의 충성스러운
눈길을 한번 생각해보라, 분홍빛 새끼돼지가 나직이 꿀꿀거리는 소
리나, 즐겁게 초지를 뛰어다니는 송아지를 생각해보라. 이들은 서양
에서도 자주 요리 솥에 들어가거나 꼬챙이에 꿰이거나 소시지 신세
가 된다.

그럼에도 개고기는 누구나 즐길 수 있는 음식은 아니다. 나는 말하
자면 학술적 이유에서 먹어보았다. 맛은 양고기처럼 강한 편이다. 한
국의 개고기는 상당히 기름기가 많고 보통은 수프 형태로 나온다. 전
통의학에 따르면 체내 열기가 많을 경우에 개고기가 도움을 준다고
한다. 그래서 특히 여름철 무더위에 많이 먹는다. 이 기간이 독일어
로 '개의 날들[Hundetage, 여름철 더운 기간. 7월 23일~8월 23일로, 이 기
간에 지역에 따라 개와 연관된 여러 행사가 열리기도 한다]'이라 불리는

것은 그야말로 이상한 우연이다.

개고기 먹기를 포기할 중요한 이유는 전통적인 도살 방식에 있다. 고기가 상당히 질기기 때문에 개는 도살 전에 상당한 스트레스에 노출된다. 그렇게 해서 분비된 아드레날린이 고기를 연하게 만든다고들 한다. 나는 개의 도살 장면을 본 적이 없고 앞으로도 그럴 생각이 없다. 하지만 여성 동료 한 사람이 1980년대 서울에서 몇 주 동안 개 도살장 바로 옆집에 살았다는데, 짐승들이 맞아서 죽어갈 때의 그 잔인한 장면과 어린아이 울음 같은 울부짖는 소리에 대해 들려주었다. 오늘날에는 달라졌을지도 모르지만, 그런 이미지를 머리에서 지우기란 어렵다. 나는 중국 옌지의 시장에서 털을 벗긴 연푸른 빛깔이 도는 개의 사체를 여러 번이나 보았는데, 절대로 즐거운 모습은 아니었다.

그 밖에도 서울에서는 1988년 올림픽경기 이전에 도시미화정책의 일환으로 개고기 식당을 주요 도로에서 몰아내는 정책을 시행했다. 그러나 서양의 관광객에게 북한의 매력을 감소시키는 개고기 식당은 아직 그대로다.

그 밖에 어떤 음식이 있나?

다행스럽게도 한국요리는 아직도 많다. 주식은 뭐 놀라울까마는 쌀밥이다. 물론 옛날 한국에서 백미, 곧 도정한 쌀은 비쌌다. 그래서 특권층만 이용할 수가 있었고, 대개는 명절에나 먹었다. 가난한 한국인들은 현미, 보리, 옥수수, 감자 등으로 만족했다. 북한 건국자 김일성의 어록에 따르면 세 가지가 복지를 상징한다. 비단옷 입고, 기와집에 살며, 이밥에 고깃국을 먹는 것이다.

일본과 남한 그리고 중국에서도 점차 늘어나는 아동과 청소년의 과체중으로 인해 칼로리덩어리인 쌀의 과소비를 반대하는 계몽운동이 벌어지고 있지만, 북한에서 쌀은 여전히 매우 인기가 좋고 높이 평가되는 식품이며, 사치로 여겨지기도 한다.

북한 사람들은 쌀 말고도 감자를 많이 먹는다. 남한보다 더 자주 먹는데, 무엇보다도 북쪽의 더 추운 날씨 탓이다. 일종의 감자칩도 있는데, 이것은 햄버거뿐만 아니라 일반적인 식사에도 곁들여 나온다.

외국인이 아예 보지 못하는 것, 또는 분명하게 요청해야만 받을 수 있는 것이 '인조고기'다. 이것은 1990년대 굶주리던 시기에 나온 곤궁 해결책이었는데 이제는 값싼 패스트푸드로 높은 인기를 누리고 있으며, 건강한 조합 덕분에 서양 시장으로 진출할 기회도 남아 있다. 간장을 만들고 난 콩 찌꺼기를 재료로 쓴다. 이것으로 된장을 만들기도 한다. 이 연푸른 갈색의 콩덩어리를 잘 눌러 얇은 띠로 만들고, 그 안에 밥과 여러 양념, 야채 또는 고기로 만든 속을 채운다. 그렇게 나온 인조고기밥은 관광객들에게 제공되는 김밥을 연상시킨다. 미리 썰어놓은 인조고기밥은 북한 가판대에서 2,000원, 즉 25유로센트 정도의 가격이다.

전통적으로 한국음식은 여러 개의 작은 종지나 접시에 담아 한꺼번에 제공된다. 콩으로 만든 두부, 다양한 채소절임, 매운 맛의 팬케이크(파전), 생선과 해산물, 달걀, 닭고기, 오리고기, 돼지고기, 국 등이 인기다. 보통 큰 숟가락과 젓가락을 이용하는데, 젓가락은 대개 금속으로 만들어졌고, 중국이나 일본의 경우처럼 끝부분이 분명히 더 가늘다. 양념으로는 간장, 소금, 마늘, 고춧가루, 된장 등이 흔히 쓰인다. 생강도 자주 이용되고 초록색 해초[미역]의 작은 잎사귀와 아주 작은 말린 생선[멸치]도 접시에 담겨 나오며, 특별히 고급일 경우에는 꿀에 절인 인삼도 제공된다. 인삼, 마늘, 쌀로 속을 채운 닭고기수프는 '삼계탕'이라고 하는데, 정말 별미로 꼽힌다. '불고기'는 양념에 재어둔 소고기를 식탁에서 익혀 먹는 명절음식인데, 유럽의 한국식당에서도 매우 인기가 있다. 나는 개인적으로 깻잎을 특히 좋아한다. 깻잎은 커다란 쐐기풀 비슷한 들깨의 잎이다. 일본의 차조기잎과 비슷하다. 깻잎을 튀김으로 또는 양념에 재서 먹거나 날로 작은 고기 한 점을 싸서 먹는다.

스시와 사시미는 유럽에서도 이제 대도시의 트렌디한 식당에서만 나오는 것이 아니게 되었다. 한국은 바다로 둘러싸인 나라이니 전통적으로 신선한 해산물을 많이 먹는다. 그러니까 한국에서도 날생선을 먹는다는 게 이상한 일이 아니다. 여기서 이것은 '회'라고 불리고, 큰 인기를 누리고 있다. 단고기처럼 회도 외국인에게 묻지도 않고 제공되지는 않는다. 저녁의 맥주 자리에 자주 등장하는 안주는 말린 오징어다. 바닷가에서 오징어를 긴 빨랫줄에 걸어 말리는 것을 이따금 볼 수 있는데, 냄새가 매우 강하다.

생선회는 신선해야 품질이 좋다는 것은 우리도 알지만 이따금 거슬리기도 한다. 북한의 동해안 원산에 있는 생선전문 식당에 들렀을 때였다. 내가 회에 대한 관심을 표시하자, 아직 살아 있는 물고기가 담긴 접시가 우리 식탁으로 올라왔다. 가엾은 동물은 옆구리가 갈라져서 살점은 섬세하게 썰려 있었지만 생명에 중요한 기관들은 손상을 입지 않았다. 그러니까 살아 있는 몸에서 젓가락으로 편안하게 살점을 집어먹을 수 있었다. 물고기는 헐떡이며 숨을 쉬었다. 나의 동료들은 내가 맨 먼저 젓가락을 이용해서 동물을 그 고통에서 해방시키는 꼴을 눈살을 찌푸리며 구경했다. 물론 이것은 서양 관광객이 보통은 마주칠 수 없는 극단적인 사례였다. 그럼에도 북한에서 동물보호는 유럽과는 다른 위상을 갖는다는 점도 생각해야 한다.

내가 한국에서 무조건 좋아하는 음식으로는 속을 채운 밀가루주머니인 만두가 있다. 속은 야채와 함께 고기, 김치, 수많은 다른 것들을 섞어 만든다. 익힌 만두를 국에 둥둥 띄워서 먹기도 하고, 튀겨서 간장을 곁들여 먹기도 한다. 남한에서는 완성된 만두를 냉동해 파는데, 북한의 수도에서도 이따금 구할 수 있다. 유럽에서는 아시아가게에서 구할 수 있다. 하지만 만두는 방금 빚어 익힌 것이 가장 맛이 좋다.

메뉴를 들여다보며 아직도 결정을 내리지 못하고 우물쭈물하는 유럽인에게 또 다른 안전판은, 만국 공통의 문제인 명절 지나고 남은 음식을 처리하는 방법에서 나왔다. 명절음식의 최종 대책으로 서양에서는 냄비요리를 하거나 수플레를 만들듯이 한국은 비빔밥을 만든다. 물론 오늘날 비빔밥은 신선하게 조리된 음식으로, 남은 음식을 제공하는 건 아니다. 남한 항공사의 장거리 노선에서 비빔밥은 심지어 표준식단에 속한다.

사발에 흰밥을 담고, 그 위에 갖은 채소, 지단, 고기를 덮고, 참기름과 참깨를 뿌리고, 매운 맛을 내는 붉은색 고추장 양념을 얹는다. 비빔밥에는 수많은 변이형태들이 있다. 직접 달군 돌솥에 제공되는 돌솥비빔밥은 양념이 아직 지글지글 끓고 있거나 날계란이 위에 덮여 있는 경우도 있다.

그런데 북한에서는 비빔밥이라는 명칭으로 그냥 당근과 소시지 조각이 섞인 밥 한 그릇이 나올 수도 있다는 점을 알아두어야 한다. 그들이 무엇을 제공하는지 미리 상세히 물어보는 편이 좋다.

마지막으로 내 아내가 좋아하는 한국음식. 이것은 약간 보수적이고 덜 모험적인 맛을 갖고 있다. 바로 '잡채'인데, 우리의 스파게티를 만드는 것과 같은 전분으로 만든 당면에 달콤한 간장양념을 하고 야채, 표고버섯, 고기 조금과—대개는 닭고기나 저민 고기—섞어서 나온다. 젓가락질에 익숙하지 못한 사람에게 미끈거리는 당면이 상당한 도전이기는 하지만 그 점만 빼면 매우 추천할 만하다.

서양의 영향: 퓨전음식과 요리 앱들

외국과의 교류가 북한의 요리에도 흔적을 남겼다.

1991년 학생 신분으로 먹어본 '카스텔라'라는 이름의 이상한 케이크가 대체 무엇인지 알아내기까지 거의 20년 세월이 걸렸다. 포르투갈을 방문했을 때에야 비로소 이것이 빠오 데 카스테야Pao de Castela에서 변형된 이름임을 알게 되었다. 포르투갈 사람들은 16세기에 일본과 밀접한 상거래를 했다. 카스텔라는 그러니까 고추, 옥수수, 감자, 담배 등과 함께 같은 경로로 동아시아에 전해진 것이다. 한국인은 일본인을 통해 이 케이크를 전수받으면서 포르투갈 이름을 일본식 발음으로 알게 되었던 것이다.

요리의 만남이 모조리 즐거운 결말을 갖는 것은 아니다. 나는 차가운 샐러드라는 이름으로 제공된, 마요네즈에 빠뜨린 사과조각을 젓가락으로 쑤실 때면 언제나 그 생각이 든다. 한국에서는 일반적으로 '호의'가 반드시 '잘 만들어진 것'을 뜻하지는 않는다. 남한에서 나를 초대한 사람들이 그야말로 갖은 친절을 베풀며 죄악이라고 할 만큼 비싼 서울의 프랑스식당으로 데려가면 그것을 얼마나 자주 비판했던가. 앙트레코트와 크렘 브륄레는 훌륭했지만 여전히 오리지널과는 거리가 멀고, 무엇보다도 내가 긴 비행 끝에 고대하고 있던, 가격도 정말로 싼 훌륭한 한국음식과는 도저히 비교할 수도 없으니 말이다.

북한에서도 비슷한 일을 겪는다. 그러니까 상대적으로 드물게만 진짜 한국음식을 받는다. 최고의 선의에서 유럽인의 입맛을 한국음식 대신 유럽음식으로 대접하려고 하는 것이다. 덕분에 버석한 토스트에 달걀프라이와 마멀레이드, 또는 '돈가스'라 불리는, 빵가루를 입혀서 오래 튀겨낸 돼지고기 슈니첼에 마요네즈와 토마토케첩을 곁들여 내놓는다. 이 음식의 이름도 일본어에서 왔는데, '가스katsu'란 영어의 커틀릿cutlet, '돈'이란 돼지고기를 뜻하니 합치면 돼지고기커틀릿이 된다.

'서양식' 아침식사가 무조건 최악의 선택은 아니다. 나는 거의 30년이 흘렀는데도 한국에 널리 퍼진 끈끈하고 질퍽한 쌀죽은 먹기가 힘들다. 하지만 점심과 저녁에는 북한 안내원들의 애국심에 열렬히 호소해서라도 한식을 고집하기를 추천한다. 한식이 언제나 당연히 나올 것이라고 생각하지 마시라. 가장 좋은 방법은 여행 처음에 곧바로 가이드에게 진짜 한국음식을 원한다고 말하고, 이 말을 매일 되풀이하는 것이다. 유럽의 관료들처럼 북한 사람들도 마치 귀에 테플론 막이라도 덮인 것처럼, 아무리 말해도 먹히지 않을 때가 많으니까. 그러니 성가시게 하라. 북한에서도 낙숫물이 바위를 뚫는다.

2000년대 초에 이상한 소문이 돌았다. 평양에 일종의 게릴라 식당이 퍼져 있다는 것이었다. 북한이 여전히 기아에 시달리던 시기여서, 나는 그것을 더 정확히 알고 싶었다. 평양에 사는 지인이 어느 날 저녁 대성구의 눈에 띄지 않는 주택가로 나를 데려가주었다. 주요 도로에서 보이지 않는, 조명이 드문 뒷길의 비좁은 잡화상 위에 식당 하나가 있었다. 식당은 북한 사람들로 바글거렸고 외국인은 아예 보이지 않았다. 음식은 내가 전에 맛본 그 어떤 한국음식보다 월등히 나았다. 요금은 달러로 지불했다.

그것은 내가 새로운 북한 요리와 처음으로 접촉한 기회였다. 무엇보다도 그냥 먹는 것만이 아니라 잘 먹는 것이 중요한 사람들이 평양에 충분히 많다는 사실이 나를 매혹했다. 1990년대 최악의 식량난은 분명히 지나갔던 것이다.

하지만 나는 전부터 한국음식을 먹어왔다. 무엇이 달라졌나? 내가 새로 경험한 음식은 전통 한국요리에 중국 양념과 조리법을 도입해서 더욱 효과적으로 만든 것이었다. 그렇다. 한국요리는 훌륭하지만, 상대적으로 단순하다. 맵고, 맵고, 맵고, 짜고, 시고, 마늘을 많이 넣고, 그게 거의 전부다. 물론 한국음식은 선불교의 영향을 받아 매우 담백한 일본의 요리보다는 분명히 더 강렬하다. 일본에서는 맛을 느끼려면 이따금 매우 집중해야 한다. 그에 반해 '달콤새콤 닭고기' 이상의 중국음식을 먹어본 사람이라면 중국요리에 등장하는 것이 얼마나 섬세하고 다채로운지 알 것이다. 북한의 영리한 요리사들이 중국요리를 이용해 놀랄 만한 혼합요리를 만들어냈다. 새로운 한중 퓨전요리는 원래의 중국요리보다 여전히 소박하고 덜 복잡하다. 그러면서 전통 한국요리보다 훨씬 더 다양하고 새로운 맛이다.

이런 것들에 대한 나의 작은 열광을 용서하시라. 이 전체에 주목할 만한 경제적·사회적 배경이 있으니 말이다. 좋은 음식과 좋은 의복은 단순한 생존을 넘어 소박한 중산층 복지로 들어가는 첫걸음이다. 수십 년 이상 북한 사회는 무엇보다도 대부분의 사람들이 생활수준이 낮기는 해도 대개 비슷했기 때문에 작동해왔다. 따라서 낮은 수준에서 벗어난 것은 주목할 만한 변화이며, 그 효과를 우리는 짐작만 할 수 있을 뿐이다. 여전히 부지런히 일과를 수행하고 정치교육에 참가하는 노동자들이, 본질적으로 덜 노력하던 이웃사람이 갑자기 더 나은 음식, 더 나은 의복과 심지어 두 번째 자전거까지 소유하는 것을 보면 어떤 느낌이 들까? 요리에 대한 새로운 욕망은 적어도 북한 사회에서 다양화를 향한 가장 눈에 띄는 표지의 하나다. 그런 변화의 결말과 결실은 아직 알 수가 없다.

이런 맥락에서 언급할 것이 더 있다. 북한 TV에 전통적인 교육만 받은 여성들이 남편과 친척들이 만든 성공적인 요리를 보면서 최근의 비법을 배우는 프로그램이 있다. 큰 인기를 얻고 있는 이 프로그램은 그냥 단순한 요리 프로그램만은 아니다. 내가 갖고 있는 북한 태블릿 하나에는 방대한 자료를 담은 요리 앱이 깔려 있다. 여기에는

첨가물, 조리법, 사진, 짧은 동영상까지 포함된 수십 가지 레시피가
들어 있다. 21세기가 도래한 것이다.

식당: 선택의 고통

북한에서도 음식 운은 식당의 선택에 달려 있다. 우리는 짐작하기
어려운 일이지만 이곳에서도 경쟁이 사업을 생동하게 만든다. 외국
인 전용 식당을 방문하면 큰 즐거움을 기대하기 어렵다. 식당이 국립
관광기업 KITC 소속이라면 기대치를 낮추시라. 옆 탁자엔 다른 단
체관광객이 앉아 있고, 식당 안에 한국인이라곤 가이드와 운전기사
뿐인데, 그들은 물론 지혜롭게도 자기들이 안내하는 사람들과는 다
른 것을 먹는다.

관광객은 별로 없고, 주로 내국인이 찾는 식당들이 대박이다. 한국
인들은 힘들게 번 돈을 그냥 창밖으로 내던지는 일은 하지 않으니까.
평양에는 '좋은' 식당들이 상당수 있다. 맨 먼저 꼽을 수 있는 것이
이탈리아 피자집이다. 원래 미국 스파이 선박 '푸에블로'호가 예전에
닻을 내린 장소 맞은편 대동강가에 있었다. 오늘날에는 새과학자거
리에 있다. 그곳 식사가 옵션으로 제공된다면 무조건 선택하시라. 그
럴 가치가 있고 추가요금도 적정하다. 공식 명칭은 '이탈리아(이딸리
아) 특산물 식당'이다.

물론 당신에게 무엇이 더 중요한가에 달려 있다. 집에 돌아가서 북
한에서 피자를 먹었다고 말할 수 있다면 물론 멋질 것이다. 개방형

주방에서 피자를 구우면서 여러 달 동안 이탈리아에서 훈련했다는 이야기를 기꺼이 들려주는 매력적인 여성 요리사들의 사진까지 곁들일 수 있으니 더욱 좋다. 처음 방문에서 이것은 나쁜 선택이 아니다.

하지만 나로서는 메뉴판의 훨씬 아래쪽으로 내려가서 한국음식 목록을 살펴보라고 권하고 싶다. 영어로 쓰여 있지는 않지만 컬러 사진이 있다. 이 음식들은 국립식당에서 나오는 같은 이름의 음식보다 훨씬 더 맛있다. 전채와 음료를 곁들인 피자나 파스타에 지불하는 10유로 가격으로, 근사한 한식 메뉴를 여러 개나 주문해서 잘 만든 한국음식이 얼마나 맛있는지를 경험할 수 있다. 밀가루주머니 만두는 2유로, 매운 소고깃국인 육개장은 5유로, 닭고기를 곁들인 차가운 오이샐러드인 닭오이냉채는 3유로면 맛볼 수 있다. 심지어 남한에서 인기가 있는, 원래 중국요리에서 기원한 짜장면(짙은 갈색 소스를 곁들인 두툼한 면)도 여기서 2유로면 먹을 수 있고, 맛 좋은 김치전도 역시 2유로다.

평양에서 가장 유명한 식당은 옥류관이다. 광택이 나는 초록색 기와를 얹은, 연회색 돌로 지은 2층짜리 거대한 전통 한옥 건물이다. 이 식당은 대동강 서편 모란봉공원의 남쪽과 대동강 동편 당창건사적관을 연결하는 옥류교 옆에 자리 잡고 있어서 이런 이름이 붙었다.

옥류관은 무엇보다도 냉면으로 유명하다. 2000년 6월에 이곳에서 김정일 주석과 남한의 김대중 대통령이 공식 만찬을 가졌다. 하지만 일반 북한 사람들에게도 개방되어 있어서, 이들은 일터에서 받은 쿠폰으로 이곳에서 식사할 수 있다. 관광객은 보통 이곳에 들르지 않지만, 조용히 한번 가자고 해보시라. 가끔 놀라운 일을 경험할

157

수 있으니.

북한에서 고급요리 나들이를 한 다음 햄버거 이야기를 하면 아마 좀 의아할 것이다. 패스트푸드 햄버거만큼 '미국식 생활 방식'을 상징하는 것도 드물다. 공개적으로 미국에 적대감을 선포하고 독자적인 것에 자부심을 느끼는 북한에서 그런 것을 기대하기란 참으로 어렵다. 그렇지 않은가? 원칙적으로야 그렇다. 예레반 방송에 따르면, 주목하시라, 이 나라의 절대적 지도자이던 김정일이 2000년대 초에 햄버거가 칼로리가 풍부하니, 두뇌가 우리 몸에서 가장 많은 에너지를 소비하는 기관이니만큼 두뇌작업을 하는 사람들에게 알맞은 영양분을 제공한다는 점을 인정하고, 인민들에게 서면으로 그 사실을 알렸다. 북한에서 지도자가 바라는 바는 곧 법이니, 얼마 뒤 인민문화궁전 옆에 평양 최초의 햄버거가게가 문을 열었다. 나는 즉시 그곳을 찾아가보았다.

식당 평가는 생략하자. 패스트푸드는 패스트푸드니까. 패티는 쇠고기가 아니라 닭고기이고, 감자칩은 감자를 손으로 썰어 만드는데, 나름의 매력이 있다. 서양에서도 오늘날 [기계가 아니라 손으로 썬] 이런 '감자썰이 튀김'이 나온다. 콜라는 붉은색과 흰색이 들어간 종이컵에 담겨 있는데, 자세히 살펴보면 컵도 그 안의 내용물과 마찬가지로 미국산 오리지널의 중국 복제품이다.

그사이 평양에는 햄버거가게가 여럿 생겼다. 햄버거가게를 찾든 피자집을 찾든 비슷한 경험을 하게 된다. 처음에는 신기하지만 머지않아 지루해진다.

평양에서 비교적 새로운 현상이 카페다. 그래, 맞다. 천문학적인 돈을 내고 라테마키아토나 뭐 그런 것을 마시는 장소 말이다. 북한은 아직 스타벅스 청정지역인데, 이는 많은 순수주의자들에게는 축복으로 여겨질 만한 일이다. 스타벅스 말고는 커피를 마시는 사람의 욕망이 원하는 거의 모든 것을 이룰 수 있다.

나는 2010년 평양 3대혁명전시관의 무역박람회에서 카페 사업의 개척자 한 사람을 만났다. 그는 당시 독일의 장기보존 우유와 식기세척기를 북한 고객들에게 소개하려고 했다.

독일 출신의 이 사람이 빈 19구역 나의 집에서 불과 몇백 미터 떨어진 곳에 산다는 걸 알게 되었다. 세상이 이렇게 좁다니까. 당시 그는 평양에 빈 스타일 카페를 열겠다는 아이디어로 나를 깜짝 놀라게 만들었다. 벌써 20년째 북한 체험이라는 견고한 근거를 동원해서 나는 그의 이런 어리석은 생각을 말려보려고 했다. 이 사업가는 나의 하찮은 만류에는 꿈쩍도 하지 않았다. 그는 중국에서 이미 20년이나 사업을 하면서 별의별 일을 다 겪은 사람이었다. 그는 북한 미개척 시장에서 최초가 되고 싶어했다.

나는 정말로 놀라고 경탄하게 되었는데, 그는 이 불가능한 일에 성공했다. 단순한 성공 이상이었다. 가능한 최고의 입지에 카페를 열 수 있었다. 인기 있는 역사적 정자[련광정, 관서팔경의 하나로 꼽히는 경승지]의 이름을 따서 '련광찻집'이라는 상호를 붙인 빈 커피하우스는, 유럽의 TV 시청자들이 주로 퍼레이드와 매스게임을 통해 알고 있는 김일성광장에 자리 잡고 있다. 김정은은 연단에 서면 겨우 200미터 떨어진 조선중앙력사박물관 방향을 바라본다. 기다란 박물관 건물의 대동강을 바라보는 쪽에 눈에 띄지 않는 련광찻집 입구가 있다. 입구 안쪽에는 둥근 커피탁자들, 서빙카운터 하나, 단단한 에스프레소기계 하나가 있는 공간이 감추어져 있다. 전에는 이곳에 슈퍼마켓도 하나 있었는데, 슈퍼마켓을 없애고 바와 별실 몇 개가 들어섰다. 이렇듯 격리된 공간이 요즘 평양에서 최신유행인 듯 보인다.

광고가 허용되지 않아서 련광찻집은 쉽사리 발견하기 어렵다. 출입구 위쪽에 달린 전광판이 전부다. 앞쪽의 테라스를 여름철 야외테이블 놓는 자리로 쓰겠다는 청원을 여러 번이나 올렸지만 허가가 나지 않았다고 한다. 이곳 주인과 친분이 있고, 또 그가 잘되길 바라기 때문에, 내가 아는 것을 다 말하기는 어렵다. 다만 고양이가 집을 나서면 쥐들이 탁자 위에서 춤춘다는 말만은 해야겠다. 이런 가게를 여는 것은 오로지 북한 측 파트너와 합작벤처 형태로만 가능하다. 주인이 매일 이상이 없는지 확인하는 동안에는 모든 것이 아주 잘 돌아간다. 하지만 주인이 반년쯤 집을 비우고 가게 운영을 믿을 만한 지역 인력에 맡기면, 서비스의 질과 기업가정신은 재빨리 다루기 힘든 힘과 사회주의 게으름에 자리를 내주고, 이따금 뭔가가 '없어지기도' 한다.

북한과 무역하는 사람들이 염두에 두어야 할 문제들이 더 있다. 경제제재 때문에 상황이 어려워져서 북한의 관세가 매우 엄격해질 수 있으니, 마지막에는 힘든 노동 말고는 남는 게 별로 없을 정도다. 나는 이 분야 기업컨설턴트들에게서, 현지 파트너를 잘 선택하는 것이 성공의 결정적 열쇠라는 사실을 들어서 알고 있다. 그러지 않으면 마치 크리스마스 거위처럼 속은 다 파내서 껍질만 남는다는 것이다.

지난 몇 년 사이에 영향력 있는 사람들이나 그 가족들이 개입된

다른 카페들과의 경쟁도 나날이 심해지고 있다. 커피 가격을 생각해 보면 이런 인기는 놀라운 것이다. 커피 한 잔에 너끈히 4유로는 하는 데다가 외국인만을 염두에 두고 사업을 할 정도로 관광객이 많은 것도 아니니 말이다. 우후죽순 생겨나는 식당들에 관해 앞에서 이미 쓴 말이 카페에도 들어맞는다. 적어도 평양에는 분명 정기적으로 이런 사치스러운 음료를 마실 만한 사람들이 상당수 있는 것이다. 여기서 모범은 분명히 중국이다.

죽은 지도자 두 명의 거대한 동상 바로 앞에 새로 지은 만수대아파트 근처의 카페가 전형적인 예다. '창전해맞이커피'의 원형 로고를 보고 있으면 남한이나 중국 어딘가에 있다는 생각이 든다. 모든 것이 새롭고 현대적이며, 약간은 스타벅스 디자인을 연상시킨다. 메뉴에는 실제로 '스타벅스 커피 빈'으로 생산된 음료도 있다.

지하주차장에서(!) 1층으로 올라오면 독일(!) 제품들로 채워진 슈퍼마켓을 지나치게 된다. 그 옆에는 세계 각지의 음식과 한국음식을 파는 식당 세 개가 있고, 대동강 또는 '도이칠란트'산 생맥주를 선택할 수 있는 맥주바가 있다. 자체 설명에 따르면 카페는 24시간 영업한다. 슈퍼마켓이 북한에서도 '슈퍼마케트'라는 것이 흥미롭다. 그러니까 여기서 민족주의 언어정책은 끝나고, 높은 가격을 정당화하려는 것이다.

계단실에는 섬세한 천의 러닝셔츠 차림에 머리에는 요리사 모자를 쓴 김정일이 반죽을 입힌 야채나 생선을 철망 바구니에 담아 튀기는 대형 사진이 걸려 있다. 나는 이 특이한 사진을 멍하니 보다가 한참만에야 그가 예전 지도자라는 사실을 알아보았다. 덕분에 너무 늦게야 카메라를 생각해냈는데, 이건 내게는 잘 일어나지 않는 일이다. 내 곁의 안내원들이 나의 망설임을 알아채고는 이유도 설명하지 않고 온몸을 던져 사진 찍기를 방해했다.

덕분에 나는 사진도 못 찍고 호화로운 장식이 붙은 카페 안으로 들어갔는데, 거기서는 젊은 북한 여성 둘이 매우 진지하고도 이상하게 어울리지 않는 우아함으로 바리스타 노릇을 하고 있었다. 여기서도 가격은 깔끔해서 카푸치노 한 잔이 당당히 5유로였다. 대신 커피는 받침접시 위 손잡이 달린 멋진 잔에 담겨서 나왔다. 나의 두 안내원에게도 커피를 마시라고 권하자 그들의 얼굴이 환해졌다. 벽에는 한국어로 '커피의 역사'를 설명하는 판이 걸려 있다. 목재 케이스에 든 묵직한 입식 추시계가 장식품으로 놓였고, 맞은편에는 피아노가 놓여 있다. 뉴욕의 아르데코 양식과 평양 바로크 양식이 대담하게 뒤섞인 어른 키만 한 도금된 여성 인물상이 또 다른 시계를 높이 쳐들고 있다. 이것은 그러니까 앞서 말한 신흥부자 중산층을 위한 장소의 하나이고, 김일성광장에 있는 나의 독일 출신 빈 지인의 경쟁업체인 것이다.

음료와 음주 관습

전통적인 한국의 음료는 물, 녹차, 보리차, 말린 과일을 우린 물 등이다. 농부들은 알코올음료로는 전부터 막걸리를 마셨다. 이는 우유빛깔의 약간 신맛이 나는 쌀술인데, 알코올 도수가 7도 정도다. 아마도 '쌀맥주'라는 말이 더 적절할 것이다. 더 센 술을 원하는 사람은 소주를 마신다. 소주는 몽골의 아락과 비슷한 맑은 증류주로 도수가 대략 20도다.

오늘날 소주는 남북 가리지 않고 매우 큰 인기를 누리고 있다. 광복백화점에 대해서는 나중에 다시 이야기하겠지만, 그곳에서 종류가 20가지도 넘는 여러 가격대의 소주를 구할 수 있다. 몇 년 전부터 남한에 불어닥친 막걸리 르네상스가 북한에서는 아직 관찰되지 않는다. 물론 막걸리가 있긴 하다. 대부분의 북한 남자들은 소주 다음으로 맥주를 즐겨 마신다.

북한에는 전국 또는 특정한 도에 주로 공급하는 양조장들이 있다. 소형 양조장들도 많은데, 예를 들면 고려호텔에도 하나가 있다. 북한에서 맥주는 보통 필젠 맥주를 뜻하지만, 효모맥주부터 흑맥주까지 다른 종류들도 제공된다.

평양을 가로질러 흐르는 강의 이름을 딴 대동강맥주공장이 국제적으로 가장 잘 알려져 있다. 이 양조장이 만들어지기까지의 역사가 재미있다. 북한이 2001년 EU와 외교관계를 맺은 후 당시 영국 노동당 출신 EU 의원이던 글린 포드Glyn Ford가 영국의 월트셔에서 그즈음 문을 닫은 양조장의 설비를 150만 파운드에 북한에 파는 일을 중개했다. 설비는 독일 전문가들에게 맡겨졌다.

2002년에 대동강맥주공장이 세워지고 몇 년이 지나 글린과 함께 이곳을 방문했다. 입구는 공장 경비원들이 지키고 있었는데, 이 두 명의 친절한 여성은 낡은 러시아제 칼라슈니코브 소총을 어깨에 걸쳐 메고 있었다. 양조장 안에는 맥아즙 냄새가 진동했고, 맥주를 병

▽

북한의 공장 경비원. 친절한 두 여성이 대동강맥주공장의 진입로를 지킨다.
제복 모양이나 계급장이 없다는 점에서 이들이 군인이 아님을 알 수 있다.

에 담는 방에서는 맥주 냄새가 진동했다. 느낌으로는 열 개에 하나 꼴로 병이 컨베이어벨트에서 떨어져 깨지는 눈치였다. 어쩌면 그냥 운 나쁜 날이었을지도 모른다. 어쨌든 이 생산품은 북한의 수요를 충족시키고 수출도 한다. 실용적인 영업정신이 인상적이었다. 양조장 진열대에서는 자체 생산품만이 아니라 국제적으로 이름 높은 하이네켄이나 벡스 맥주도 구할 수 있었다. 자부심은 어디 갔느냐고? 무엇을 위해서? 작은 이익이라도 남겨야 하는 판에. 또는 자체 생산 맥주가 최고이니 그 어떤 경쟁도 두렵지 않은지도 모른다. 누가 알겠는가.

가격은 적절하다. 적어도 서양인의 관점으로는 그렇다. 호텔 숍에서 대동강 한 병은 1유로 이하이고, 생맥주 500밀리리터는 2유로를 넘지 않는다. 맛은 상당히 좋다. 맥아 느낌이 좀 있지만 그 밖에는 어떤 부담스러운 향도 없다. 이곳에서는 맥주순수령[맥주 양조할 때 보리, 홉, 물만을 사용해야 한다고 명시한 1516년 법령]을 지키고 있다. 맥주에 관한 한 북한은 경쟁에서 남한을 가볍게 물리치고 있다. 남한의 가벼운 상표 하이트와 오비라거는 감칠맛이 도는 대동강맥주에 미치지 못한다.

남한에서 온 '폭탄주'라는 이름의 악습이 북한에도 널리 퍼진 듯하다. 아무도 안 본다는 TV 드라마 덕분이다. 도수 높은 술 한 잔, 즉 보드카, 위스키, 소주 등을 맥주가 담긴 잔에 집어넣는데, 이런 혼합주는 그 효과 때문에 '원자폭탄'이라 불린다. 맛은 끔찍하고 다음 날 피할 수 없는 두통도 즐거움이라고 할 수는 없지만, 사교를 위해 인간이 무슨 짓인들 마다하랴.

음주 관습과 에티켓은 남한이나 북한이 비슷하다. 테이블에서 자신의 잔을 손수 채우는 것은 통상적인 일이 아니다. 그것은 옆 사람이 할 일인데, 따라서 언제나 양옆에 앉은 사람들의 잔이 어느 정도나 차 있는지 계속 주시해야 한다. 옆 사람이 내 잔을 채워주려고 하면 곧바로 잔을 오른손으로 들어올리고, 얼마나 공손하거나 굴종적이고 싶은지에 따라 왼손도 오른팔 팔꿈치에 가져다 댄다. 최고 존경심은 두 손으로 잔을 잡는 것이다. 하지만 오버하지 마시라. 상대방이 놀림을 당한다는 느낌을 받을 수도 있으니.

마실 때는 나이가 적은 사람 또는 직급이 아래인 사람이 몸을 약간 옆으로 돌린다. 사회적으로 더 높은 사람에게 마시는 모습을 보이지 않으려는 행동이다. 높은 사람은 보통 전혀 신경도 안 쓰지만 말이다. 하지만 그런 몸짓은 중요하다. 또한 북한에서 사회적으로 지위가 낮은 사람은 담배에 불을 붙이기 전에 허락을 구한다. 물론 양해해주지 않는 것을 나는 한 번도 본 적이 없다. 잔을 부딪칠 때도 사회적으로 지위가 낮은 사람은 자신의 잔이 상대방의 잔보다 아래로 가도록 부딪친다. 서양의 관광객이나 사업가가 이런 관습을 알고 있으리라는 기대는 없지만, 그럴수록 그런 행동을 하면 더욱 감사와 존경으로 보상을 받는다.

북한의 특별한 술로는 인삼주가 있다. 선물용으로 인기가 좋다. 대개 맑거나 황금색으로 도수는 35도이며 땅의 맛이 난다. 이게 물론 순수하게 약이라는 건 말할 필요도 없겠지. 어쨌든 북한 사람들 말을 믿자면 그렇다. 품질과 가격은 병 속에 든 삼 뿌리의 크기, 모양, 산지에 따라 달라진다. 산에서 캐낸 인체와 비슷한 모양의 크고 붉은 삼 뿌리는 밭에서 난 작고 하얀 뿌리보다 더 좋은 것이다. 그말을 어느 정도는 믿어야 할 것 같다.

뱀소주인 '뱀술'은 아무나 마실 수 있는 것은 아니다. 가엾은 동물은 산 채로 병 속에 넣어져서 농도 높은 알코올에 익사한다고 한다. 몇 년이 지나면 살은 녹고 나머지는 불투명해진 액체 안에서 잿빛 덩어리가 되어 떠다닌다. 뱀술은 특히 남성들에게 추천되며, 가격은 뱀의 굵기에 따라 달라진다. 뱀술에 대해 문의하면 음탕한 히죽거림과 함께 대답을 듣게 된다.

북한에서 관광객은 서양에서도 흔한 설탕, 물, 탄산이 섞인 음료를 마실 수가 있다. 미국의 대기업들은 북한에 수출하지 못하지만 중국 덕분에 코카콜라가 있다. 그것 말고도 온갖 종류의 과일주스가 있는데, 지역주민의 입맛에 맞도록 끔찍하게 설탕을 많이 넣었다. 내게 향수를 불러일으키는 음료로 '사이다'라는 것이 있는데, 영어 'Cider'를 한국식으로 표기한 것이다. 북한에서 나오는 사이다는 이 사과발효주와는 아무 상관이 없다. 내가 어린 시절 소련에서 마시곤 하던 레모네이드와 비슷한 맛이 난다.

2017년 쿠알라룸푸르 공항에서 김정은의 이복형이 독살당한 사건으로 말레이시아와의 관계가 나빠지기는 했지만, 북한은 동남아 국가들과 좋은 무역관계를 이어오고 있으며 덕분에 이국적인 음료도 수입된다. 평양의 식당에서 에너지드링크를 받은 적이 있는데, 얼핏 보기에는 유명한 오스트리아 드링크[레드 불]처럼 보였다. 자세히 들여다보자, 붉은색 황소 두 마리가 그려진 황금색 캔에 푸른색 글자로 '리얼 불Real Bull'이라고 적힌 태국 제품이었다. 디트리히 마테쉬츠 씨[레드 불의 오너]가 그것을 보면 뭐라고 할까?

나는 대개는 탄산이 없는 미네랄워터를 마신다. 몇 년 전부터 중국인 또는 남한인과 합작벤처로 운영되는 열 개 이상의 생수업체들이 플라스틱 병에 담긴 생수를 전국으로 공급한다. 이 병들은 완전히 서양의 제품처럼 보이는 라벨을 두르고 있다. 생산품 일부는 수출된다. 북한에서 구할 수 있는 레모네이드의 설탕쇼크에서 벗어나고 싶으면 발포제 몇 알을 가져와서 원할 때마다 생수에 넣어 미네랄워터의 풍미를 조금 느껴보시기를 권한다.

　북한에서 우유는 거의 생산되지 않는다. 우유가 있기는 하지만 비싸고 잘 이용되지도 않는다. 염소젖도 제공받은 적이 없다. 김정일이 1990년대 중반에 식량난 해결책으로 도입한 이 동물이 어디서나 보이는데도 그렇다. 대신에 도시에서 '콩우유'라고 적힌 팻말을 붙인 작은 배달차들이 돌아다니는 것을 볼 수 있다. 값비싼 카페가 아니어도 거의 어디서나 얻을 수 있는 인스턴트커피는 분유를 넣은 것이다. 그런 커피의 품질에 대해 빈 시민인 나로서는 차라리 언급하고 싶지 않지만, 북한에서 우리는 미식 여행을 하는 것이 아니지 않은가.

6

A 지점에서

B 지점으로의 이동

교통정체로 고통 받는 유럽인에게 북한의 교통은 가장 순수한 청량제다. 물론 여기서도 자동차가 몇 년 전부터 많이 늘고 있다. 여성 경찰관이 사람도 없는 거리에서 존재하지 않는 교통을 통제하던 시대는 지나갔다. 평양의 거리 모습은 오늘날 상당히 현대적인 느낌을 준다. 시골은 아직도 훨씬 소박하고 편안하다. 고속도로에서 소달구지나 보행자, 자전거 탄 사람들을 보아도 놀라지 마시라. 베를린 사람에게는 옛날 지인을 다시 만난 것만 같다.

버스 타고 북한여행

북한에서 외국인이 가장 많이 이용하는 이동수단은 관광버스다. 전에 널리 퍼져 있던 일본제는 오른쪽 운전대로 알아볼 수 있었는데, 점차 중국제 버스로 대체되었다. 속도는 으레 느린데, 조심스럽게 표현해서 훌륭하지 못한 도로상태 탓이다. 그 이유는 기상의 영향과 집중적인 도로이용, 빈약한 자재, 공사기간 압박 그리고 도로건설에 일반인을 투입한 탓 등이다. 평양에서 개성까지 약 170킬로미터 거리의, 상대적으로 상태가 좋은 다차선 고속도로를 이용해도 세 시간은 걸린다. 국도에서는 속도가 더 느려진다.

잘 생각해보면 이는 서방 관광객에게는 분노할 일이 아니라 환영할 일이다. 북한에 온 것은 이 나라를 보기 위해서다. 그런데 관광객은 자력으로 다리를 움직여 돌아다닐 길이 거의 없으니 버스 창문을 통해 구경하는 것이 고작이다. 느릴수록 더 좋다. 구경도 더 많이 하고 사진도 더 잘 나온다.

멀미가 있는 사람은 앞자리에 앉는 것이 좋다. 차량이 특히 덜컹거릴 수가 있으니까. 동북부에서는 자동차가 중국으로 넘어가면서 도로가 얼마나 매끈할 수 있는가를 확인하는 순간 믿을 수 없이 만족 스러워하는 "아아아!" 소리가 터져 나오곤 한다.

　과거에는 특히 밤이면 심각한 안전문제까지 있었다. 에너지를 절약하고 비싼 전조등을 혹사하지 않으려고 운전자들은 심지어 터널에서도 이따금씩만 불을 켜곤 했다. 마주 오는 차량도 마찬가지여서 아주 아슬아슬하게 대피하는 일도 있었다. 게다가 차량 운전자들은 상대적으로 비어 있는 고속도로에서 팬 곳이 적은 데로 운전을 하게 마련이라 고속도로 한가운데, 심지어 상대편 차선으로 달린다. 고속도로에서 많은 사람들이 걷거나 자전거로 이동하는 것을 보고 너무 놀라지 마시라. 가장 큰 공포는 터널을 지날 때와 캄캄할 때도 그런다는 것이다. 공식적인 사고통계는 없지만 소문으로는 자동차가 점점 늘면서 사고가 자주 일어난다. 그래서 어두워지면, 그리고 2011년부터는 낮에도 터널에서는 전조등을 켜라고 김정일이 직접 지시를 내렸다고 한다. 그 이후로 도로가 현저히 안전해진 느낌이 든다. 관광버스들은 안전띠가 없을 때도 많으니 더더군다나.

　다행히 나는 지금까지 그 많은 여행을 했는데도 심각한 교통사고를 본 것은 딱 한 번뿐인데, 우리 버스는 멈추지도 않고 사고현장을 잽싸게 지나쳐 달렸다. 그것은 외국인들을 위한 광경이 아니다. "아름다운 것만요, 제발." 그때 말고도 우리 버스는 이따금 보행자나 자전거 탄 사람을 피하려고 절망적으로 도로 구덩이 안으로 뛰어들곤 했다. 그럴 경우에도 기사나 가이드들의 얼굴에서 거의 감정의 동요를 알아볼 수가 없었다. 고속도로에서 대체 이게 무슨 일이냐고 격분해서 질문을 해대면 "촌놈 짓"이라든가 "저 사람들이 조심해야죠"

같은 웅얼거림을 내뱉고 곧바로 화제를 돌린다.

또한 관광객은 여행 예정 거리에 맞추어 미리 연료의 양이 할당된다는 점을 알아두는 게 좋다. 길을 돌아가거나 예정에 없는 곳을 들렀다 가는 데 가이드들이 동의하지 않는다고 너무 나쁘게 생각하지 마시라. 그래도 경험이 많은 버스 운전사는 언제나 약간의 연료를 남겼다가 여행 마지막에 돌발 여행의 기회를 마련해준다.

자전거의 인기

우리의 거리풍경과 눈에 띄게 다른 점은 별 곳도 아닌 데서 그야말로 끝도 없는 사람들의 물결이 혼자서 또는 작은 무리를 이루어, 걸어서 또는 자전거를 타고 이따금 무거워 보이는 짐까지 짊어지고 어딘가로 가는 모습이 흔히 보인다는 것이다. 여기저기서 차를 세우려는 사람들이 보이지만, 우리는 자리가 넉넉한데도 단 한 번도 사람을 태운 적이 없다.

이 사람들은 어디서 온 것일까? 그리고 어디로 가는 것일까? 북한에서는 자주 있는 일이지만 이런 질문에는 아무 대답도 듣지 못한다. 확실한 것은 이런 사람들이 엄청난 거리를 이동한다는 사실이다. 가장 가까운 곳도 몇 킬로미터나 떨어져 있다. 이것은 경제적으로 매우 효율적이지 않다. 이동하는 사람들은 노동력이 아니니까.

북한 사람들은 승용차가 넘치는 도시 바깥에서 걸어가는 경우가 아니면, 주로 세 가지 교통수단을 이용한다. 자전거, 소달구지, 화물차다.

173

자전거에 대해서는 북한에 전형적인 소문이 무성하다. 풍속을 이유로 여성들에게는 자전거가 허용되지 않는다는 소문이다. 하지만 완전 헛소리라는 것을 겨우 몇 분만에 눈으로 확인할 수 있다. 어디서나 여성들이 자전거를 타고 있다. 지방에서는 심지어 자전거를 탄 사람들이 대부분 여성이다. 1990년대 초에 내가 북한에서 유학하던 때는 자전거 타는 사람을 거의 본 기억이 없다. 당시 베이징의 자전거도로는 자동차도로보다 두 배 정도 넓었고, 자전거를 타는 수많은 중국인의 모습은 중화인민공화국의 상징이었다. 북한 지도부는 분명히 자기 나라가 낙후의 상징으로 여겨지는 자전거와 연결되기를 바라지 않았다.

얼마 뒤에 자전거가 허용되었고, 그것은 분명히 엄청난 편의를 가져다주었다. 좀 더 빨리 갈 수 있고, 무거운 짐도 운반할 수 있으니까. 처음에 대부분의 자전거는 일본에서 수입된 중고자전거였다. 두 나라를 정기적으로 오가던 만경봉 92호라는 배가 운반했지만, 이 배는 지금 얼어붙은 외교관계로 인해 일 없이 원산항에 정박해 있다. 일본에는 상당수 한국계 주민이 있는데, 이들은 한동안 평양과 경제적으로 밀접하게 접촉했었다. 1990년대 말에 일본은 북한의 가장 큰 무역 상대였다. 오늘날에도 이 일본제 자전거들은 북한에서 최고품이다.

몇몇 산악자전거를 빼고 북한에서 대부분의 자전거는 장거리경주용 자전거다. 그것도 여성이 탈 수 있도록 안장 앞쪽에 가로대가 없는 자전거다. 여기에는 매우 실용적인 이유가 있다. 대부분의 가족이 자전거를 한 대밖에 살 수 없으므로 부부 두 사람 모두가 이용할 수 있어야 한다. 그것 말고도 여성용 자전거가 짐을 운반하기에

▽
자전거는 지방에서 가장 중요한 이동수단이자 운송수단. 여성이 자전거를
타서는 안 된다는 것은 분명 북한에 대해 퍼진 수많은 거짓정보 중 하나인 것
같다.

더 좋다.

북한 자전거의 또 다른 특이점은 앞에 매달린 철망 바구니다. 손바닥 크기의 번호판이 이 철망 바구니에 붙어 있다. 붉은색 바탕에 흰색으로 도시 또는 도시구역이 적혀 있고, 식별번호가 있다. 교통법규단속을 더 쉽게 하려는 용도도 있지만, 주로 비슷해 보이는 수많은 자전거들 중에서 자신의 자전거를 알아보기 위한 것이다. 그 밖에도 이런 표지는 행정수수료를 지불했다는 증거이기도 하다. 여기서 이 용어가 중요하다. 북한은 자체 설명에 따르면 세금이 없는 나라이기 때문이다. 자전거 열쇠도 점점 더 자주 보인다. 자전거 절도에 대한 통계는 없다. 평양에는 심지어 공공 자전거대여 · 보관소도 있다.

2015년에 지방 어딘가에서 나는 흥미로운 벽보를 본 적이 있다. 주민들에게 '2014년 11월 24일자 내각명령 74호'를 알리는 벽보였다. 자전거 사용에 대한 규칙도 들어 있었다. 자전거 탈 때 맑은 정신이어야 하고, 타는 도중 담배도 금지된다는 것이었다. '자전거를 적절한 자격이 없는 사람에게 넘기는 것' 금지는 일종의 자전거면허증이 있음을 보여주는 내용으로, 나쁜 아이디어는 아니었다. 헬멧 착용 의무에 대한 지시는 없었다.

나는 어떤 북한 여인에게서 부부 사이에 누가 자전거를 타느냐를 두고 심각한 언쟁이 벌어진다는 이야기를 들었다. 보통은 여성이 이긴다고 했는데, 안 봐도 그럴 것 같았다. 첫째로 남성을 선호하는 유교질서에도 불구하고 한국 여성과는 싸우지 않는 편이 낫고, 둘째로는—이것이 더욱 결정적인 이유로 보였는데—1990년대 기아로 인해 여성의 노동이 생사가 걸린 중요성을 갖게 되었기 때문이다. 남자

▽

영하의 추위에도 이 여성들은 세차할 고객을 기다린다.

조심스러운 자유화가 특히 서비스 분야에서 새로운 공급으로 연결되고 있다.

들은 계속 보수가 나쁜 국영기업체에서 노동해야만 사회복지와 배급받을 권리를 유지하며 체제에 충성한다는 표지를 지킬 수가 있는데 반해, 영리한 여성들은 온갖 시장경제활동을 통해 가족의 생계를 안전하게 지킨다. 역으로 말하자면 평양에서는 평균 이상으로 많은 남자들이 자전거를 탄다. 이곳에서는 국가의 보수가 아직 잘 기능하는 듯하고, 여성들의 부업 가능성은 제한되어 있다.

나는 자전거를 애용하고, 자전거가 도시와 지역을 살펴보는 데 가장 좋은 수단의 하나라고 여긴다. 자전거와 관련해 이 나라에서도 최근 흥미로운 새로운 가능성이 열리고 있다. 처음에는 먼 지방에서 산악자전거 여행을 제안받았는데, 2016년부터는 수도 평양에서도 자전거를 타고 둘러볼 수 있게 되었다. 물론 단체로, 그것도 일부 구간뿐이지만. 얼마 전 평양에도 자전거도로가 생겼는데, 이는 평양에서 빠른 속도로 늘어나는 교통량을 생각하면 의미 있는 변화다.

이런 맥락에서 최근에 도는 소문 하나. 북한에서는 자체 생산된 타이어만 써야 한다는 것이다. 오케이. 또 다른 소문에 의하면 남자들은 김정은과 같은 헤어스타일을 해야 한다는데, 그건 분명 날조된 소문이다. 물론 자체 생산 타이어 문제는 내게는 철저히 설득력이 있어 보인다. 발전된 다른 나라에서도 '보호무역주의'나 '신생산업 보호'라는 이름으로 행하는 일이다. 그 말이 맞는다면 이것은 북한이 '정상'국가가 되고 있다는 또 다른 증표다.

전기자전거는 기술적 진보, 그리고 어쩌면 모페드나 오토바이로 가는 중간과정이라는 표시다. 나는 2013년 경제특구 라선에서 처음으로 전기자전거를 보았는데, 2년 뒤에는 수도에서도 보았다. 북한에

▽

평양에서는 전기자전거가 점점 더 많이 눈에 띈다. 이 자전거는 대략 350유
로이고, 여기서는 일종의 신분상징이다. 요령 좋은 사업가들이 이것을 비공
식 택시로 만들고 있다.

서 자전거는 대개 신념이나 건강을 위해서가 아니라 아주 일상적인 운송수단으로 이용되기 때문에, 전기엔진이 달리면 엄청나게 편리해진다. 언덕이 매우 많은 지형을 생각하면 더욱 그렇다. 일반 전선이나 태양전지로 전력을 공급받는데, 값이 싼 전기자전거는 중국산이다. 이것은 진짜 욕망의 대상으로 보이는 것이, 이 작은 탈것이 밖에서 주인이 바뀌는 일을 겪지 않도록, 직장인들이 직접 일터까지 가지고 들어가는 것을 자주 목격했다. 전기자전거는 일반 자전거의 네 배나 값이 나가는데, 일반 자전거가 이미 귀중품이니 말이다.

오토바이는 드물지만 주로 중국산이나, 허가받은 혼다 제품이다. 이따금 자체 생산된 보통강 상표의 오토바이도 있는데, 이는 주로 교통경찰관들이 이용한다. 경제제재로 인해 연료가 부족해서 이런 교통수단은 아직까지는 사치품이다.

비교적 새로운 트렌드는 개인이 운영하는 자전거택시다. 평양의 교차로에서 자세히 살펴보면 짐 싣는 자리에 널찍한 판자를 대서 앉을 자리를 마련한 자전거를 잡고 서 있는 사내들을 볼 수 있다. 여성 손님이 다가오면 잠깐 흥정을 하고, 돈을 내면 출발한다. 새로운 전기자전거는 주로 이런 목적에 사용된다고 한다. 말하자면 북한판 릭샤인데, 짐작건대 따로 세금은 안 낼 것 같다.

소달구지: 곤궁 아니면 미덕

소달구지는 한반도에서 전통적인 운송수단이다. 소들은 도로가

▽
트랙터가 있기는 하지만 연료가 부족하다. 그래서 소달구지가 자주 중노동
을 한다. 이 동물은 최근에 털이 깎였다. 털은 가공된다.

없는 곳도 다닐 수 있고, 하루 한 번만 사료를 준다면 부품교체나 연료도 필요 없다. 북한에는 수입 트랙터와 국산 트랙터가 있는데도 소달구지는 계속 사용된다.

1990년대 나의 북한 유학 시절만 해도 소달구지 사진은 구하기 힘든 우승컵처럼 여겨졌다. 경험 많은 북한전문가들이 그런 사진들을 음모꾼의 얼굴로 자랑스럽게 보여주었다. 그사이 사정이 매우 달라졌다. 나는 소달구지 사진을 족히 100장은 찍었는데 방해를 받은 적이 거의 없다. 어쩌면 풍속 파수꾼들이 그냥 포기한 걸까. 급격히 늘어난 관광객들이 수많은 디지털사진을 찍어서 인터넷에 올리는 바람에 금지령이 완전히 의미가 없어졌으니 말이다.

어쨌든 나라를 한 번 여행하면 이런 탈것을 열 번 이상 지나치게 된다. 이들은 낭만적인 사진 피사체로 이용된다. 짐승들은 이른 봄이면 명백히 야위었고 가을에는 잘 먹어서 살이 붙었다. 보통 소 한 마리가 바퀴 둘 달린 달구지를 끄는데, 민간에서뿐 아니라 군사용으로도 사용된다. 군사용의 경우는 사진을 찍지 마시라고 권하겠다.

수많은 소달구지를 북한이 낙후된 표지라고 보기가 쉽지만, 아주 공정하게 보자면 반드시 그렇지만은 않다. 한편으로는 핵무기나 미사일 프로그램 같은 기술적 업적들과의 대립이 너무 크다. 게다가 우리는 북한이 경제제재를 받아 연료가 부족하다는 사실을 알고 있으니 '바이오엔진'의 이용은 똑똑한 일로 보인다. 심지어 산악지형에서 황소는 최상의 기술적 해결책이다.

다시 공정함을 위해 언급하자면, 내 인상으로는 지난 기간 북한에서 트랙터 숫자가 분명히 증가했다. 언젠가는 소달구지가 도로 사진에서 사라질 수도 있으니, 어서 사진을 찍으시기를!

불타는 화물차

[적재 표면에] 혹이 달린 화물차는 태곳적 소달구지와도 친척이라고 할 수 있다. 화물차의 적재 표면에서 끔찍한 연기가 솟아오른다. 주로 평양 바깥에서 이런 차를 만나게 된다. 물론 정말로 자동차가 불타는 것은 아니고, 운전석 뒤에 붙은 이른바 장작기화기에서 나오는 연기다. 장작기화기 기술은 2차세계대전 후 연료가 부족할 때 유럽에서도 이용되었다. 효율은 그리 나쁘지 않아서 좋은 장작 3킬로그램이 휘발유 1리터에 맞먹는다.

이런 화물차는 눈요깃거리가 아니다. 화물적재함에 함께 탄 승객들이 매운 연기 때문에 눈을 질끈 감은 것을 본 적이 있는 사람은 어째서 이것이 비상조치인지 알 수 있다. 소달구지와는 달리 화물차 사진은 분명히 금지된다.

중국과의 협력과 도로에서 이동하는 화물의 양이 급격히 늘어나면서 현대적인 중국제 화물차가 수입되었다. 덕분에 연기가 솟아오르는, 튀어나온 흙받이가 달린 올리브색 화물차를 보는 일은 점점 드물어질 것이다.

외국인으로서 그것을 이용할 일은 없지만, 흥미롭게도 북한에도 국지적인 우버 택시 비슷한 것이 있다. 화물차로 출장 운행을 하려는 사람은 돈을 받고 여행자를 태운다. 수입이 발생하는 이 사업에 대해 분명 관청이 묵인하고 있다. 길가에서 격하게 손을 흔드는 사람들이 잠재고객이다. 그들은 물론 버스에 서양 관광객이 앉아 있음을 알아채면 순식간에 이런 몸짓을 중단한다. 인터넷에는 단호한 북한 여성 한 명이 자신의 비공식적인 장거리택시 업무를 방해한 젊은 병사를 혼쭐내는 모습이 핸드폰 영상으로 퍼져 있다. 앞서 말했다시피 한국 여성과는 시비 붙지 않는 편이 좋다.

공식적인 교통수단

북한의 대도시, 특히 평양에는 통상적인 대중교통수단들이 있다. 다른 곳에서라면 이야깃거리도 안 될 일이지만, 북한의 경우에는 끝없는 대화, 소문, 억측의 소재가 된다. 세계의 다른 어떤 나라에서 단거리 지하철 탑승을 관광일정에 끼워서 판단 말인가? 그렇게 보면 북한 사람들이야말로 진짜 마케팅 천재들이다.

지하철, 즉 메트로는 분명히 소련 방식으로 보인다. 두렵도록 빠르고 엄청나게 긴 에스컬레이터가 평양의 암석층 지하 100미터 아래로 여행자를 데려간다. 역에 도착하면 사회주의-바로크 양식의 화려함이 모습을 드러낸다. 각각의 역은 승리, 통일, 혁신 등 핵심구호 하나씩을 걸고 있으며, 그에 걸맞게 모자이크나 샹들리에, 이따금 주석 동상 등이 갖추어져 있다.

이것이 심각한 사태에 대비한 방공호 용도라는 것은 분명한 사실인데, 서양 관광객이 그 사실을 손으로 입을 가리고 음모 꾸미는 얼굴로 말하는 이유를 나는 잘 모르겠다. 어쨌든 아무도 그것을 비밀로 하지 않는다. 작은 나라 북한은 지난번 전쟁에서 제공권을 잃고 혹독한 대가를 치렀다. 살아남은 사람들이 다음번을 대비한다는 것은 이해가 되는 일이고, 분명하게 다음번을 전제하고 있다는 점에서 두려운 일이기도 하다.

지하철이 16개 역으로 이루어진 겨우 2개 노선밖에 없음에도 방문객은 노선을 알리는 전광판 앞으로 안내된다. 단추를 누르면 작은 불빛으로 원하는 역까지 가는 길이 표시된다. 여기서도 속으로만 히죽 웃는 편이 낫다. 아무리 친절한 가이드라도 서울이나 도쿄 지하철과 비교할 길은 없을 테니 말이다.

북한에서 외국인들도 지하철을 타볼 수는 있다. 1991년 학생 시절에 나는 신고, 동반자, 제한 등이 없이 매주 지하철을 탔다. 당시 한 번 타는 가격이 0.1원, 자본주의 세계의 외국인에게 공식환율 약 5페니히에 해당했다. 역의 지상 출입구에서 작은 알루미늄 동전을 함에 넣어야 통과할 수가 있었다. 하지만 나는 외국인이라 북한 돈을 가질 수 없었다. 해결책은 특이한 것이었는데, 내가 절망적으로 호주머니를 열심히 뒤지고 있으면 유독 신경을 곤두세우고 바라보던 감독관이 나를 그냥 통과시켰다.

오늘날 관광객은 혼자서는 호텔도 나서지 못하는 판이니 지하철 타기는 말할 것도 없다. 곰곰 생각해보면 상당히 웃기는 절차를 거쳐서 버스를 타고 정해진 역으로 간다. 흥미로운 이름인 전승역(전쟁 승리 역)으로 가는 경우가 많다. 지하철 타는 곳까지 단체로 내려가서 두 정거장을 이동한 다음 중간에 내렸다가 다시 타고 개선문에서 내

185

▽

평양 지하철의 깊은 지하에서, 사람들이 보는 것은 당 기관지가 아니라 스포
츠 신문이다. 신문 1면의 선전은 축구경기 결과만큼 관심을 끌지 못한다.

리면, 그곳에 이미 버스가 기다리고 있다. 돈은 내지 않는다. 그러니까 직접적으로는 안 낸다. 하지만 여행경비를 미리 지불했다. 일반 북한 인민은 아주 현대적인 마그네틱 카드로 지불한다. 요금은 5원이니 1991년에 비해 명목상 50배가 오른 것이지만, 실제로 1유로센트도 되지 않는 금액이다. 외국 방문객도 일반 차량에 함께 탈 수 있어서 주민들과 10미터 이내의 거리에 있게 된다. 이 구간에는 관광객이 늘 오가므로 대체로 별 주목도 받지 않고, 덕분에 핸드폰 게임을 하는 승객들을 관찰할 수 있다.

지하철을 둘러싼 수많은 소문 중에는 수뇌부와 지하 군용시설을 위한 비밀 노선이 있다는 소문도 있다. 그럴 가능성도 배제할 수는 없다. 어쨌든 이런 소문들은 외국 매체들이 "무시무시한" "비밀스러운" "원폭 대피용 벙커" 등의 말을 꾸며낼 훌륭한 계기를 마련해주었다. 정말로 잘 팔리는 장사다. 안 그랬다면 이건 그냥 지하철일 뿐이니까.

오늘날 평양에서 운행되는 지하철 차량이 1990년대 말에 베를린에서 처분된 것이라는 주장은 맞는 말이다. 실제로 나는 평양의 지하철 차량에 앉아 있노라면, 학생 시절 베를린에서 대학교에 갈 때 타던 차량인 듯싶은 플래시백 같은 것을 느끼곤 한다. 북한 사람들은 차량이 독일 출신임을 기억나게 할 만한 것을 모조리 제거했지만, 창틀에는 여전히 태그들이 남아 있다. 태그가 무엇인지 이따금 소문이 돌기도 했다. 몇 년 전까지만 해도, 내가 이런 자국들이 어디서 생긴 것인지 안내원들에게 설명해주면, 안내원들의 눈에서 깨달음의 광채가 번쩍이는 것을 볼 수 있었다. 청소년문화와 나란히 '태그'라는 것

▽
북한에서도 스마트폰은 자주 게임용으로 쓰인다.

베를린에서 온 지하철 창틀에는 예전에 새겨진 태그가 여전히 남아 있다.

에 대해서도 따로 설명이 필요하기는 하지만[태그는 그래피티나 공개 적인 낙서에 붙은 일종의 서명].

그 밖에 북한 지하철의 특이점은 노인과 임산부를 위한 특별좌석 말고도 '영웅'을 위한 좌석이 있다는 사실이다. 노동이나 군복무에서 특별임무에 투입되었다가 신체적 상해를 입은 북한 사람들이 영웅 지위를 얻는다.

지하철만이 아니라 노면전차[시가전차]에도 독일 출신 차량들이 있다. 물론 서양 방문객은 현재 노면전차를 이용하지 못한다. 평양의 레일망은 1990년대 초에 만들어졌고, 차량은 나의 고향인 작센 주, 특히 라이프치히와 드레스덴에서 수입한 것이다. 당시 그곳 사람들은 너무 무겁고 레일을 계속 파괴하는 체코 방식 타트라 전차를 처분하게 되어 기뻐했다. 오늘날 이 낡은 수제품 같은 차량들은 북한의 수도에서 그 파괴적인 작업을 수행하고 있다. 나는 여기서 어떻게 그럴까 싶을 정도로 일그러진 선로들을 보았다. 하지만 흔한 말로, 두 발로 잘 걷는 것보다는 못 가는 차라도 타고 가는 편이 더 낫다.

평양의 노면전차 차량에는 스위스제도 있다. 작고한 두 지도자의 묘지로 방문객을 실어 나르는 독자 노선 차량은 원래 취리히에서 온 것이다. 물론 여기에도 광범위한 현대화가 예정되어 있으니 낡은 차량들은 머지않아 사라질 것이다.

가장 인기가 있고 널리 퍼진 평양의 대중교통수단은 무궤도전차, 즉 트롤리버스다. 이들은 몇몇 도청소재지에서도 운행된다. 나는 평양에서 학창 시절에 자주 트롤리버스를 탔지만, 오늘날 관광객은 트롤리버스를 이용할 수 없다. 2016년에 동해의 청진시에서 단체로 타보긴 했지만 시승용 차량이었다. 버스여행은 여전히 북한에서 가능한 관광의 하이라이트이다.

트롤리버스를 자세히 관찰하면, 많은 버스의 측면에 그려진 붉은 별들을 볼 수 있다. 별들은 해당 차량이 이미 달린 거리를 알려준다. 별에는 '5만'이라는 글자가 적혀 있는데 이는 별 하나가 5만 킬로미터를 뛰었다는 얘기다. 관록이 붙은 버스는 별의 줄이 상당히 길다. 몇 년 전부터는 현대적인 플라스틱 좌석을 부착한 신형 모델들을 운행 중이다. 이 또한 상황이 나아지고 있음을 알리는 표지다. 모든 버스는 만원이다. 특히 아침저녁의 러시아워에는 더욱 그렇다.

북한제 자동차들

걷지도 않고, 자전거를 타지도 않고, 대중교통을 이용하지도 않는 북한 사람들은 어떻게 하나? 자동차를 운전한다. 이 말은 약간 아이러니로 들리고 그런 뜻으로 말한 것이기도 하지만, 자동차 숫자가 특히 평양에서 엄청나게 늘었다는 것은 간과하기 어려운 사실이다. 그래서 점점 더 많은 교차로에 신호등이 서 있다. 신호등은 저 유명한 '평양의 꽃' 즉 빛나는 검은 가죽장화에 푸른 스커트, 흰 블라우스를 입고 꽤나 집중해서 도로교통을 통제하던 여성 교통경찰관을 도로 가장자리로 내몰았다. 그들은 도로 가장자리에서 VIP 차량이 자유롭게 달릴 수 있도록 이따금 신중하게 원거리 조작으로 신호등을 통제한다. 그리고 리무진을 향해 경례를 올린다. 이 '꽃들'은 아직도 관광객들에게 가장 인기 있는 사진 모티프인데, 런던의 높은 모자 붉은 제복 근위병들처럼, 그들은 이런 주목을 당당하고도 굳건히 견딘다.

20년 전만 해도 북한 거리에서 만나는 대부분의 승용차는 전형적인 간부용 메르세데스 벤츠였다. 온갖 연식과 배기관을 볼 수 있었다. 심지어는 '벤츠 190er'의 북한제 모조품인 '평양 2000'을 교차로에서 한 번 본 적도 있다.

낡은 차량들은 오늘날에도 시내를 돌아다니고, 엘리트들은 다른 독재국가의 엘리트층과 비슷하게 독일 브랜드에 대한 사랑을 변함없이 간직하고 있다. 심지어는 미제인 허머 자동차도 더러 보이고, 지난 몇 년 동안 중국에서 생산된 폴크스바겐과 아우디도 점점 더 많이 보인다. 하지만 가장 빈번히 보이는 것은, 약자 PMC와 나란히 하얀 비둘기 두 마리를 로고로 쓰는 '평화자동차회사'의 자동차들이다.

평양 남쪽 남포에서 생산하고 독자적인 인터넷사이트까지 운영하는 이 회사의 제품 중 가장 널리 퍼져 있는 것은 '휘파람'이다. 벌써 세 번째 모델 계열까지 출시했다. 몇 년 전부터는 생산을 중단하고 중국에서 생산된 자동차에 평화자동차 로고만 붙인다는 소문도 있긴 하다. 특히 눈에 들어오는 것은 '뻐꾸기'다. 이런 터무니없는 모델 명칭은 유럽 시장에서는 거의 구매욕을 자극하지 않을 것 같지만 자동차 자체는 아주 볼만하다. 사륜구동 SUV 차량인데, 멀리서 보면 메르세데스 GLS의 축소형처럼 보인다. '준마'는 조금 오래된 메르세데스 S클래스와 상당히 비슷하다. '삼천리' 마크의 소형버스도 매우 자주 보인다('3,000리'란 한반도를 가리키는 말).

잠깐. 소달구지와 장작기화기 화물차, 고색창연한 트랙터와 거의

▽
평양 밖에서 승용차는 드물다. 동해의 항구도시 청진에서 평화자동차회사의
사륜구동 SUV '뻐꾸기'가 보인다.

있지도 않은 도로를 가진 북한 사람들, 이 북한 사람들이 현대적인 자동차를 만든다고? 적어도 그런 척한다고? 이게 서로 잘 들어맞는 말인가?

답변은 나라 밖에 있다. 평화자동차회사는 공연히 이름에 '평화'를 넣은 것이 아니다. 이것은 남한에 본부를 둔 통일교와의 관련을 암시한다. 통일교는 창시자의 이름을 따서 이따금 문-종파라고 불리기도 하는데, 스포츠경기장에서 열리는 신도들의 합동결혼식으로 유명하다. 교회의 수장이 고른 사람들이 결혼식 당일에 서로 처음으로 만나서 식을 올리는 것이다. 1920년에 오늘날 북한 지역에서 태어난 문선명 목사는 1991년에 다름 아닌 김일성 주석을 직접 만났다. 북한에서 그것은 많은 것을 가능케 만드는 작위수여나 마찬가지다. 이 만남에서 오늘날의 합작벤처 기업 평화자동차회사가 생겨나 2002년부터 우선 수입된 피아트-시에나 부품을 조립하기 시작했다. 중국산 부품들이 뒤를 따랐다. 2011년에 생산의 정점에 도달했을 때는 거의 2,000대의 자동차가 조립되었다. 몇 년 전 남한 측 파트너가 이 합작벤처에서 물러난 이후 위성사진으로 보면 공장은 약한 불길만 겨우 피우고 있다.

북한에서 이 자동차들을 광고하는 최초의 초대형 광고판이 나타났을 때, 북한 관찰자들 사이에는 엄청난 반향이 일어났다. 광고판 하나는 평양역 앞이라는 특별한 장소에 걸렸다. 그때까지 이 나라는 거의 광고 청정지대였다. 하지만 애국적인 슬로건들이—이를테면 남북한의 통일을 상징하는 "백두에서 한라까지"라든가 낙관적인 "미래를 향해 나아가자" 등—의구심을 품은 사람들을 설득했던 모양이다. 아니면 지도자가 광고를 재가했든지. 누가 알겠는가.

북한 사람들은 자기들이 일본제나 독일제 자동차를 선호한다는 것을 나한테 감추려고 했다. 도로와 날씨의 사정으로 인해 끔찍하게 혹사당하는 자동차의 품질은 아직 개선의 여지가 있다. 그래도 여전히 비교가치가 중요하다. 어쨌든 옛날 동독 자동차인 트라비나 바르트부르크와 비교해보면 평화자동차의 차들은 매우 훌륭해 보인다.

자동차 운전은―자전거와는 달리―주로 남자들의 일인 것 같다. 예술전시장에 걸린 유화에는 여성들이 푸른색 멜빵바지를 입고 당당히 들판에서 트랙터를 운전하는 모습이 자주 보이지만, 나는 북한의 진짜 택시, 화물차, 버스의 운전석에서 지금까지는 오로지 남자들만을 보았다.

특히 평양에서 급유소가 그새 점점 많아졌다. 이는 남한의 '주유소'와는 달리 '연유판매소'라는 이름이다. 이것은 남한과 북한에서 서로 다른 호칭이 쓰이는 수많은 예들의 하나이다.

택시: 경쟁 만세

불과 몇 년 전부터 북한 거리에서 택시들이 돌아다닌다. 전에도 전화로 자동차를 부를 수는 있었지만 수도 전체에 택시 수는 적었고, 대개 외국인만 이용했다. 요새 평양에는 거의 어디에나 택시가 있으며, 대개는 지붕에 친숙한 택시 간판을 달고 있다. 몇몇 택시들의 경우 한국어로만 '택시'라고 적혀 있다. 그러니까 이 차량의 운영자는 오로지 내국인만을 고객으로 여긴다.

분명 서로 경쟁하는 여러 개의 택시회사가 존재한다는 것이 특별
하다. 2017년 현재의 상황으로는 서로 다른 자동차 색깔로 구별할
수 있는 총 여섯 개의 택시회사가 있다. 연푸른 은색 택시는 고려항
공사가 운영한다. 붉은색과 황금색 택시는 KKG라는 문구를 달고 있
는데, 이는 홍콩의 파트너와 합작벤처를 하는 한국금강그룹Korea
Kumgang Group 소속이다. 〈파이낸셜 타임스Financial Times〉의 보도에 따
르면 이 그룹은 돈세탁을 했다는 비난을 받고 있다. 마식령스키리조
트도 택시 사업을 하는 것으로 보인다. 검은색과 노란색 체크무늬의
청동색 자동차들이다.

2013년에 느닷없이 BYDBuild Your Dreams라는 마크를 단 신형 택시
80대가 중국에서 수입되었고, 덕분에 '베이징택시'라는 별명을 얻었
다. 이후 BYD 로고는 북한 서체 '대동강'으로 대체되었다. 이 택시는
중국에서 사용하는 '빈 차' 또는 '사용중' 표시와 동일한 기계장치—
붉은 판을 올렸다 아래로 꺾었다 하는 것— 를 갖추었는데, 북한에서
는 한국어로 '빈 차' 표시만 나온다. 낡은 볼보와 소련제 볼가, 샛노
란 말레이시아산 프로톤 위라 또는 다양한 중국산 자동차들도 택시
업계에 등장했다.

모든 택시의 앞쪽 오른편에 운전사 이름과 면허번호, 업체 전화번
호가 적힌 한국어 스티커가 붙어 있다. 규칙은 이렇다. 금연, 신발을
벗지 말 것, 택시에 물건을 놓고 내리지 말 것, 내부 시설을 조심스럽
게 다룰 것 등.

서비스는 24시간 제공된다는 것을 읽을 수 있다. 휴일에도 마찬가

▽

대도시에서는 어디서나 택시를 볼 수 있다. 평양에서는 특히 택시회사들의
경쟁이 치열하다. 이 사진에서 서로 다른 네 개 회사의 차량이 보인다.

지고 심지어 장거리도 가능하다.

요금은 공식환율에 따라 지불한다. 1킬로미터당 낮에는 49외화원, 밤에는 98외화원이니 결코 싼 가격은 아니다. 그런데도 점점 더 많은 사람들이 택시를 이용한다. 외국인들도 택시를 이용할 수 있지만 한국어 능력이 있어야 하고, 시내에서 자유롭게 움직일 수 있는 허가증이 있어야 한다. 관광객에게는 주어지지 않는 것들이다. 하지만 서로 말이 잘 통한다면 가이드 한 명과 함께 지루한 단체 저녁식사에서 빠져나와 단거리 드라이브를 시도해볼 수 있다.

자동차번호판에 관한 몇 가지 지식

지도자 사진이 들어간 다양한 배지 외에 자동차번호판도 북한 여행자들이 특별히 관심을 갖는 물건에 속한다. 심지어 이에 대한 위키피디아 페이지도 있다. 번호판에 대해 적어도 주요 내용만이라도 알아두면 해로울 건 없다. 그러면 경우에 따라 외교관과 접촉할 수도 있고, 언제나 즉시 알아보기 어려운 군용자동차를 실수로 촬영하는 일을 피할 수도 있다. 2016년 색상 코드에 상당한 변화가 있었다.

푸른색 북한에서 대부분의 자동차번호판은 2016년까지 흰 바탕에 검은 글씨로 되어 있었다. 그러다가 중국을 모방해 푸른색-흰색 배합으로 바뀌었다. 맨 먼저 도의 이름, 도시(개성의 경우)나 도시구역(평양의 경우), 이어서 숫자조합이 나온다. 버스와 관용차 등 국가 소유 자동차들은 푸른색-흰색 번호판을 달고 있다. 가운뎃줄로 나뉜 숫자조합에서 앞부분은 통상 자동차의 특성을 나타낸다. 01이 붙은 자동차는 당 소속이다. 푸른색-흰색 번호판에 지역명이 없는 것들도 있다. 이는 원칙적으로 '중요한' 등급에 속한다.

검정색　군용차량들은 예나 지금이나 검정 바탕에 흰색 글씨로 되어 있다. 흔히 숫자조합으로만 구성되며 글자는 없다. 올리브색 화물차만이 아니라 완전히 민간용으로 보이는 군용차량도 있다. 이유는 북한의 군대가 사회 전체에 스며들어 있기 때문이다. 군대는 예를 들어 식당을 운영하거나 바닥타일을 생산하는 독자적인 경제기업체를 소유하고 있다.

녹색　개인 소유 자동차들은 녹색 번호판에 흰색 글씨를 쓴다. '개인용'이란 뜻이 명료하지가 않다. 자동차는 자주 기업 소속이지만 개인이 이용한다. 이런 차의 번호판은 전에는 노란색이었다.

빨강　외교관 차량은 붉은 번호판에 흰색 글씨로 알아볼 수 있다. 한국어로 '외'라고 적혀 있고 이어서 번호가 나온다. 전에는 푸른색이었다.

노랑　외국 기업과 투자자, 그리고 합작벤처 기업과 투자자의 자동차는 노란 번호판에 검은 글자를 쓴다.

북한에는 상징성이 높은 몇몇 숫자조합들이 있다. 2-16(김정일의 생일)이나 4-15(김일성의 생일) 등이다. 심지어 담배 상표 이름마저도 그런 숫자조합에서 따왔다. 예컨대 7-27은 북한이 내부에서 선전하는 1953년 한국전에서 승리한 날짜다. 번호판에 그런 숫자조합이 나타난다면 자동차는 지도자의 선물 또는 지도자 생일을 계기로 받은 선물이다. 흰 바탕에 붉은 별도 특별한 지위를 나타낸다.

이 정도 일별로 충분할 것이다. 북한 상황에 대한 상당히 정밀한 지식으로 당신은 가이드들이 얼마나 많은 것을 알려줄 각오가 되어 있는지를 테스트해볼 수 있다.

철도와 비행기: 간단한 운행 시간표

평양 근처 순안공항의 국제선 시간표는 간단하다. 2017년 2월 현재 1주일에 세 번(화, 목, 토) 고려항공 비행기가 평양과 베이징을 오간다. 수요일과 목요일에는 선양으로 비행했다가 같은 날 돌아온다. 목요일과 일요일에는 상하이로 갔다가 금요일과 월요일에 돌아온다. 월요일과 금요일에는 블라디보스토크에 갔다가 돌아온다. 북한 동북쪽의 어랑으로 가는 비행기는 화요일과 금요일에 왕복한다. 그게 전부다.

평양에서 동북쪽으로, 예컨대 거룩한 백두산이나 청진으로 가는 여행은 여러 날이 걸리는 300~400킬로미터의 여정 대신 비행기를 탈 생각이라면 국내선을 타야 한다. 그러려면 반드시 보험사와 미리 이야기해두어야 한다. 내가 함께 일하는 여행업체 한 군데는 보험이 없다는 이유로 북한 국내선 비행의 제공을 거절했다. 나는 북한에서 국내선을 이용해보지 못했지만, 동북 해안의 어랑에서 평양까지의 비행을 매우 저렴한 1인당 80달러에(편도) 예약했다는 미국의 기독교 여행단을 만난 적이 있다.

북한은 현재 공항 인프라 설비를 확장하고 있다. 보통 이전의 군용 비행장을 민간용으로 바꾸는 방식으로 이루어진다. 이런 점에서 가장 유명한 것은 원산 근처의 갈마비행장인데, 이곳에서는 이따금 국제 방문객을 위한 공개 에어쇼가 열리기도 한다. 앞으로는 이런 식으로 새로운 지역에서 관광의 길이 열릴 수도 있다. 물론 서방 국가들은 북한이 관광업을 확장하려는 시도에 제재로 맞서고 있지만.

서방 관광객들도 국내 철도여행이 가능하다. 다만 여행속도가 느리니 참을성이 좀 필요하다. 평양에서 중국과의 국경선에 있는 신의주까지 227킬로미터를 열차로 가려면 네 시간 이상이 걸린다. 이 노선은 그나마 상대적으로 잘 정비된 노선이다. 나는 언젠가 평양에서 동쪽의 원산까지 170킬로미터를 가는 데 밤새 걸린 적도 있다.

이렇게 느린 데는 여러 원인이 있다. 북한의 철도망은 일제강점기에 건설되었는데, 한국전에서 심하게 파괴되었다가 보수되었지만 완전히 현대화되지 못했다. 버스를 타고 선로를 넘어갈 때 침목과 선로를 자세히 살펴보라. 심각한 마모가 맨눈으로도 보일 것이다. 이를 보수하려면 이 나라에서 사용 가능한 자원을 넘어서는 엄청난 출자금이 필요하다. 한 예로는 경제특구 라선의 40킬로미터 선로구간을 이웃한 러시아가 복구시켜준 일이 있다.

기차에서 보내야 하는 긴 시간과 연착의 위험, 그리고 중심지를 통과하는 버스여행보다 볼 것이 더 적다는 점 등으로 인해 이런 여행은 주로 열차 팬들에게나 어울리는 방식이다.

7

노동자천국에서의
쇼핑

　국민총생산이 연간 1인당 1,000유로 남짓으로 짐작되는, 그래
서 우리가 사회적 비애, 가난과 곤궁을 짐작하는 나라인 북한으
로 가면서 엄청난 쇼핑 가능성을 기대하는 관광객은 거의 없다
고 치자. 그렇다 해도 일단 여행을 하게 되면 어쨌든 뭐라도 사고
싶게 마련이다. 무엇이 있으며, 무엇을 사야 지출이 가치 있고,
어디서 그것을 찾아내고, 얼마나 지불하게 되나?

환율 미스터리

북한은 이따금 극히 평범한 사실들도 알아내기 어려운 나라다. 여행을 준비하는 중에도 이미 느끼지만 물론 여행하면서도 느낀다. 수많은 소문들이 어지럽게 돌아다니고, 언어장벽으로 인해 재빨리 오해로 바뀐다. 그것 말고도 이따금 규칙들이 바뀌는데, 그러면 당연히 더 많은 혼란이 생긴다. 낡은 정보와 새 정보를 구분할 수가 없기 때문이다. 화폐의 종류와 환율문제는 이런 주제에 속한다.

내가 처음으로 북한에 갔을 때는 총 세 종류의 지폐가 있었다. 하나는 오로지 내국인만을 위한 것이었다. 나머지 두 종류는 사회주의 국가에서 온 외국인과 자본주의 국가에서 온 외국인을 위한 것이었다. 이 화폐들은 서로 교환이 가능하지 않았고, 부당하게 '엉뚱한' 돈을 소유한 사람은 의심을 받았다. 이런 이유에서 우리 서양 학생들은 당시에 지하철을 타거나 거리에서 아이스크림을 사 먹기가 어려웠다. 그러려면 국내용 돈으로 지불해야 했으니까. 전혀 다른 세 종류의 돈이 있었다. '오색' 지폐, 붉은 지폐, 푸른 지폐의 원화였다.

오늘날은 조금 덜 복잡하지만 그래도 여전히 특이하다. 2002년부터는 지폐가 단 한 종류다. 외국인들은 원칙적으로는 가질 수 있지만, 실제로는 사용하기 어렵다. 그러니까 우리는 이 나라를 여행하고 매일 무언가를 사는데도 단 한 번도 국내 화폐를 볼 수가 없는 것이다. 여행자는 북한의 은행돈을 가지고 나갈 수도 없다. 적어도 이론적으로는 그렇다.

북한의 원, 국제적 약칭 KPW(Korean People's [Republic] Won, 조선민주주의인민공화국 원화)는 자유롭게 교환할 수 없다. 다른 말로 하면 세계 어디서도 다른 돈과 바꿀 수가 없다는 말이다. 북한 바깥에서는 오로지 인쇄된 종이일 뿐이다. 따라서 북한 사람들은 외국환, 곧 교환 가능한 화폐에 관심이 상당히 많다. 옛날 동독이나 동구권 국가들을 기억하는 사람은 당시 서방의 돈이 금값이었고, 개인이든 국가든 그것을 차지하려고 모든 짓, 그야말로 모든 짓을 다 했다는 것을 안다.

북한에서 적어도 국내에서는 국내 화폐를 외국환과 교환할 수 있다. 이 돈의 환율은 모두가 제한 없이 돈을 교환할 수 있다는 의미에서 공식적인 것은 아니지만, 흔히 말하는 암시장 가격도 아니다. 2013년 라선의 은행에서 컴퓨터로 작성한 게시문을 본 적이 있는데, 거기에는 1유로가 10,476원이라고 분명하게 적혀 있었다. 1달러는 7,992원이었다. 거기서 아무런 문제도 없이 5유로를 북한 돈으로 바꿀 수 있었다. 나와 말을 나눈 시장 아주머니들도 같은 환율을 사용했다. 또한 평양에서도 이를테면 광복거리의 새 백화점에서는 공식적으로 이런 환율로 환전해서 북한 돈으로 지불할 수가 있다. 2017년 2월에 환율은 1달러가 8,000원, 1유로는 8,300원이다. 주목할 만한 환율안정성을 보라. 유로화의 가치가 떨어진 것은 국제적 추세 탓이고, 달러는 거의 정확하게 2014년의 수준에 머물러 있다. 비록 특히 중국 측에서 강화된 제재로 인해, 가까운 시일 안에 달러화 환율이 상승할 수도 있겠지만 말이다.

그에 반해 외환으로 거래하는 가게나 호텔에서 무언가를 사고 싶다면 직접 각각의 외국환으로 지불한다. 유로, 미국 달러, 중국 위안, 일본 엔화 등이다. 상품 가격을 일일이 모든 외환으로 써 붙이는 수고를 피하려고, 또 환율에 따라 가격도 단기간에 변할 수 있기 때문에 북한 사람들은 어떤 방법을 이용하기로 결정했다. 실제로는 존재하지 않는 일종의 가상화폐를 도입한 것이다. 이것은 다양한 외국환들을 상호계산할 때 매우 쓸모가 있다. 이 환전인자를 흔히 부정확하게 공식환율이라고 부른다. 이따금 가격표에 분명하게 '외화원', 즉 외환계산을 위한 원이라고 표시되기도 한다.

이 체제에 따르면 2017년 현재 1달러는 대략 110원, 1유로는 115원 정도다. 외환가게의 가격은 다음과 같이 작동한다. 예를 들어 양각도호텔 숍에서 대동강맥주 한 병(660밀리리터)이 90원이라면 유럽인은 0.78유로를, 미국인은 0.82달러를 지불하면 된다. 이렇듯 낮은 가격을 보고 이것이 외화원으로 표시된 것임을 알아볼 수 있다.

외국인들이 이런 체계를 항상 이해하는 것은 아니다. 서양 관찰자들의 분석에서는 그야말로 사과와 배를 비교하는 일이 언제나 되풀이되곤 한다. 예를 들어 노점에서 에스키모 상표의 아이스크림을 사려고 하면 값은 2,000원까지 나간다. 이 가격을 호텔에 붙은 외화원 환율로 계산하면 아이스크림 하나가 거의 17유로에 달한다는 결론에 도달하게 된다. 보라, 그렇다면 우리는 여행 중 수많은 백만장자

어린이를 만나는 셈이다. 거의 모든 아이들이 손에 아이스크림을 쥐고 있으니. 북한에서는 흡연자도 부자임이 분명하다. 이 일회용 라이터는 5,000원이니, 그야말로 굉장하게도 43유로에 해당할 판이다.

물론 아이스크림은 국내 화폐로 지불되고 따라서 1:8,000 환율로 계산해야 하니, 17유로가 아니라 25센트가량이 된다. 현실의 화폐와 환율계산용 가상화폐라는 것을 분명히 깨닫고 나면 순식간에 알 수 있다. 또는 잠깐만 생각해본다면 배경지식이 없더라도 막대 달린 아이스크림이 17유로이거나 플라스틱 라이터가 43유로일 리가 없다. 물가 비싼 스위스에서도 그럴 리가 없으니 하물며 북한에서야.

물론 북한에 대해서라면 많은 사람이 온갖 헛소리를 믿을 각오가 되어 있는 것만 같다. 유감스럽게도 이것은 아예 북한에 가본 적도 없거나 가보았다 해도 그냥 호텔과 외환거래 가게만 오간 자칭 전문가들에게도 해당한다. 그러니 쉽사리 오류에 빠져든다.

이런 오해는 절대로 하찮은 문제가 아니다. 북한은 미국과 남한의 관점에서는 적국이다. 그 경제상태는 전략적으로 중요한 정보다. 이런 관점에서 가장 엄청난 오류는 이른바 초코파이에 관련된 것이었다. 초코파이란 마시멜로로 속을 채운 작은 과자인데, 개별 포장이 되어 있다. 이것은 온라인에서 0.42달러에 살 수 있고, 중국에서라면 약 0.10달러로 살 수 있다. 미국 CNN에 따르면 이 과자 한 개가 북한의 '암시장'에서 놀랍게도 10달러에 팔린다는 것이다. 사정이 어떻게 된 것인지 짐작할 수 있다. 하지만 미국 대통령 조지 W. 부시 George W. Bush의 옛날 자문관도 이런 헛소리를 자신의 회고록에서 언급했다. 2014년에 뉴욕에서는 심지어 '북한의 초코파이화The Choco

Pie-ization of North Korea'라는 제목의 전시회까지 열렸다.

초코파이에 이토록 주목하는 이유가 퍽 재미있다. 북한 땅인 개성
경제특구에 들어온 남한 공장주들은 대략 2005년부터 공장의 여성
노동자들에게 남한에서는 흔한 물질적 보상으로 동기부여를 하려고
했다. 이 경제협력은 2016년 3월에 남한이 일종의 경제적 보복조치
로서 문을 닫아버리면서 끝나고 말았다.

하지만 이 특구가 존재하던 당시에도 서로 다른 작업에 대해 통일
된 임금지불은 문젯거리였다. 북한의 임금은 계약에 의해 합의가 되
어 있었고, 노동자들에게 직접 지불되지 않았다. 그래서 남한 공장주
들은 대단한 근면에 대한 보상으로 작은 스낵들을 이용했고, 그중에
는 초코파이도 있었다. 이것은 집에 있는 꼬마들에게 선물하기에 딱
좋았다. 이거 참 좋은데, 공장주들은 이렇게 생각하고 초코파이를 대
량으로 나누어주기 시작했다. 인권활동가들이 퍼뜨린 설명으로는,
영양이 부족한 북한 여성들은 어차피 노동을 위한 충분한 에너지를
공급받지 못하는 상황이었다. 사정이야 어떻든 남한의 과자 생산업
체는 매우 기뻤다. 개성의 여성 노동자에게 하루 두 개씩 초코파이가
갔으니까. 그곳에서 5만 명의 여성 노동자가 1년에 330일 일한다면
이는 연간 3,000만 개를 의미했다.

그들이 이 과자를 즉석에서 모조리 먹지 않았다는 사실이 드러났
다. 최근 연구에 따르면 전국적으로 400개가 넘는 북한의 시장 곳곳
에 초코파이가 나타났던 것이다. 시장에서 초코파이는 대략 1,200원
에 팔렸다. 당시 통용되던 실질환율로 약 0.15달러에 해당한다. 외부
세계는 당시 상당히 잘 작동하던, 북한과의 접경지역 중국에 본부를

둔 정보원 네트워크를 통해 이 가격을 알게 되었다. 서양에서는 '1,200원'이라는 수치로 아무것도 알 수가 없으니 이것을 환율로 계산했다. 호텔에서 환율은 그야말로 명백히 적혀 있었고, 나머지는 간단했다. 산수만 해보아도 재빨리 답이 나오는데, 초코파이 하나가 북한에서 10달러가 된 것이다. 이런 수치의 황당함에 대해서는 거의 아무도 이상하게 여기지 않았던 것 같다.

2017년 2월에 나는 기쁘게도 향산의 청천강호텔에서 '파너 파이 Phaner Pie'라는 이름으로 포장지 모양까지 완벽한 베트남산(해적판?) 복제품을 보았다. 가격은 12개들이 한 상자에 5유로, 그러니까 개당 42센트였다. 이 또한 대단한 가격이지만 어쨌든 10달러는 아니다.

그러니까 북한에는 국내용 화폐가 있고, 그와 나란히 외국환과 교환되는, 그 가치가 가상의 외화원으로 표시되는 병행 화폐가 있다는 점을 확실히 해두자. 이것은 하나의 지폐를 다른 지폐와 교환할 수 있는 실질적으로 유일한 환율이고, 이미 말했듯이 환전도 가능하다.

병행 화폐로나마 외환이 존재한다는 것은 매우 발전된 현상으로, 예컨대 옛날 동독 정부는 그런 것의 근처에도 가본 적이 없다. 동독에도 외환거래 가게들이 있었고 많은 경우 서독 마르크가 남몰래 지불되었지만, 한 번도 정상적인 은행에서 동독 마르크를 당시 통용되던 암시장환율 5:1로 서독 마르크로 교환할 수가 없었다. 북한에서는 그것이 가능하다. 2014년 가을에 나는 라선의 '황금의 삼각주은행'에서 5유로짜리 지폐를 내고 5만 원을 받은 적이 있으며, 2017년 2월에 광복백화점에서 10유로를 내고 8만 3,000원을 받았다. 물론 강제 환전 같은 건 없다.

돈과 환율에 대해서는 아직 할 말이 많다. 예컨대 2009년 화폐개혁과 지폐의 정치적·이념적 상징성 같은 것이다. 하지만 이 책은 무엇보다도 실용적인 문제들을 다루고 있으니, 그에 대해서는 다시 나의 책《내부관점》을 보시라.

어떻게 쇼핑하나?

다시 실용적인 문제로 돌아가자. 북한에서, 예컨대 호텔에서 쇼핑은 어떻게 이루어지나? 돈을 내고 물건을 산다고? 꼭 그렇지는 않다. 다만 그런 서양식 관습이 점점 더 널리 퍼지고 있긴 하다.

전통적인, 그리고 아직도 많은 곳에서 관찰되는 과정은 구소련을 연상시킨다. 우선 구매자는 판매원에게 다가가서 원하는 물건을 고른다. 그러면 판매원은 종이쪽지를 구매자에게 주고, 구매자는 쪽지를 들고 따로 떨어져 있는 계산대 또는 창구로 간다. 그곳에서 돈을 내면 종이에 도장을 찍어주는데, 이 종이를 들고 판매원에게 돌아오면 이미 포장을 마친 상품을 종이와 바꿔준다.

노동공급 조치처럼 들리는 이 과정은 적지 않은 부수효과를 가진 것이니, 판매원들 중에서 극소수의 담당자만 직접 돈을 만질 수가 있다. "신뢰는 좋지만 통제는 더 좋다"는 레닌의 명언이 공연히 나온 게 아니다.

최근 북한에서 생겨난, 서양식으로 스스로 물건을 고르는 슈퍼마켓에서는 우리와 똑같이 자신의 쇼핑카트를 끌고 계산대로 가서 돈을 지불한다. 시장에서도 직접 돈을 내고 물건을 받는다.

무엇을 살 수 있나?

짧게 말하자면, 오늘날 북한에서는 돈으로 살 수 있는 것은 무엇이든 살 수가 있다. 소문에 따르면 마약과 육체적 사랑까지 포함된다고 한다. 하지만 여기서 조심해야겠다. 내 개인적 경험이 거기까지는 미치지 못하니까. 나는 떠돌아다니는 이야기들에 대해서는 언제나 조심한다. 북한은 지금 선전전쟁의 한가운데 있고, 따라서 온갖 수단과 방법을 가리지 않지만, 결국 진실이 가장 먼저 희생되는 곳이기 때문이다.

내가 아주 분명하게 확인해줄 수 있는 것은 온갖 종류의 수입산 과일들, TV부터 노트북까지 온갖 전자제품, 개당 5달러면 구입할 수 있는 짝퉁 샤넬 백, 냉장고와 세탁기, 건조기, 식기세척기, 전자레인지, 에어컨 등 각종 백색 가전제품이 있다는 것이다. 코니 상표의 뮤즐리 바는 한국어 가격표에 따르면, 맛에 따라 '딸기과자' 또는 '초코과자' 등의 이름으로 불린다. 광복백화점의 쇼핑 이야기를 할 때 이 문제로 돌아오기로 하자.

상품과 서비스의 공급이 구매력보다 크다는 것이 우리에게는 정상으로 보이지만, 전통적인 사회주의 나라에서는 절대 그렇지가 않으며, 지난 시절 북한에서도 그렇지 않았다. 전에는 지속적인 결핍이 지배했다. 사람들은 돈이 많아도 쓸 데가 없었다.

북한의 극적인 변화를 보여주기 위해 나의 책《내부관점》에 이미
인용한 예를 다시 들고 싶다. 1991년 평양에서 나는 커피잔 하나를
사고 싶었는데, 그런 잔들을 100개쯤 피라미드로 쌓아놓고도 내게
팔기를 거절했다. 그 상품이 장식용이었기 때문이다. 당시 판매는 전
혀 이익을 가져오지 않았다. 어차피 국가에서 급여를 정해놓았기 때
문이다. 그러니 물건을 팔았다가는 일거리와 문제만 만들어낼 뿐이
었다. 이 결핍경제 한가운데서 진열대에 쌓아올릴 물건을 대체 어떻
게 구한단 말인가?

오늘날 여행자는 전혀 다른 인상을 받는다. 도처에서 판매가 이루
어지고 있으며, 가능하면 할인판매, 광고, 거짓 친절까지 동원된다.
우리와 똑같은데, 다만 지역적 특수성이 가미된 정도다.

이런 변화는 부분적으로는 1990년대 중반 기근 이후의 상황으로
인해 북한에 억지로 도입된 조심스러운 시장경제 방식의 결과다. 너
무 쾌감을 느끼지는 마시라. 북한은 여전히 근본적으로는 계획경제
를 지키고 있다. 하지만 돈이 점점 더 제 할 일을 제대로 한다.

그러면서 자주 현실에 대해, 이를테면 매우 실용적인 태도가 나타
난다. 평양에서 '기념품판매점'이라는 이름을 달고 있는 가게에서 손
으로 쓴 플래카드를 본 적이 있는데, 한글로 "새 냉장고 들어옴"을 알
리고 있었다. 관광객에게 냉장고를 팔아 귀국길에 들려 보내기란 비
현실적인 일이고, 게다가 광고가 한글로 쓰였으니 외국인에게 이런
기막힌 기회가 주어질 리 없었다. 이 가게는 분명 기념품판매 허가를
받았지만 주변 사람들이 냉장고를 사고 싶어한다는 사실을 알아챘
고, 따라서 사업적인 방식으로 반응한 것이다. 우리에게는 정상적인

일이지만, 북한에서는 수십 년 넘게 생각할 수도 없었던 일이다.

하지만 아무도 이 나라에서 전형적인 기념품을 사지는 않을 것이다. 북한에서 서양 관광객이 기꺼이 사고 싶어하는 물건들로는 우표, 우편엽서, 플래카드 등 온갖 종류의 선전물, 그리고 도자기와 전통상품들이 있다. 민족적 모티프를 담은 비단자수 제품은 북한에서 매우 높이 평가된다.

우편엽서는 선전술의 값싼 변이형태인데, 여기서는 워싱턴의 백악관 파괴를 다양하게 묘사한 것이 특별히 인기가 있어 보인다. 또한 호전적인 자세의 병사들, 그리고 그들의 복지상태로 보면 쇼맨십이 틀림없는 만족감에 찬 영웅적인 표정의 행복한 농부 아낙네들과 노동자들이 그려진 것들도 인기가 있다. 하지만 안전을 위해 거기 적힌 구호들을 번역해달라고 하시라. 그러면 당신은 정확히 무어라고 쓰인 우편엽서를 보내는지 또는 선물하는지 알게 될 것이다. 그리고 모든 사람이 아이러니를 이해하는 것도 아니다. 내 동료 한 사람은 자기가 모은 북한 선전 모티프 수집품을 인터넷에 올렸다가 반미 책동을 한다고 엄중한 질책을 받았다.

우표는 분명 특별한 것이다. 상당한 비용을 들여 생산되어 자주 세트로 또는 브로슈어와 함께 판매된다. 기대되는 모티프는 물론 지도자들이다. 그중에서도 내가 좋아하는 모티프는 김정은과 그 아버지 김정일이 각기 파카를 입은 채 잿빛 블록이 깔린 광장에 서 있는 모습이다. 레이디 다이애나와 찰스 왕세자의 결혼식 시리즈 우표는 분명 예상치 못한 모티프인데, 서방 관광객 사이에서는 놀라움의 단계에서도 맨 꼭대기에 올라간다.

북한에는 매우 재능 있는 화가들이 다수 있다. 이들은 한국 양식으로 수묵화(조선화) 또는 유화를 그린다. 이들 중에 가장 뛰어난 사람들은 '인민예술가' 호칭을 얻는다. 1998년에서 2008년까지 남한과 북한의 정치적 해빙기에는, 남한에서 북한 예술품 투기시장이 발달했었다. 지난 기간 이런 것은 물론 중단되었지만 이미 작고한 정창모 같은 화가들의 작품으로 한국 사람들이 진짜 가치투자를 한다는 것만은 분명하다. 나는 그보다는 취향에 따라 그림을 사는데 언제나 무언가를 찾아낸다. 아니, 키치나 사회주의적 사실주의 작품 말고, 위대한 대가의 솜씨로 그려진 표현력 풍부한 작품들 말이다. 북한의 절에서 불교의 핵심 상징인 연꽃을 바라보던 스님이 내게 무어라고 말했던가? 더러운 연못에서도 정말 아름다운 것이 자랄 수 있단다.

북한의 옷은 선물로도 점점 더 인기가 높아지고 있다. 특히 이 나라에 고유한 남성복은 기성품을 살 수도 있지만 양복을 맞추는 게 더 낫다. 나는 아는 사람을 따라 이발소에도 가보았다. 걱정 마시라. 묻지도 않고 김정은 헤어스타일로 만들까봐 두려워할 필요는 없다.

외국인은 지도자 초상화가 그려진 배지를 돈 내고 살 수는 없다. 그렇다고 김일성, 김정일, 김정은의 초상화를 집으로 가져가지 못한다는 뜻은 아니다. 서점이나 우표가게에는 특별한 일을 기념하는 별쇄 우표들이 있고, 나아가 여러 언어로 나온 김씨 일가의 다양한 책들에는 대개 초상화가 붙어 있다. 지도자 초상화를 접거나, 커피를 쏟거나, 심지어 포장지로 사용하는 것은 최악의 무례함으로 취급된다.

값싼 음식, 값비싼 예술품: 가격은?

물론 북한에서의 쇼핑이 절대로 저렴한 것은 아니다. 바나나, 도수 높은 술, 전자제품 등 수입제품이야 비싼 게 당연하다. 심지어는 독일보다 더 비쌀 때도 있다. 경제제재 때문에 가격이 올라가기 때문이다. 그 밖에도 새로운 사업가—대부분 여성— 들은 우리의 구매력이 크고, 우리가 가격을 제대로 평가하지 못한다는 사실을 재빨리 알아차렸다. 그러므로 조심하라. 이따금 당신은 이 물건 혹은 저 물건의 가격이 고향에서는 얼마인가 하는 질문을 받는다. 당신이 조용히 사실대로 답변하면, 다음번 외국인에게는 정확하게 그 가격이 제시된다는 사실을 분명히 알아두시라.

북한에서 상대적으로 값싸게 구할 수 있는 것은 보통때의 식사와 음료다. 다행히도 사람들은 외국 손님들이 자유롭게 돌아다니지 못한다는 사실을 깨닫지 못했다. 예를 들어 보통은 물을 사러 갈 수도 없다. 그런데 물은 버스에서 공짜로 나눠준다. 다른 나라에서는 통상 1~2유로를 받고 제공하건만. 평양의 호텔 숍이나 청진의 선원클럽에서 맥주 한 병을 1유로도 안 되는 가격으로 구할 수 있고, 저녁에 방금 따른 생맥주도 대체로 3유로도 안 된다. 평양의 락원식당에서는 생맥주 500밀리리터를 놀랍게도 60유로센트에 받은 적이 있고, 라선의 체코 비어바도 비슷했다. 식당의 음식들은 2~5유로, 피자는 대략 7유로면 된다. 이는 2017년의 가격이다. 북한에서도 점차 인플레이션이라 부르는 것이 알려지고, 따라서 가격도 점차 오르고 있다.

예술품에는 상당한 가격을 지불해야 한다. 내가 북한에서 산 가장

▽
주석 사진이 들어간 배지와 잔에 적힌 '대동강맥주'라는 상표를 통해서만
이 사내가 생맥주를 따르는 곳이 북한임을 알 수 있다.

비싼 그림은 400유로였는데, 가격대는 계속 올라가서 유명한 예술가의 그림은 한 장에 수천 유로나 나간다. 적어도 이런 물건은 둘둘 말아서 가져올 수나 있지. 큰 꽃병이나 나무를 깎아 만든 호랑이 등은 운송이 어려울 수도 있다. 개성에서 작고 아름다운 수채화를 대략 5유로에 구할 수 있다. 비단자수는 30유로 이상이다. 겨울철 백두산 천지를 그린 약 1미터 너비의 수채화를 나는 60유로에서 값을 깎아 50유로로 구할 수 있었다.

북한에서는 유감스럽게도 유럽에서 우리가 현재 콘서트, 오페라 또는 그 비슷한 공연을 위해 지불하는 돈을 이미 오래전에 받았다. 2015년까지 5·1경기장에서 1만 명 이상을 동원하여 공연되던 아리랑축전의 티켓 한 장이 외국인들에게는 상당한 가격인 80에서 150유로까지 나갔던 것을 달리는 설명할 수가 없다. 대신 무대 가운데 푸른색 벨벳이 덮인 탁자에 앉을 수 있었다. 아리랑축전을 현재는 볼 수가 없다. 공연은 당분간 중단되었다. 외국 손님들이 평양의 두 서커스 중 하나를 방문하는 것은 가능하다. 나와 함께 온 단체가 1인당 20~30유로를 내고 서커스 공연을 감상하는 동안, 나는 이를 휴식시간으로 삼아 잠깐 북한 사람들과 이야기를 나누곤 한다.

북한에서 길거리 아이스크림의 즐거움을 포기할 수는 없다. 여성 판매원의 기분과 장소에 따라 1위안이나 2위안에 살 수 있다. 많아 봐야 25유로센트다. 에스키모 아이스크림은 공장에서 생산된 것으로, 전혀 문제 없는 맛이다. 계란과 오이로 속을 채우고 겉을 김으로만 쌀밥롤인 김밥은 판매대에서 한 줄에 2위안, 역시 25유로센트다. 앞서도 말했듯이 김밥은 매우 인기가 있는 패스트푸드이고, 유럽인

▽
전형적인 노점상들. 군인들은 무심히 지켜본다. 앞쪽 왼편 여성은 2월 영하
의 날씨에도 '에스키모' 아이스크림을 판다. 저 뒤편에 정규 시장이 있는 듯
하다.

의 입맛에도 아주 잘 맞는다.

길거리에서 이따금 과일도 파는데, 가격은 위치에 따라 심하게 차이가 난다. 평양 대성산 유원지에서는 바나나 한 개가 10위안(약 1.5유로)에 팔린다. 같은 돈으로 라선의 시장에서 북한 사람이라면 1킬로그램의 바나나를 살 수 있다.

북한에서 가격 정보는 얻기가 어렵고 많은 여행자들이 관심을 갖기 때문에 몇 가지 예를 상세히 들겠다. 그렇게까지 정확하게 알고 싶지 않다면 이 단락을 그냥 넘기기 바란다.

평양의 슈퍼마켓에서 파인애플 한 개가 3유로, 오렌지 1킬로그램도 역시 3유로다. 아몬드 1킬로는 16유로. 포도 1킬로는 시장에서 대략 4유로다. 심지어 독일의 본듀엘 골트마이스 옥수수통조림도 있다. 작은 통조림 가격이 2.5유로. 시장에서 사과 두 개가 2.5위안, 곧 40유로센트인 것을 본 적이 있고, 오이 한 개는 50유로센트였다. 시장에서 대략 쌀 1킬로그램을 살 수 있는 가격인데, 물론 계절에 따라 가격차가 심하다.

북한의 가게들은 상당히 다양한 도수 높은 술을 파는데, 이들은 철저히 제 가격을 다 받는다. 조니워커 레드라벨 한 병은 전에는 25유로 하더니 2016년에는 56유로가 되었다. 같은 해 고든 드라이진 한 병은 25유로였으니 유럽의 두 배 가격이다. 일본산 싱글몰트인 니카 위스키는 100유로로, 유럽의 가격에 근접한다. 여전히 돈이 남아도는 사람은 헤네시 XO 한 병을 500유로에 구입할 수 있고, 같은 상표의 VSOP만 해도 160유로나 한다. 유럽보다 몇 배나 비싼 가격으로, 분명 경제제재가 특히 코냑에 반영되어 가격을 올린 것이다. 어쩌면

▽
전국 어디서나 물건을 파는 여성 노점상들을 볼 수 있다. 이 사진은 평양 북쪽
의 풍경. 가판대는 지난 몇 년 사이 더 커지고 견고해졌다. 상품도 많아졌다.

바카디 레몬 한 병을 37유로에 사는 쪽이 나을지도 모른다. 아니면 차라리 술을 끊든가. 어쨌든 이건 유럽보다 싸다. 그래서 나는 중국 국경 근처 지방에서 레미 마르탱 XO를 중국 돈 300위안에 샀다. 이는 40유로 남짓, 독일 가격의 3분의 1 수준이다. 그것이 진짜인지 아니면 짝퉁인지는 알아서 판단해야 한다.

북한에서 담배는 매우 인기가 있다. 심지어 김정은도 자주 담배 피우는 모습을 보인다. 북한 담배 열 갑이 시장에서 대략 130위안, 20유로 정도에 팔리는 것을 본 적이 있다. '메이드 인 차이나'의 노란 카멜은 열 갑에 거의 두 배인 약 35유로이다. 나는 담배를 피우지 않으니 그 질을 평할 수는 없다. 북한 사람들 말로는 자기들은 서양에서 수입된 담배를 중국에서 만든 같은 상표의 '값싼' 유사품보다 훨씬 더 좋아한단다. 특히 베이징공항에서 상대적으로 싼값에 구입할 수 있는 붉은색-흰색 말보로는 인기가 없다. 어떤 북한 사람이 이 물건은 정말로 구역질난다는 듯이 내게 불만을 털어놓은 적이 있다. 누군가가 서방의 어떤 여행안내서에 이 담배가 북한에서 아주 인기가 있다고 썼다는 것이다. "그 뒤로 사람들이 이 물건을 우리한테 가져오는데, 맛이 정말 끔찍해요!" 특별요령이라는 게 자주 이런 식이다.

과자 종류는 상대적으로 적다. 사탕은 한 봉지에 70센트, 만수대 아파트 근처 노벨카페에서는 독일산 코니뮤슬리 바 여섯 개가 4유로, 티라미수 한 조각이 2유로, 크루아상은 60유로센트. 말레이시아 또는 싱가포르산 완성커피인 포카 커피 한 개가 60유로센트.

관광객은 이따금 이 나라의 지도자에게 '존경심'을 표시하라는 요청을 받는다. 이것은 인기가 없는 절을 포함할 뿐만 아니라, 미리 꽃을 사서 기념비에 놓으라는 말이다. 꽃값은 지난 몇 년 동안 꾸준히 올랐는데, 이는 여러모로 불쾌한 일이다. 우선 기념비 앞에 헌화하라는 요청을 아무한테나 할 일은 분명 아니다. 게다가 관광객이 떠나자마자 이 꽃이 도로 수거되어 다시 팔릴 거라는 의심을 지울 수가 없다.

북한이 지난 몇 년 동안 점점 더 공격적으로 관광객의 호주머니를 털려고 한다는 점이 눈에 보인다. 이는 물론 북한에 한정된 경험은 아니지만 경제제재로 인해 외국인과 연관된 모든 사람에게 외환을 벌어들이라는 국가의 압력이 매우 커졌으리라는 합당한 추측을 내놓을 수 있다. 물론 그걸 안다고 해도 이런 일들이 편하지는 않다.

회령의 호텔에서 여종원업들이 저녁식사에 노래와 춤 공연을 해주겠노라며 자그마치 500위안을 제안한 것은 그야말로 찬란한 예다. 500위안이라면 70유로인데, 이것은 경제특구 라선에서도 바느질하는 여인이 1주일에 6일을 한 달 동안 꼬박 일해야 벌 수 있는 돈이다. 물론 이 경우는 고맙다고 말하고 거절할 수가 있다. 청진제철소 유치원 방문에는 상당히 인상적이라는 공연이 여행일정에 미리 포함되어 있다. 그러니까 피할 수가 없다는 말이다. 여기서 안내원은 아이들에게 줄 사탕을 사려는 것이라면서 200위안을 받아낸다. 물론 정말로 아이들에게 사탕을 사주었는지 확인할 길은 없다.

어디서 쇼핑하나?

관광객이 쇼핑할 수 있는 곳은 엄격히 제한된 행동자유와 외환문제 덕에 파악하기가 쉬운 편이다. 가장 쉽게는 호텔에서 물건을 살 수 있다. 호텔은 관광객을 위해 유럽의 길모퉁이 가게 규모의 물품을 갖추고 있다. 화장품, 스낵, 술 또는 음료. 까다롭게 고를 수는 없다.

두 번째로는 서점과 우표가게들이다. 주로 호텔 안 아니면 관광지 근처에 있다. 물품은 대체로 비슷하다. 영어, 독일어, 러시아어, 스페인어 등 여러 서양어 책과 브로슈어. 피할 길 없는 지도자들의 서적, 사전 또는 법전이나 헌법서 등의 유용한 물건들이다. 'maid in DPRK'라고 찍힌, 문화적 내용이 담긴 CD, DVD 등도 있다.

관광객들이 잘 알아채지 못하는 것은 이런 출판물을 팔 때면 직원이 설문지를 작성한다는 사실이다. 여행단 이름, 물건을 반입하는 나라, 구입 목적, 출판물의 종류, 취득 시간 등을 적는다. 관청이 이걸로 무얼 하는지는 설문지를 고안한 사람만이 알 것이다.

서점에서는 그림도 판다. 수채화, 유화, 비단자수, 돌가루를 이용한 그림이나 다양한 자연물을 이용한 작품들이다. 전통적인 물건을 찾는 사람은 수채화가 괜찮을 것이다. 특히 가격이 싸고 운반이 쉬우니까.

예술품만 전문으로 취급하는 상점도 있다. 평양에는 당창건사적관 뒤에 있고, 만수대창작사에도 있다. 라선에는 중앙광장 북쪽에 있다. 널찍하게 자리 잡은 기념품가게도 빠질 수 없다. 여기서는 앞에 말한 물품들과 나란히 인삼 제품, 보석류, 직물, 작은 장신구, 전자기기, 공예품 등을 판다. 가이드들이 당신을 그리로 데려갈 것이다.

북한 사람들이 매일 물건을 사는 장소에 서양 사람들이 보통은 접근할 수 없다는 것이 매우 유감이다.

▽
모든 상인들이 허가증을 가진 것은 아니다. 평양 한복판에서 불법으로 장난
감을 팔고 있는 모습. 이익에 대한 희망이 관청에 대한 두려움보다 더욱 강해
보인다.

223

나는 평양과 그 외 지역에서 몇 번 시장에 가볼 기회가 있었는데, 거기엔 기필코 감추어야 할 것은 아무것도 없다. 여기서 시장이란 국경선에 임의로 생겨난, 땅바닥에 물건들을 늘어놓고 파는 데를 말하는 게 아니다. 그런 곳도 있기는 하지만, 건물을 갖춘 수많은 정규 시장이 있다. 그 안에 깨끗하고 규칙적으로 열을 지은 판매대들이 늘어서 있다. 시장 아주머니들은 허가증을 갖고 있으며, 입구는 감시된다. 쌀 등 국가가 가격 상한선을 정해둔 품목 말고는 값이 자유다. 하지만 쌀 가격도 시장마다 조금씩 다르다. 바쁘고 시끄럽고 왁자지껄한, 마침내 우리 눈에 자연스럽고 정상적으로 느껴지는 영역에서 북한 사람들을 보게 된다. 하지만 여행자라면 행운이 따라줘야 그런 시장을 방문할 수 있는데, 그곳—평양이나 라선의 통일로—에서도 사진은 엄격히 금지된다. 주로 중국 위안화를 쓰지만, 매일 바뀌는 환율로 환전한 북한 돈으로 지불할 수도 있다. 유로와 달러도 물론 환영이다.

쇼핑천국: 광복지구상업중심

얼마나 오래갈지 두고 봐야겠지만, 최근에 외국인에게도 평양 서부에 있는 백화점에서 쇼핑할 기회가 주어졌다. 이 백화점은 2012년에 준공되었는데, 김정일이 죽고 아들 김정은이 권력을 승계한 지 겨우 며칠 만의 일이었다. 2011년 12월 15일에도 아버지와 아들 두 사람은 이 새 건물에서 이른바 '현지지도'를 했다. 2층으로 올라가는 에스컬레이터 옆에 걸린 붉은색과 금색 플래카드 두 개가 그 사실을 상기시켜준다. 이런 현지지도는 김일성 시대 이후로 북한 지도부의 표준 방식 중 하나다. 대략 이런 식이다. 만사에 능통한 주석이 수행단을 이끌고 들어와서 벌벌 떠는 책임자한테서 짧은 설명을 듣는다. 제스처와 함께 몇 가지 지적을 하면 사람들이 받아적고, 주석은 다시 떠난다. 김정은은 이런 현지지도를 연간 140회 정도 한다.

2016년까지 백화점의 이름 '광복지구상업중심'은 한국어와 중국어로 정면부에 적혀 있었다. 2016년 이후로 외국인들도 이 백화점을 방문할 수 있게 되었다. 2017년 2월에 갔을 때는 중국어 간판이 사라진 점이 눈에 띄었다. 원래 합작벤처였던 백화점이 이제 완전히 북한 소유로 넘어간 것일까? 이런 정보는 비공식으로, 소문을 통해 불확실하게만 얻게 되는데, 그렇게 북한이 넘겨받는 것은 실은 중요한 일이다. 그에 반해 작게 인쇄된 가격표는 여전히 한국어와 중국어 두 언어로 되어 있다.

이 백화점이 누구 소유든, 여기서는 '진짜' 쇼핑을 할 수 있다. 북한 사람들은 여기서 물건을 산다. 보통은 새로운 중산층이다. 나머지 사람들은 이런 물건을 구입할 수가 없다. 이 중산층의 규모가 상당하다. 전국적으로 대략 300만 명으로 추산되는데, 대부분은 평양에 살고 있다. 백화점에 접근 제한이나 입구의 통제는 없고, 가장 중요한 것은 일상적인 북한 돈으로 물건을 산다는 점이다. 외화원을 동원해 달러나, 유로, 위안으로 사는 것이 아니다. 1층 뒤편에 있는 작은 환전소에서 현재 환율에 맞추어 환전을 하면, 처음으로 북한 돈을 손에 쥐게 된다. 2017년에는 미국 달러(1: 8,000), 유로(1: 8,300), 중국 위안(1: 1,100), 일본 엔(1:63)을 환전할 수 있었다. 현재 가장 고액권인 5,000원짜리 지폐에 김일성의 초상화가 없다는 점이 눈에 띈다. 소문에 따르면 1만 원권을 준비 중이라고 한다. 그렇다면 이 최고액 지폐에 다시, 늘 그랬듯이 건국자의 초상화가 등장할 것이다.

구석에는 이 백화점 안에서만 통용되는 고객할인카드 광고가 걸려 있다. 평양에도 플라스틱 카드는 드물지 않다. 지하철에서 오래전부터 카드를 썼고, 최초의 현금카드도 2004년 무렵부터 썼다. 하지만 특정한 백화점에서만 쓰는 할인카드는 흔치 않은데, 이는 중국의 영향을 드러낸다.

광복지구상업중심 건물은 3층 이상이고 따라서 그 구조와 공급되는 물품이 대략 우리 백화점과 비슷하다. 지층에는 서양식 기준에 맞는 슈퍼마켓이 있다. 사람들은 여기서 긴 진열대들 사이로 쇼핑카트를 밀고 다닌다. 진열대는 과일, 채소, 빵, 감자칩, 생선 등의 식품과 주류 및 음료, 프라이팬과 냄비 등의 주방도구, 각종 세제, 담배 등으로 가득 채워져 있다. 흰쌀만 없다.

가격대와 그 맥락을 어느 정도 알 수 있도록 여기서 몇 가지 물품 가격을 나열하기로 한다. 이것은 유럽에서 가져온 선물이 얼마나 환영받고, 또 가치가 있는지를 가늠하는 데도 도움이 된다. 그러나 좀 지루해질 수도 있으니, 그 경우에는 그냥 다음 단락으로 건너뛸 것.

올리브오일 한 병은 당당하게도 7만 9,000원(10유로), 다양한 채소 및 곡물이 섞인 쌀 1킬로그램은 1만 3,000원(1.6유로), 돼지고기 1킬로그램은 상당히 싼 1만 5,400원(2유로)에 살 수 있다. 과일로는 사과, 배, 귤, 참외 등이 있다. 파인애플과 바나나도 냉장진열대에 있

다. 사과 1킬로그램은 5,500원(70센트), 감자 1킬로그램은 2,100원
(25센트). 유럽에서처럼 과일은 전자저울에 달아 가격표를 붙인다.

한국의 대표 술인 소주 진열대에는 서로 다른 상표의 소주 열두어
종이 길게 늘어서 있다. 가장 싼 것은 2,500원, 비싼 것은 1만 5,000
원까지 한다. 우유는 파인애플 맛과 딸기 맛이 있다. 맥주는 캔이나
병으로 구할 수 있다. 유명한 대동강맥주 작은 캔이 4,700원, 역시
북한산인 경흥맥주는 6,300원, 싱가포르에서 온 하이네켄 짝퉁 헬로
비어는 3,600원이다.

심지어는 치버트 상표의 바이스비어도 병당 4,600원에 팔린다. 계
산대에서 내 앞에 있던 여성은 쇼핑카트 안에 바이스비어 열 병을
담아두었는데, 그러니까 이게 맛있는 모양이다. 평양맥주는 상대적
으로 싸서 병당 2,300원이다. 적포도주는 더 많은 돈을 내야 한다.
가격은 유럽에서 3유로가 안 되는 보테 부오나 상표의 값싼 이탈리
아 포도주 한 병이 3만 6,000원부터 10만 원이 넘는 것까지 있다. 우
크라이나 샴페인 한 병은 대략 4만 원(5유로)이다.

북한 사람들은 담배를 많이 피운다. 상표에 따라 '평양' 열 갑은 약
4만 원, '대동강' 열 갑은 13만 원(15유로)까지 한다. 현재 가장 인기
가 있는 '7. 27'은 백화점에서 찾아볼 수가 없었다.

앞에 거론한 몇 가지의 가격은 우리에게는 푼돈일 수도 있지만 북
한 사람들에게는 상당히 큰돈이다. 돈을 가장 잘 버는 중노동자가 행
운까지 따라줘야 한 달에 200~300유로를 번다. 경공업 노동자는
70~100유로, 그보다 적을 때가 많다. 그러니까 내가 갔을 때 수백
명의 북한 사람들이 쇼핑카트를 밀고는 있었지만, 감자칩, 빵, 소주

▽
광복지구상업중심. 현재는 수입이 비교적 나은 평양 사람들을 위한 장소이
고, 나머지 사람들에게는 하나의 자극이자 아마도 미래를 향하는 눈길.

등 값싼 제품들로 그 안을 채우고 있었던 것이 이상한 일은 아니다.

계산대에서는 오직 5,000원, 2,000원, 1,000원권 지폐만 거래가 되었다(1,000원은 대략 12센트). 그보다 적은 거스름돈은 껌으로 받는데, 다섯 개들이 한 통이 300원이다.

백화점의 지층 슈퍼마켓 옆에는 TV, 냉장고, 자전거, 전기자전거 등도 있다. 이곳은 사치품의 영역이다. 문이 앞쪽에 달린 중국산 지멘스 세탁기 IQ100은 560만 원(675유로)이다. 독일 가격의 두 배인데, 북한의 돈 잘 버는 사람들에게도 두 달 임금에 맞먹는 가격이다. XINGX 상표 냉장냉동고는 290만 원(350유로)이다.

수도에서 자주 보이는 상표의 전기자전거들도 있다. 여러 상표가 있는데, 중국산 메이잉은 265만 원(320유로), 국내산 모델 릉라도는 280만 원(335유로)이다. 일반 자전거는 4분의 1 이하의 값으로 구입할 수 있다.

기본욕구가 충족되면 북한 사람들도 외모를 꾸미게 마련이다. 화장품의 선택범위는 넓고, 국산뿐 아니라 중국이나 일본에서 수입한 제품들도 있다. 그 밖에 치약만 여덟 종을 보았다. 어린이 치약부터 비타민을 첨가한 것, '나노기술'을 담은 특별히 비싼 치약까지. 가격은 3,800원부터 3만 원(3.6유로) 사이를 오간다. 모든 제품에는 한국어 상표가 붙어 있었는데, '지평선' '범골' '맑은 아침' 등이었다. '맑은 아침'은 옛날 중국어로 '조선'을 뜻하며, 번역하자면 '고요한 아침의 나라'라고 할 수 있다.

중국산 머리 염색약은 대략 3만 원, 질레트 마하3 면도기는 7만 800원이다. 아이라이너는 9,200원에서 4만 3,500원 사이, 얼굴에 쓰는 스킨토너(북한말로 '살결물')는 1만 8,000원이다. 스킨토너 옆에는 '조선태성무역상사'라는 회사 광고 브로슈어가 놓여 있다. 광고는 "우리 살결물은 아름다움을 향한 우리의 소망을 모두 이루어준다"는 내용. 일본에서 수입된 비오레 상표를 원한다면 5만 3,100원(6.5유로)이니 훨씬 비싸다.

판매대 뒤 여성 판매원들은 온갖 기술을 다 동원해 여성 고객들을 끌어들이려고 엿보고 있다. 손쉬운 희생자가 금세 발견되어 물건을 써보고 전문적인 설명도 듣는다. 여기가 북한이라는 것을, 그러니까 오랫동안 세계에서 소비에 가장 적대적인 나라였음을 억지로 기억해내야 할 정도다. 이런 모습을 보면 그런 이야기는 더 이상 나오지 않는다. 여기는 베이징의 그 어떤 쇼핑센터와도 별반 다르지 않다.

중국산 위너 방향제는 4만 원, 하지만 일본제를 고르면 9만 7,400원(12유로)을 내야 한다. 소량의 화학제품치고는 만만찮은 가격이다.

문구에서는 컬러 A4 메모장 100매(8,000원)부터 단순한 탁상용 계산기(3만 2,400원), 과학용 계산기(10만 5,000원), 색연필 열두 자루(1만 3,500원) 등 온갖 것이 있다. 고급 펜 하나가 2,600원 즉 30유로센트도 안 한다. 그러니까 연필 한 자루로 엄청난 기쁨을 주던 시대는 지나갔다.

1층에서는 전자부품도 판다. '아리랑' 상표의 디지털 TV 수신장치는 22만 원. 설명서에 따르면 이것으로 DVB-T2 신호를 잡을 수 있으며, USB를 연결해 MPEG, MOV, MP4 등을 재생할 수가 있다. 2016년 중반에 북한 TV는 IPTV를 이용할 수 있다고 선포했다. 그러니까 아날로그 또는 디지털 안테나와 상관없이 북한의 인트라넷을 통해 TV 시청을 하게 된 것이다.

배터리로 작동하는 구두상자 크기 중국산 블루투스 스피커가 소형은 42만 원, 좀 큰 것은 79만 원이다. 이는 유럽에서 중간급 품질의 가격. 그에 비해 북한 상표 '아침'의 태블릿컴퓨터는 좋은 가격인 62만 원(75유로)에 제공된다. 물론 좀 구식 물건으로 보인다. 레노보의 LED 평면스크린은 39만 원(50유로 아래). 콘카 상표 평면 TV는 240만 원(280유로).

다음의 커다란 물건을 나는 그냥 지나칠 뻔했지만 아들이 발견했다. 감시카메라도 살 수가 있다. LED와 적외선 광원이 나오는, 어린 아이 머리만 한 인상적인 크기의 모델을 환산 가격 215유로에 살 수 있다.

이 나라에서 누가 개인용 감시카메라를 사는지가 아주 분명하지는 않다. 2017년에 평양을 여행하면서 보니, 1층과 2층의 발코니를 보호하던 금속 격자막대가 사라져 있었다. 지방에는 아직 남아 있다. 평양의 안전상태가 최근에 갑자기 좋아졌다고 상상하기는 어렵다. 그보다는 차라리 중앙에서 지시가 나왔을 것이다. 그래서 이제 다른 수단을 동원해 더욱 확실하게 안전을 지키려는 것일까? 그사이 북한에서 점점 뚜렷해지는 복지 차이를 생각하면 분명 나쁘지 않은 생각이다.

에스컬레이터를 타고 2층으로 올라간다. 여기서는 주로 직물과 구두를 판다. 하지만 양탄자 등 실내용품, 여러 가지 공구, 변압기, 심지어 태양광패널도 있다. 벽에는 중앙은행의 '전성'이라는 새 은행카드 광고가 걸려 있다. 지불이나 예금에 사용할 수 있는 카드다. 이것은 새로운 물건이다. 이때까지 통용되던 현금카드 '내나라'와 '고려'는 오로지 선불카드로만 이용될 수 있었다. 분명 북한 정부는 주민들이 돈을 은행계좌에 보관하게 만들려고 노력하고 있다. 전성카드에서 다른 전성카드로 이체도 가능하다.

내가 방문한 계절에 맞게 겨울 재킷도 살 수 있었다. 가격은 40만 원에서 110만 원, 즉 50유로에서 130유로 사이, 단순한 여성용 겨울 부츠는 6만 5,000원, 더 고급으로 보이는 가죽제품은 모델이 15종 정도로 18만 원선이다. 기품 있어 보이는 펌프스는 60종 정도나 보였는데, 사시사철 팔리고 값은 20만 원 이상이었다. 'N' 마크가 붙은 또는 옆에 줄이 세 개 들어간 세련된 운동화는 겨우 10만 원(12유로) 인데, 아마 중국산 짝퉁으로 추측된다. 심지어 등산화도 있는데, 지금까지는 북한의 산악지대에서 그런 신발을 본 적은 한 번도 없었다.

다른 나라에서도 그렇듯이 남성화의 종류는 여성화에 비해 훨씬 빈약하다. 하지만 여기서도 검정색 또는 갈색 구두 약 25종을 대략 5만~25만 원에 구입할 수 있다.

머리가 시린 사람은—내가 물어보았더니—개가죽으로 만든 러시아 스타일 모자를 쓸 수 있다. 흥미롭게도 북한 사람들은 영하 10도 이하의 추위에서도 헤어스타일을 망칠까봐 모자를 꺼린다. 모자가 제복에 속하는 군인과 경찰은 예외다. 거리 사진에서는 털모자가 거의 보이지 않는다. 이곳 사람들은 주로 귀덮개를 쓴다.

내가 옛날에 커피잔을 사려고 했을 때 겪은 일 따위는 오늘날 이곳에는 아예 없다. 주방기기 코너에서 다양한 크기와 색깔의 식기류를 6,000~1만 5,000원 가격에 팔고 있다. 1평방미터 널마루 바닥재

는 28만 원(33유로)으로 북한 사람들에게는 매우 비싼 가격. 중국 동
쳉 상표의 다양한 원형톱, 연마기, 실톱, 분리연마기 등도 30만~75
만 원에 구입할 수 있다. 또 실리콘 상자도 1유로에 구입할 수 있다.

한쪽 구석에는 전투적으로 보이는 약 1미터 너비의 마름모꼴 금
속상자가 서 있는데, 이는 천문학적 금액인 600만 원(720유로)이나
나가는 '벌레잡이'라는 물건이다. UV램프와 전류가 흐르는 금속격
자를 합친 모양이다. 이런 물건을 구입한다면 사람 괴롭히는 해충이
어마어마하게 싫은 사람일 게 분명하다.

북한의 특수성, 특히 불안정한 전력공급이 유럽에서라면 전문가
만이 알 만한 일련의 상품들을 인기 품목으로 만들었다. 다양한 크기
의 변환기(60만~170만 원), 전압 안정기(21만 원), 태양광패널 등이
다. 태양광패널은 특히 지방의 아파트나 주택의 창에서 흔히 볼 수
있다. 이제 나는 그 가격도 알게 되었는데, 크기에 따라 60만~80만
원 정도이니 100유로 안쪽이다.

광복지구상업중심의 꼭대기층에는 미국인들이 '푸드코트'라 부를
만한 것이 있다. 나는 가보지 않았지만 다른 여행자들 말로는 거기도
볼만한 것들이 있다고 한다.

밖에서는 나이 든 여성이 색색의 풍선을 개당 1,000원에 팔고 있
다. 북한의 사정으로는 천국과도 같은 이 백화점에서 물건을 살 수
있는 부모를 둔 아이들을 위한 것이다.

실제로 우리가 여기서 본 것이 대체 무엇이냐는 질문이 나온다. 가
게는 진짜고 거기서 쇼핑하는 사람들도 진짜다. 외환보유자들만 이
용할 수 있는 락원백화점이나 국제 호텔의 제한된 세계와는 전혀 다

르다. 광복지구상업중심의 가격대도 대부분의 북한 사람들에게 가능한 영역 바깥에 있다는 것은 분명하다. 월급에 대한 믿을 만한 데이터는 구할 수가 없다. 국가가 그런 것을 내놓지도 않지만, 내놓을 수도 없을 것 같다. 대부분의 사람들이 개인적 경로로 두 번째 수입을 만들어내기 때문이다. 다양한 원천을 통해 내가 알게 된 것을 모두 합쳐 추측해보면 평균 월급은 50유로 안팎인 것 같고, 많은 사람들이 분명 그보다 못 번다. 따라서 전기자전거 한 대의 가격은 적어도 반년 수입에 해당한다.

하지만 손님이 없다면 그런 가게들이 버틸 수 없다는 것 또한 사실이다. 여기서 다시금 평균적인 북한 사람과 비교해 월등한 구매력을 갖춘 중산층을 생각할 수 있다. 이념적으로 그런 불평등에 대한 준비가 되어 있지 않은 나라에서 그것이 사회적 결속에 어떤 의미를 갖는가를 생각해볼 수 있다. 놀랍게도 지금까지는 국가가 이런 발전에 대해 공식적인 설명을 하려는 그 어떤 노력도 없다. 중국에서는 30년 전에 덩샤오핑鄧小平이 '각자 다른 속도 이론'으로 이를 정당화하려고 애썼다. 장차 모두가 도달하게 될 목표에 사회의 한 부분이 더 빨리 도달한다는 이론인데, 이것은 어느 정도 '아메리칸 드림'을 연상시킨다. 사회에서 한 집단의 실질적인 부가 나머지 부분에도 잘사는 미래를 내다보게 해준다는 것인데, 중국에서는 놀랍게도 실제로도 그렇게 되었다. 그에 반해 북한 사람들이 점점 눈에 보이게 된 수입 차이의 근거를 찾으려 한다면, 아직까지는 스스로 찾아내야 한다.

평양 서부:

권력의 중심부

보통 여행자는 북한에서의 시간 대부분을 수도인 평양에서 보낸
다. 이곳은 압도적으로 많은 볼거리들이 있고, 나라의 정치적 중
심지이며, 사회기반시설도 가장 잘 갖추어져 있다.

평양에는 엘리트층이 산다. 복지 수준은 다른 지역보다 여러 배
나 높다. 그것은 구매력을 뜻하고 따라서 소비가 피어난다. 국가
는 이런 경향을 장려한다. 충성스러운 지지자들이 필요하니 국가
가 할 수 있는 한 많은 오락과 교육과 쇼핑 기회를 제공한다.

내국인들도 통상 서평양과 동평양을 구분하고 있으므로, 대동강
의 어느 편이냐에 따라 수도를 두 부분으로 나누어 다루기로 한
다. 우선 서부에서 시작하는데, 이곳에 '중구'와 정부 건물들이
자리 잡고 있다.

평양 : 닿을 수 있는 천국

수도 평양은 거리낌 없이 쇼윈도 기능을 달성한다. 여기서 북한은 모든 사람에게—외국인과 내국인에게—최고의 측면을 보여주려 하며, 사회기반시설, 현대적인 고층건물, 유원지, 극장, 경기장 등에 투자한다. 이 도시는 다른 지역보다 조명이 더 낫고, 사람들이 먹는 음식과 옷차림도 더 나으며, 난방도 더 잘된다. 교육시설도 최고, 경력을 쌓을 기회도 최고다. 평양에서 지방으로 옮기는 것은 추방과 비슷하다. 오늘날 탈북해 남한에 정착한 사람들 상당수는 그런 위협적인 추방을 피해 위험한 도주를 감행한 사람들이다. 지방에서 수도로 오는 반대의 길은 이루 말할 수 없는 사회적 영전을 뜻하는데, 사람들은 이를 위해 많은 것을 각오한다. 북한은 중앙집권국가이고, 평양은 재론의 여지가 없는 그 중심지다.

그러므로 서양 방문객은 자신의 의미를 과대평가해서, 모든 아름다운 외관을 보고 오로지 외국인을 향한 정권의 메시지라고 오해하지 않는 편이 좋다. 이런 수도의 모습을 통해 북한은 정말로 현대적이고 부유한 도시, 행복한 인민의 도시를 외국에 보여주려고 하지만,

▽

특히 김정은 치하에서 평양에 현대적인 고층건물이 양쪽으로 늘어선 도로가
여럿 만들어졌다. 대부분 사람들의 일상이 이처럼 광채에 차 있지는 못하다.
그런데도 평양에서 사는 것은 대단한 특권으로 여겨진다.

그것이 전부는 아니고 또 그것이 핵심기능도 아니다.

무엇보다도 평양은 북한 내부의 천국이며, 북한의 이상향이다. 이는 상당히 영리한 생각이다. 인간은 자신이 가진 것으로 만족하는 경우가 드물기 때문이다. 북한도 사정이 다르지 않다. 사람들이 예를 들어 국가가 수입제한과 여행금지로 가로막아놓은 방향으로, 곧 외부로 눈길을 돌린다면, 정권안정에 불리해진다. [옛날 동독 지도자인] 에리히 호네커Erich Honecker와 그 동료들은 그에 대해 해줄 말이 몇 가지 있을 법하다.

하지만 꿈의 목표가 도달 가능하다면 사정이 달라진다. 그러면 사람들은 천국에 도달하려고, 아니면 거기서 도로 밀려나지 않으려고, 고통을 겪는 두 다리가 버틸 수 있는 한 자신의 쳇바퀴 안에서 빠른 속도로 달리게 된다. 우리 서방 사회는 이 원칙의 부정적인 측면을 안다. 미국의 '번아웃' 또는 일본의 '카로시[과로사]'가 그것이다.

평양은 그 존재만으로 이미 중요한 체제 유지 기능을 달성한다. 이곳까지 온 사람들의 충성심을 보장하고, 이리로 오는 중인 사람들에게 동기를 부여하면서, 많은 북한 사람의 꿈과 야망을 국내로 향하게 만든다. 북한의 수많은 유능하고 젊은 사람들이 파리, 뉴욕, 도쿄, 서울 등을 꿈꾸지 않고 평양에서 살기를 소망한다. 그리고 그들은 알고 있다. 체제가 정해놓은 규칙을 수행하는 사람에게만 그런 황금 티켓이 주어진다는 사실을 말이다.

이런 이유에서도 기념비와 여타 볼거리가 이곳에 촘촘히 존재한다는 것은 놀라운 일이 아니다. 이번 장과 다음 장에서 그중 중요한 것들을 소개하고자 한다. 이것이 완벽한 목록은 아니다. 특히 새롭게 관심을 끄는 것들이 계속 나타나고 있으니 더욱 그렇다. 이 책에는 평양 관광명소를 한눈에 살필 수 있는 지도가 실려 있다.

3대혁명전시관

공항에서 차를 타고 평양의 북부로 들어오는 사람은 왼편으로 커다란 구 모양 지붕을 보게 된다. 이는 '3대혁명전시관'이라 불리는 건물군의 일부이다. 동구권을 아는 사람이라면 모스크바의 '인민경제성취전시관'이 연상될 것이다. 더 많은 상상력을 동원하면 워싱턴 D.C.의 '몰 The Mall'과도 비교해볼 수 있다. 북한의 체제에 대한 정치적 관심을 가진 사람에게는 이곳 방문이 필수다.

3대혁명전시관은 혁명이 지나고 얼마 지나지 않아 사회주의 체제에 전형적으로 나타나는 정체停滯에 맞서려는 시도 같은 것이다. 1958년에 시작된, 노동속도를 높이려는 '천리마운동'이 한계에 봉착한 다음, 과학과 기술, 이념과 문화의 영역에서 복합적인 현대화운동을 지향할 필요가 있었다. 현대화운동의 시작이 1974년이라는 점과 커다란 기념현판에 새겨진 1980년이라는 건축년도 등은 이것이 김정일의 관할이었음을 알려준다. '3대혁명팀'은 아버지의 후계 자리를 놓고 벌어진 경쟁에서 김정일이 동원한 도구의 하나였다.

전시관은 여섯 동의 건물로 구성되어 있다. 중공업관에서는 북한의 광산업이나 이른바 '주체 철' 생산에 대한 정보를 얻을 수 있다. 주체 철이란 역청탄을 수입하지 않고 북한산 연료만으로 생산되는

철을 말한다. 북한 자동차산업의 결과물도 전시되어 있는데, 그중에
는 평화자동차회사의 여러 모델과 부강오토바이회사의 오토바이들
도 있다. 다른 전시관에서는 북한에서 생산되는 전자부품, 우주비행
프로그램의 개관, 경공업 분야의 업적, 누에치기와 새로운 농지 획
득, 용수공급을 포함한 농업 분야에서의 경작기술 등도 구경할 수 있
다. 이 나라의 경제에 대해 이렇게 압축적으로 많이 알려주는 곳은
없다. 물론 여기서 '많이'란 상대적으로 부족한 정보에 비해서 많다
는 뜻이다.

정치적 관심이 있는 사람들은 이념관을 방문하려 할 것이다. 이곳
에서는 특히 '주체'에 대한 공식적인 독법讀法을 알게 된다. 그에 비
하면 인상적인 구 모양 지붕 건물에 위치한 우주비행관은 상당히 실
망스럽다. 다른 건물에는 전시물이 빼곡히 들어차 있는데 여기서는
모든 것이 느슨하게 띄엄띄엄 배치되어 있다. 미사일 시험과 위성
시험을 생각하면 이는 기묘한 일이다. 대신 위층의 희끗한 콘크리트
둥근 지붕 안으로, 거의 알아보기 힘들지만, 평양의 별자리 모습이
투사된다. 그다음엔 미사일 발사 장면을 보여주는 흔들리는 동영상
두 개가 있고, 그것으로 거의 끝이다. 이 전시관은 업그레이드가 절
실하다.

1년에 두 번, 봄철과 가을철에 이 전시관 구역은 국제무역박람회
장으로 바뀐다. '평양국제무역박람회'는 최신기술 발전 전시관에서
열린다. 국제적 모범에 따라 각국의 부스들이 세워진다. 주로 중국관
들이지만 서양 부스들도 등장한다.

하지만 수많은 북한 사람들이 이곳을 방문하는 목적은 전혀 다른

▽
3대혁명전시관에서 1년에 두 번 평양국제무역박람회가 열린다.
상류 중산층에게는 환영할 만한 쇼핑 기회.

데 있었다. 나중에야 설명을 듣고 알았지만, 그들에게는 이것이 연중 최고의 쇼핑 기회 중 하나였다. 시끌벅적 바쁘게 돌아가는 그곳에서 는 보석, 핸드백, 구두, 가죽재킷, 컴퓨터, 중국의 하이얼 사나 하시 사의 냉장고, 세탁기 등이 단순히 전시만 되는 게 아니라 판매되고 있었다. 북한 회사들도 전시품을 내놓았다. 예를 들면 군부 소유인 승리 그룹의 각종 타일이 전시되었다.

박람회 기간은 적시에 공개되곤 하니, 여행사는 알아두었다가 3대 혁명전시관 방문을 여행계획에 넣으면 좋을 것이다. 북한의 국영 여 행사는 공식적으로는 무역박람회 방문을 관광일정에 넣기를 꺼리는 척하지만, 일단 이 장소에 도착하면 오히려 다른 전시관들을 잠깐이 라도 둘러보기 위해 투쟁하다시피 해야 한다. 가이드들이 무역박람회 가 열리는 전시관 쪽으로 저항할 길 없이 이끌리기 때문이다.

개선문: 동서양의 만남

개선문('승리에 찬 귀향의 문')이라는 이 기념비는 60미터 높이로서, 그보다 약간 작은 파리의 개선문처럼 다차선 도로 한가운데 거대한 규모로 세워졌다. 물론 교통상황은 프랑스의 거대도시와 비교하면 훨씬 조용하고 얌전한 편이지만.

개선문은 건국자 김일성이 1982년 70세 생일을 맞이하여 만들게 한 여러 선물 중 하나다. 이것은 그의 생애에서 1925년과 1945년 두 번의 결정적인 사건을 기념한다. 여러 권으로 구성된 김일성의 회고

243

▽
개선문은 김일성의 혁명적 행동들을 알리는데, 상징들로 둘러싸여 있다.
위에 서면 평양의 서쪽이 잘 보인다.

록《세기와 더불어》에 따르면, 그는 일곱 살에 부모와 함께 평양 근교 집을 떠나 만주에서 새로운 삶을 시작했다. 열한 살 때 아버지는 그를 만경대에 있는 조부모의 집으로 보냈고, 그는 2년 동안 그곳에서 살았다. 1925년에 열세 살 나이로 다시 중국으로 떠나면서, 그는 일본 제국주의의 억압에서 고국을 해방시키고 나서야 돌아오겠노라는 맹세를 했다. 1945년에 그렇게 되었다. 북한의 전설에서 그가 조선으로 돌아온 일은 '광복의 천릿길'(1,000리란 아주 먼 거리를 나타냄)이라 불린다.

개선문은 여기서 몇백 미터 떨어진 곳에 세워진, 1945년 당시 겨우 33세가 된 김일성이 광복을 맞은 수도의 열광하는 주민들 앞에서 행한 격렬한 연설을 나타낸 거대한 모자이크와 연결해서 보아야 한다. 서양 역사가들이 이 이야기를 어떻게 생각하는지는 해당 역사책들에서 찾아 읽을 수 있다.

개선문의 머리 부분에는 위로 갈수록 새것인 세 개의 돌 평판이 올라가 있다. 마치 거인이 거대한 초콜릿 판, 중간 크기 초콜릿 판, 작은 초콜릿 판을 차례로 쌓아올린 듯한 모습이다. 자세히 물어보면 이는 동아시아의 건축양식 요소로서 별다른 의미가 없다는 답변이지만, 꼭 그렇지만도 않다. 중국 문화의 영향을 받은 동아시아는 온갖 상징들의 고향이고, 여기에 우연은 거의 없다. 우선 색깔로 시작한다. 예를 들면 동서남북의 '중간'을 뜻하는 노란색은 중국의 황제만이 사용할 수가 있었다. 그래서 베이징의 자금성 같은 황제의 건물은 누런 유약을 입힌 기와로 지붕을 덮었다. 각각의 집에 허용된 최대 평수나 건물을 덮는 지붕의 개수도 이와 비슷한 규칙을 따른다. 3층

245

지붕 구조는 오로지 황제에게만 가능한 것이다. 왕들은 2층 지붕을 덮을 수가 있고, 나머지 사람들은 그냥 한 개 지붕으로 만족해야 했다. 불교의 탑과 같은 종교적 건물만이 예외였고, 나머지 건물은 이를 엄격히 준수했다. 지리적·문화적·정치적으로 더욱 멀었던 일본과는 달리, 중세 한국에서도 이런 규칙은 엄격히 지켜졌다.

오늘날 북한에서 모든 것은 나라의 독자성, 주체를 중심으로 이루어진다. 처음에는 일본, 이어서 미국으로부터의 독자성이다. 여기서 우리는 주권에 대한 최초의 가장 위험한 위협이 거대 이웃 중국에서 왔다는 사실을 곧잘 잊어버리곤 한다. 1897년에야 당시 조선의 왕인 고종이 '대한제국'을 선포하고 이로써 중국에서 독립된 주권국가임을 선포했다. 곧이어 수도 서울에서 베이징으로 수백 년 동안 연례 조공 사신들이 오가던 길가에 오늘날에도 남아 있는 독립문을 건축했다. 서울의 오래된 왕궁은 여전히 2층짜리 지붕이다.

김일성은 의심의 여지 없이 아주 의도적으로 수도 심장부에 있는 이런 중요 기념비에서 자국의 독자성을 더욱 강화하려고 했다. 우리 조선인은 중국이나 세계 다른 나라와 눈높이를 나란히 한다—건축가들과 건축주의 이런 당당한 선포가 이 건축물에 감추어져 있다.

동아시아의 지붕과 유럽식 아치문의 결합을 두고 취향문제로 다툴 수가 있다. 하지만 가이드에게 오래된 문화를 가진 이렇게 당당한 나라가 이런 핵심 건축물을 어쩌다 하필 서양식으로 짓게 되었는지 넌지시 한번 물어보시라. 대답이 나온다면 아마도 다음과 같을 것이다. 대체 무슨 생각이냐, 우리는 문을 베낀 것이 아니고 주석님의 가르침에 따라 우리 나라의 특수한 조건들에 정확히 맞추었다고 말이다. 실제로 자세히 들여다보면 지붕 아래쪽에 돌로 만든 나무 서까래 형태를 볼 수 있으며, 돌기둥의 위쪽 끝부분에서 전통적인 한국 건물에 나타나는 거대한 목재들보 모양도 보인다.

2016년부터는 승강기를 타고 개선문 안으로 올라갈 수가 있는데, 한번 해보시라고 추천한다. 넓은 공간에서 이 건축물의 역사를 다룬 간단한 전시를 보고 기념품도 살 수가 있다. 그런 다음 계단 몇 개를 지나 빙빙 돌아가는 전망대에 도달하게 된다.

모란봉공원: 특이한 것들을 갖춘 오아시스

바로 근처에 평양에서 가장 유명한 공원이 있다. 바위 언덕을 중심으로 아름답게 가꾸어진 공원에는 옛날 성벽 몇 군데가 복원되어 있다. 언덕 위에서 대동강을 멀리까지 굽어볼 수 있다.

모란봉공원에는 기념비 두 개가 있는데, 그중 하나는 언급할 가치가 있다. 특히 서양 관광객의 관광 프로그램에는 보통 들어가지 않기 때문에 더욱 그렇다. 이 기념비들은 북한을 후원한 중국과 소련을 기념한다. 세계 정치 기상에 따라 둘 중 하나만 공식적으로 주목받기도 하고 둘 다 주목받거나, 아니면 둘 다 주목을 못 받는다.

'해방탑'의 한국어와 러시아어 제명은 조선민족이 일본의 억압에서 벗어나도록 도움을 준 소련에 감사한다. 이는 현재 북한의 역사서술과 일치하지 않기 때문에 이목을 끈다. 김일성과 그의 빨치산부대가 거의 자력으로 해방을 완수했다는 것이 공식 입장이기 때문이다.

자세히 물어보면 일종의 타협으로 연결되는 회피성 답변을 듣게 된다. 물론 위대하신 수령님의 업적이지만 아마도 소련의 원조를 조금 받았을 거라는 답이다.

1945년 8월 15일 일본의 항복에서 미국인, 특히 미국 원자폭탄의 역할에 대해서는 대개 침묵한다. 이것은 북한의 선전이 지닌 딜레마를 보여준다. 원래는 북한의 핵 프로그램을 둘러싸고 지속되는 논쟁에서, 그리고 핵 프로그램을 방해하려는 미국의 노력에 직면하여, 미국이야말로 지금까지 핵무기를 사용한 세계 유일의 국가라고 비난해야 할 것이다. 하지만 그랬다가는 일본에 대한 승리도 미국의 덕으로 돌려야 할 판인데, 이것만은 받아들일 수 없는 일이다. 그래서 북한의 선전에는 '팻맨'과 '리틀보이'['Fat man'과 'Little boy'는 미국에서 인류 역사상 처음으로 만들어진 원자폭탄의 별명. 미국은 1945년 7월 16일 이 원자탄의 폭파실험을 성공적으로 마친 뒤 곧이어 일본의 히로시마와 나가사키를 직접 공격, 20만 명의 인명을 살상하면서 일본의 항복을 받아내고 2차대전을 끝냈다] 이야기가 상대적으로 별로 나오지 않는다. 만일 나온다면 매우 일반적인 언급만 하고, '인간을 얕잡아보는 미국 정부의 본성'의 증거로만 쓰인다. 이런 이념적 덫을 생각해보면, 소련 기념비가 관광객의 정규 프로그램에 포함되지 않는 것도 이상할 게 없다.

이유는 다르지만 중국과의 관계도 비슷하다. 중국에 헌정된 기념비는 '우정탑'인데, 공원의 서북쪽 끝에 있는 중국대사관과 아주 가까운 거리에 있다. 우정탑은 1950년 가을에 형제의 연대감으로 한국전에 개입해 큰 희생을 치르면서 북한의 붕괴를 막은, 100만 명에 이르는 중국의 이른바 자원병을 기억한다. 마오쩌둥毛澤東의 외아들

마오안잉毛岸英도 이때 전사했다. 물론 그의 무덤은 멀리 떨어진 북쪽 별개의 장소에 따로 있다. 1976년 마오쩌둥이 죽었을 때 인기가 없던 4인방이 아니라 그의 아들이 그의 뒤를 이었다면, 중국과 세계의 상황이 어떻게 전개되었을지 대체 누가 알겠는가.

중국에서 한국전은 공식적으로 '미국의 공격에 맞서 조선을 후원한 저항전쟁'이라고 불린다. 북한의 역사서술에 따르면 김일성은 미국의 비겁한 공격에 저항했고, '승리에 찬 조국해방전쟁'에서 영광스러운 승리를 쟁취했다. 1990년에 동구권 문서들이 공개되자, 중국이 한국전 발발 몇 주 뒤에 이미 국경선에 군대를 집결시켰다는 사실이 드러났다. 북한의 예비군이 부족하고, 보급선이 너무 길며, 해안의 불충분한 안전 등으로 인해 북한군의 패배가 예측되었기 때문이다.

평양에서는 이런 말을 들을 수가 없다. 북한의 역사서술에 따르면 중국은 보급과 예비군 공급을 담당하는 일종의 하급조력자 역할을 했단다. 중국은 보통은 매우 외교적인 방식으로 중립적인 미소를 지으며, 이런 주장을 그대로 모호하게 내버려둔다. 하지만 평양과 베이징 양국관계의 실제 상황을 판단하려 한다면, 공식적인 기념식이나 언론보도에서 우정탑이 거론되는지 여부와, 얼마나 자주 거론되는지를 보아야 한다. 지난 여러 해 동안 상당히 자주 오르내리다가 점차 내리막 추세임을 볼 수 있다.

공원 북쪽에는 TV탑이 하늘 높이 솟아 있다. 1991년에 내가 이 탑을 찍으려 하자 난데없이 전혀 친절하지 않은 남자가 나타나더니, 언제나 그렇듯이 이유도 설명하지 않고 단호하게 사진은 허용되지 않는다고 알려주었다. TV탑이 군사적 용도와 관계가 있었다는 사실을 나중에야 알았다. 오늘날에는 이런 금지가 없다. 이곳에서는 특히 공개적으로 천천히 사진을 찍거나, 가이드들에게 촬영이 가능한지 물어볼 것을 추천한다. 탑은 불쾌한 일을 감수할 정도로 아름답지도 않다. 몇 년 전에는 위로 올라가 회전 레스토랑에 들어갈 수도 있었다. 분명 대단한 전망대였을 것이다.

공원 서남쪽에는 신고전주의 양식으로 지은, 하얀 건물의 빛나는 초록 지붕이 주변의 나무우듬지 위로 솟아 있다. 이것은 1946년에 소련의 원조로 지은 모란봉극장의 지붕이다. 이 건물은 북한에 드물게 남아 있는, 스탈린이 선호한 건축양식에 대한 증언이다. 1948년에 이곳에서 처음으로 북한의 의회인 최고인민회의가 열렸다.

북한에서는 좀처럼 오래 벗어나 있을 수 없는 고급 정치 이야기는 이쯤에서 그치자. 모란봉공원은 다른 이점들도 가지고 있다. 이곳은 외국인이, 자기가 지금 보통 사람들 사이에 있으며 연출된 광경을 마주하는 것이 아님을 느끼는 드문 장소이다. 1991년 학생 시절에 이미, 사람들이 이 공원에서는 도시의 다른 곳에서와 다른 태도를 보인다는 점이 눈에 보였다. 그들은 이리로 소풍을 나와 웃으며 춤추고 노래했는데, 전혀 조직되거나 조종당하는 것처럼 보이지 않았다. 모란봉공원에서는 도시의 다른 곳에서는 좀처럼 보기 힘든 노인들도 많이 만날 수 있다.

특히 일요일이나 명절 때 방문을 추천할 만하다. 그러면 북한에서는 그야말로 보기 힘든 모습을 만나게 된다. 사방에 소규모로 소풍 나온 사람들이 모여 있다. 특히 나라에서 고기와 맥주를 배급하는 명절이면 평양 사람들은 작은 그릴도 가지고 나온다. 가져온 플라스틱

▽
명절에 모란봉공원에서는 외국인을 위한 연출이 아니라 진짜로 삶의 즐거움이
보인다. 다른 어떤 곳보다도 여기서 사람들에게 더 가까이 다가갈 수 있다.

통의 음식을 먹고 맥주와 소주를 마신다. 술이 효과가 없을 리가 없으니, 라디오나 CD 플레이어에서 음악이 나오기 시작하면 곧바로 사방에서 흥거운 춤판이 벌어진다.

군데군데 본격 파티족이 모여든다. 온갖 연령대의 여성들이 이곳 상황으로 보면 실로 관능적인 동작들을 선보이고, 사내들은 넘치는 테스토스테론 탓에 똑바로 서 있지도 못할 지경이 된다. 이런 춤은 아주 즉흥적으로 보이지만 미리 친구들끼리 모여서 연습을 했을 수도 있다. 7~8명의 여성이 모여 맨 앞에서 춤추는 여성을 따라 전자 음악에 맞추어 춤을 춘다면 말이다. 이들은 경탄의 환호성과 박수갈채를 받는다. 즐겁게 노는 한국인들 사이로 놀라워하며 슬그머니 끼어든 외국인 몇 명이 특별한 주목을 받지도 않는다. 함께 춤을 추자고 권하는 말도 빠지지 않는데, 그것은 정말로 마음에서 나오는 말이다. 광장에서 영혼 없이 추는 집단체조에서도 외국인들은 함께하자는 초대를 받곤 하지만, 그런 집단체조와는 전혀 다르다.

물론 명절의 좋은 기분은 재빨리 시들어버릴 수도 있다. 언젠가 한 번은 버스로 돌아가는 우리 일행에게 분명 술에 취한 북한 사람 하나가 말을 걸어왔다. 자기는 유럽에 한 번 가본 적이 있는데 좋더라며 붙임성 있게 말했다. 그는 우리 어깨에 팔을 얹었는데 가이드들이 조심스럽게 우리에게서 떼어내려고 하자 약간 거칠게 나왔다. 오래지 않아 시민 복장의 보안요원이 다가오더니 고함치는 남자를 단단히 붙들고 어딘지 모르는 곳으로 데려갔다. 그가 술이 깰 때까지 잡혀 있다가 무사히 집으로 돌아갔기만을 바란다. 조화와 기쁨이 갑자기 단호함과 잔인성으로 바뀐 것은 어쨌든 충격이었고, 그날 저녁 우리 모두의 마음을 무겁게 짓눌렀다.

그 사건은 우리 외국인들이 상당한 책임을 갖고 있음을 상기시켰다. 우리가 거기 있다는 사실이 알코올의 영향과 결합해 그 사내에게 어쩌면 난관을 초래했을 행동과 발언을 하도록 했던 것이다. 그렇다면 우리가 처음부터 그에게 등을 돌리고 말도 섞지 말았어야 할까? 그건 분명 잘못된 결론이다. 그렇게 한다면 그런 자기검열을 노리는 체제가 승리한 셈이니 말이다. 하지만 주의하는 것은 중요하다. 우리의 행동이 다른 사람의 희생으로 연결될 수도 있으니. 지금 자기가 어느 나라를 여행하는지 절대로 잊어서는 안 된다.

만수대언덕과 지도자 동상

어디서나 전체주의 국가의 상징을 만난다. 모란봉공원 남쪽에 만수대언덕이 솟아 있다. 언덕 위에는 조선혁명박물관 앞에 김일성과 김정일 두 지도자의 거대한 동상이 서 있다. 청동 인물들로 구성된 두 군상이 이들의 양 날개를 장식한다.

이곳은 북한에서 가장 거룩한 장소의 하나인데, 한꺼번에 말하자면 지도자들의 탄생지 또는 마지막 휴식처다. 이곳의 모든 것은 서양 관광객에게는 쉽사리 해석되지 않는 상징적 의미를 지닌다.

20미터 높이에 달하는 현 북한 지도자의 아버지와 할아버지의 청동색 동상 두 개가 이 장소를 압도한다. 2012년 4월까지는 건국자 김일성 동상 하나만 언덕 위에 서 있었다. 1972년 60회 생일을 맞이하여 세워졌는데 처음에 황금색이다가 나중에 약간 덜 사치스러운 청동색으로 바뀌었다. 소련과 중국 측에서 못마땅함을 단호하게 표현한 후로 이렇게 바뀌었다는 소문이다. 이는 물론 북한이 이런 문제에서 외국의 개입을 받는다는 뜻이 될 것이다. 두 거대 이웃과의 긴밀한 협조관계가 끝나고 1960년대 초에 불화를 겪은 다음 양국과의 관계는 완전히 회복되지 않았는데, 동상이 세워진 것은 다시 그로부터 한참이나 지난 뒤의 일이니 이는 별로 그럴싸하지 않은 소문이다. 그래서 또 다른 설명이 내게는 더 그럴싸하게 여겨진다. 이런 색 변화는 실용적인 이유 때문이라고 한다. 황금색 표면이 빛을 너무 강렬하게 반사해서 세부를 제대로 알아보기 어렵게 만든다는 것이다. 한편 북한의 공식 설명은 이 시설의 초대형 규모를 생각하면 좀 우스꽝스럽다. 그에 따르면 색의 변화는 위대한 수령의 소박함을 나타낸단다.

김일성 동상은 40년 동안, 그중 20년 이상은 그가 살아 있을 때 이미 언덕 위에 홀로 서 있었다. 미래를 전망하는 눈길의 진지한 중년 남자가 서양식 코트 안에 마오쩌둥 의상의 한국식 변형을 입은 모습이었다. 쭉 뻗은 오른팔은 이런 동상들 사이에서 인기 있는 포즈인데, 미래를 가리키고 있다.

김정일이 죽고 몇 달 지나지 않아 건국자 김일성의 고독한 동상 곁에 그의 아들 김정일의 동상이 나타났다. 김정일은 살아 있을 때 자신에 대한 그런 식의 숭배를 허용하지 않았다. 아마도 이것은—공식적인 관점과 일치하는—그의 소박함의 표현이었을 것이다. 또한 그는 나라의 해방자, 건국자, 그리고 미국에 맞선 승리의 보호자인 김일성을 순수한 형태로 인민에게 보여주고, 바로 이런 초인에 의해 후계자로 뽑혀 수십 년 동안 훈련을 거쳤다는 사실로 자신의 정당성을 얻는 쪽이 더 낫다는 것도 아마 이해했을 것이다.

손자인 김정은은 단순히 전기적인 이유에서—김일성이 죽었을 때 그의 나이 열한 살 또는 열두 살이었으니—할아버지의 정치적 후계 자로 표현될 수는 없다. 멀지 않은 장래에 그의 공식적인 신화가 등 장한다면, 북한 체제에 대한 온갖 정당성의 근거에 그가 가까이 있음을 입증하는 이미지들과 상세한 이야기들이 나타나리라고 기대할 수는 있지만 아무튼 당분간은 특히 아버지 김정일과의 관계는 분명 하고 논란의 여지가 없다. 하지만 김정일이 앞서 말한 이유에서 건국 자와 별개의 정당성을 따로 내세우려 하지 않았기 때문에, 김정은은 두 조상을—강력한 할아버지와 자신에게 가까운 아버지를—하나로 합쳐야 한다. 이런 전략이 처음으로 분명하게 드러난 표시가 바로 만 수대언덕에 나란히 두 동상을 세운 일이었다.

나는 2012년 4월 동상 제막식 시점에 북한에 있었다. 내가 본 것은 기억할 만하다. 나라의 가장 강력한 상징인 할아버지 동상이 그보다 카리스마가 훨씬 약한 아버지의 동상과 같은 높이일 뿐 아니라, 김일성 동상의 모습이 많이 바뀌어 있었다. 그는 이제 관찰자의 머리 너머가 아니라 관찰자의 얼굴을 바라본다. 하지만 무엇보다도 여기서 김일성은 더 늙은 모습이며, 안경을 쓰고, 서양식 양복을 입고, 넉 넉한 미소를 짓고서 이미 성취된 것에 만족감을 표하고 있다.

그의 옆에 서 있는 아들은 아버지처럼 왼손을 뒤로 돌리고 있다. 김정일의 오른팔은 아래를 향해 몸에 붙어 있다. 북한에서 미래를 가 리키는 사람은 여전히 김일성이다. 2012년 4월 제막식 때 김정일은

▽
만수대언덕에 있는 두 지도자 동상은 북한의 핵심 기념비.
외국 관광객은 꽃을 바치고 허리를 굽혀 절하라는 요구를 받는다.

그의 특징이기도 한 위아래가 붙은 작업복 위에 서양식 코트를 입은 모습이었다. 2012년 9월에 나는 다시 그 자리에 갔다가, 겨우 몇 달 만에 동상들이 도로 흰 천을 씌운 비계 속으로 사라진 것을 보았다. 이듬해 봄에야 그 이유를 보았다. 김정일의 동상이 나머지는 바뀌지 않은 채로, 겨울철이면 그가 자주 입고 다니던 파카 차림으로 바뀐 것이다.

이 도시를 찾는 모든 서양 사람은 조만간 이 기념비로 안내를 받고, 두 동상에게 절하고 꽃다발을 바치며 존경심을 표하게 될 거라고 나는 감히 주장한다. 보통은 그룹 단위로 꽃다발 하나면 충분하다. 줄을 서서 기다리는데, 군사 훈련이 덜된 외국인들이 화강암 판으로 덮인 바닥에서 동일한 간격을 두고 발끝을 이동시키는 일을 잽싸게 해내지 못하면, 언제나 가이드들은 조금씩 절망한다. 그런 다음 조용히 경건하게 절을 하라는 요구가 이어진다. 상체를 허리까지 꺾으며 앞으로 몸을 숙이는 일이다. 방문객들 중에 반항자들은 고개만 까딱하고, 특별히 열성적인 손님들은 90도 각도를 만들기는 하는데 연습 부족으로 언제나 약간 서툴어 보인다.

이 자리에서 정치적 강제를 받는다는 느낌이 들 수 있다. 우리한테 절이란 흔한 일이 아닌데다가, 그것도 하필 외국 국가수반이자 독재자의 동상 앞에서 절을 해야 하니 말이다. 방문객들 사이에서 절하기는 언제나 약간 논란거리가 되곤 한다. 고려투어의 내 친구들은 이 주제에 대해서 여행자들에게 간결하고도 실용적으로 이렇게 말한다. 절하고 싶지 않거든 북한으로 가지 마시라. 물론 조금 더 에둘러 표현할 수는 있겠지만, 여기에는 타당한 점이 있다. 나는 절에 대해 마음의 평화를 만들어냈다. 내 나름의 생각이 있거니와, 고향에서도 이따금 속으로는 정반대의 바람을 품은 채 사람들에게 '좋은 하루' 하고 인사를 보낸다는 사실을 기억한다. 이런 생각들로 내면을 차단하지 못한 사람이라면 눈길을 조금만 아래로 굽히면 된다.

두 지도자 동상의 배경이 되는 벽면에는 70미터 너비의 모자이크 그림이 펼쳐지는데, 이는 눈 덮인 거룩한 백두산 봉우리에 있는, 분화구 호수 천지(하늘호수)의 그림이다. 이 산은 여러 면에서 위대한 상징성을 지닌다. 백두산은 해발 2,750미터로 한반도 전체에서 가장 높은 봉우리다. 이 점에서 북한이 남한보다 우위에 있고, 북한 사람들은 이를 자랑스럽게 여긴다. 그것 말고도 호수 한가운데로 중국과의 국경선이 지나간다. 중국이나 북한 모두 산 전체가 자기네 것이라 주장하고 있으니, 따라서 현재의 국경선은 일시적인 합의를 나타낼 뿐이다. 여전히 이른바 사회주의 동맹국인 두 나라는 1960년대에 이 산을 두고 심지어 전쟁까지 벌일 뻔했다고 한다. 38도선 남쪽과 북쪽에 있는 한국의 민족주의자들은 통일이 되면 중국에 맞서 이곳과 다른 곳을 영토라고 주장할 각오를 하고 있다. 이는 중국인들이—다른 사람들도 그렇지만—한국의 통일을 특별히 반기지 않는 또 다른 이유이기도 하다.

그리고 백두산은 김정일에 대한 암시이기도 하다. 기념비를 세우던 시기에 그는 비공식 후계자로 발탁되어 훈련 중이었다. 지도자의 맏아들인 그는 1972년에 30세였고, 동아시아에서는 매우 중요한, 아버지의 60세 생일을 기리는 이런저런 과업의 책임을 맡았다. 공식적인 설명에 따르면 김정일은 1942년 2월 백두산 발치의 눈 덮인 통

나무집에서 세상 빛을 보았다. 서방의 관찰자들에게는 우연치 않게
도 베들레헴의 말구유를 연상케 하는 포근하고 따뜻한 오두막 위로
그의 탄생 순간에 마침 밝게 빛나는 별 하나가 나타났다. 이를 한국
어로 광명성이라고 한다. 광명성은 김정일의 생일인 2월 16일 국경
절의 명칭일뿐더러 북한의 모든 인공위성의 이름이기도 하다.

벽면에 모자이크 장식이 붙은 건물은 혁명박물관이다. 서양 관광
객은 이따금 이리로 안내를 받지만 겨우 전시실 몇 개만 구경하고
보통은 사진도 찍지 못한다. 언제나 그렇듯이 이유도 모른 채로 말이
다. 전시관은 지도자들의 혁명활동을 다루고, 관련된 기념물, 유물,
사진, 기록 등을 잔뜩 보여준다. 전문가가 아닌 서양 관광객에게는
주로 시각적 인상만으로 이야기를 들려준다. 이런 특이한 세부내용
들이 무얼 뜻하는지 전혀 알 길이 없기 때문이다.

박물관 앞의 두 지도자 동상은 오른편과 왼편에 청동 군상을 거느
리고 있다. 이들은 각기 길게 휘날리는 붉은 깃발 주위에 모여 있다.

두 지도자 동상의 왼편에(이쪽에서 그들을 바라볼 때) 있는 인물집
단은 과거의 전쟁들을 상징한다. 전투 태세를 취한 병사들이 붉은 깃
발 양옆에서 앞으로 달려 나오는데, 깃발 왼편에서는 일본에 맞서,
오른편에서는 한국전에서 싸우고 있다. 그들은 일반 시민의 도움을
받는다. 일반인들은 군수품과 식량을 운반하거나 지역에 대한 지식
으로 승리에 기여한다. 맨 앞의 무리는 두 명의 제복 군인과 한 명의
시민 복장 젊은 여성으로 구성되어 있는데, 이들이 주목할 만하다.
여성은《조국광복회 10대 강령》이라는 제목의 책을 팔에 끼고 있다.
맨 앞의 병사도 역시 책 한 권을 공중으로 치켜들고 있다. 마르크스

와 엥겔스Friedrich Engels의 《공산당 선언》이다. 깃발에는 이렇게 적혀 있다. "백전백승의 맑스-레닌주의 기치 만세!"

1945년에 생겨난 사회주의 국가에서 이런 상징은 있을 법한 것이지만, 마르크스와 레닌에 대한 이렇듯 분명한 숭배가 현재 정권의 자기서술과는 아예 맞지 않는다. 공산주의운동 선구자들에 대한 이런 묘사는 북한의 공식적인 이미지에서 거의 완벽하게 사라졌고, 다양한 저술과 선전구호에서도 역시 사라졌다. 2005년 가을만 해도 김일성광장 정면부에서 마르크스와 레닌의 거대한 유화 초상화를 볼 수 있었다. 하지만 그사이 이 그림들도 사라졌다. 가이드들에게 오늘날 북한에서 마르크스레닌주의 가르침의 의미에 대해 묻고 현재 타당한 관점을 알아낼 좋은 기회다.

맞은편에 있는 군상은 현재와 미래의 싸움을 상징한다. 노동자, 농민, 지식인에게 할당된 영웅적 자세로 평화로운 사회주의를 건설하는 혁명 시민들을 볼 수 있다. 맨 앞의 노동자는 왼손을 커다란 톱니바퀴에 기대고 위로 뻗은 또 다른 손으로는 관찰자를 향해 한 권의 책을 내밀고 있는데, 책에는 《김일성 전집》이라는 제목이 쓰여 있다. 그 뒤에서 철광 노동자가 '주체'라는 횃불을 하늘 높이 쳐들고 있다. 깃발에는 이념적 독립, 자기방어, 자주경제 등 주체의 기본원칙들이 새겨져 있다. 모두들 진지하고 단호한 태도로 먼 곳을 바라본다.

맨 앞의 삼인방 뒤로 민중은 바람에 펄럭이는 붉은색 돌 깃발들의 긴 행렬을 중심으로 둘로 나뉘어 있다. 깃발 왼편에는 당 상징 아래서 건설 계획을 바라보는 시민들 한 무리가 서로 포옹하고 아코디언을 연주하며 행복에 겨워하고 있다. 오른편에서는 다양한 종류의 무

▽
두 지도자 동상 오른쪽과 왼쪽에 세워진 청동 군상은 공식적 역사관의 여러
양상을 상징한다. "미제를 몰아내고 조국을 통일하자!"

기를 든 전사들을 볼 수 있다. 혁명예술에 전형적인, 톱니 모양 수냉식 총신과 두 개의 이동용 바퀴를 갖춘 막심 기관총도 빠질 수 없다. 조선민주주의인민공화국의 국기 아래로는 자기들의 해방을 위해 싸우는 남한의 민중과 일본에 사는 한국인을 나타내는 또 다른 시민들이 전사들의 뒤를 따르고 있다. 많은 이들이 '통일'이라고 적힌 머리띠를 두르고 있다. 깃발 뒤쪽에서는 이런 글귀를 읽을 수 있다. "미제를 몰아내고 조국을 통일하자!"

만수대언덕의 두 지도자 동상은 가장 크고 가장 유명한 것들이지만 이런 종류로 유일한 것은 아니다. 전국에 수천 개는 아니라도 수백 개나 된다. 보통은 좀 더 작은데, 차츰 김정일 동상이 보충되는 중이다.

이런 동상들을 제작한 만수대창작사가 그 능력을 수출도 한다는 사실이 유럽에는 잘 알려져 있지 않다. 주로 아프리카에서 아프리카 국가들의 해방전쟁을 묘사하는데, 북한 제작 청동상들은 아주 인기가 좋다. 이런저런 독재자들이 이미 이런 방식으로 자신의 모습을 기념비로 만들었다. 물론 2016년에 내려진 서방의 경제제재 탓에 북한은 만수대창작사의 생산품을 수출하지 못한다. 적어도 공식적으로는.

페가수스가 아니라 천리마동상

만수대언덕에서 지도자 동상들을 오른쪽으로 두고 앞으로 나아가 북쪽 방향을 바라보면 아주 가까운 곳에 날개 달린 말 한 마리가 나무우듬지들 위로 날아가는 모습을 보게 된다. 이것은 페가수스가 아니다. 한국의 전설에 나오는 존재로 하루에 천 리를 달릴 수 있다는 말 '천리마'이다.

날개 달린 이 말은 '천리마운동'의 상징이었다. 이것은 마오쩌둥 시대 중국의 대약진운동에 상응하는 북한의 캠페인이다. 같은 해인 1958년에 시작되었고, 노동자들은 더욱 노력하라고 독려받았다. 1935년 소련에서 나온 스타하노프운동이 이런 캠페인의 모범을 보여준다.

시장경제로의 개혁이 진행되고 새로운 젊은 지도자가 나왔는데도 천리마운동 이념이 북한의 경제정책 포트폴리오에서 사라지지 않았다는 것은 생각해볼 만한 일이다. 2016년에도 두 번의 이른바 '속도전'이 있었는데, 먼저 70일 동안, 이어서 한 번 더 200일 동안 말하자면 전력질주 노동을 하라는 독려였다. 더 빨리 가야 한다는 것을 보여주려고 김정은은 천리마를 열 배나 넘어서는 '만리마운동'으로 이름을 바꾸었다. 이것은 '평양속도' 또는 '단숨에' 같은 다른 표어들과도 잘 어울린다.

만수대언덕에서 이 기념비를 본다면 당신은 가이드들에게 한 번쯤 속도 높이기가 어떤 것인지, 특히 그들의 일상 노동에서 그것이 어떻게 나타나는지 물어볼 수도 있다. 혹시 관광객에게 하루에 열 배나 많은 볼거리를 보여주어야 하는가? 약간의 농담은 허용된다.

만수대언덕 발치 동남쪽 방향, 대동강 방면으로 현대적 고층건물 집단이 있다. 이 고층건물들은 2012년 중반에 완공된 만수대아파트

263

로, 새 지도자 김정은이 인민에게 선물한, 눈에 보이는 최초의 성과였다. 만수대아파트는 한동안 평양에서 가장 멋진 주소였고, 가이드들이 분명히 당신에게 그 사실을 확인해줄 것이다. 어떻게 하면 이런 아파트를 누릴 수 있는지 질문하면 재미있어진다. 국가가 개인에게 아파트를 할당해준다는 일반적인 답변에 나 같으면 만족하지 않을 것이다. 번성하는 아파트 암시장이 평양에 존재한다는 사실을 우리는 안다. 아파트는 예나 지금이나 국가 소유니까, 비록 부동산을 직접 거래할 수는 없지만, 실질적인 세입자에게 엄청난 금액의 달러화를 지불하고 거주권을 얻을 수 있다. 공식적으로는 그냥 아파트 바꾸기다.

김일성광장과 인민대학습당

김일성광장은 분명 외국에 가장 잘 알려진 장소 중 하나다. 그 대규모 퍼레이드를 못 본 사람이 어디 있겠는가. 지도부가 저 위쪽 연단에 있으면, 민중은 통치자들의 저 아래 거대한 평지에 개미떼처럼 모여서 환호하고, 행진하고, 살아 있는 그림을 만들고, 애국적인 구호를 외치는 모습 말이다.

보통때는 대개 텅 비어 있는 광장을 방문하면 약간 빛바랜 흰색으로 바닥에 표시된 표지들이 보인다. 이 표지들은 수천 명이나 되는 행진 참가자들에게 정확한 정렬질서를 알려주기 위한 것이다. 광장 아래에는 쇼핑센터가 있다. 한동안 닫혀 있었는데 최근에 다시 들어

갈 수 있게 되었다고 한다. 분명 고의는 아니겠지만 상징성이 없을
수가 없다. 그러니까 위에서는 북한 체제가 계속 눈에 보이는 행진을
하지만, 아래서는 거침없이 소비가 이루어진다.

이 광장은 삼면이 건물로 둘러싸여 있고, 동편만 대동강을 향해 트
여 있다. 가장 눈에 띄는 건물은 인민대학습당이다. 소련의 모범에
따른 국가사회주의 체제는 '궁전'이라는 말을 좋아한다[인민대학습당
을 나타내는 독일어 Großer Studienpalast des Volkes에는 궁전Palast이라
는 낱말이 포함되어 있다. 인민대학습궁전인 셈]. 그것으로 두 가지를 말
한다. 예전에 소외되었던 노동자와 농민이 이제 새로운 주인인데, 이
들은 주인이라는 새 신분에 맞게 궁전에 살며 일한다는 것. 그리고
국가는 인민을 위해 모든 것을 하고, 심지어 그들을 위해 곳곳에 궁
전들을 짓는다는 것이다. 국가는 인민의 신하니까. 그래서 인민문화
궁전, 평양학생소년궁전 등이 있다. 1950년대 초 베를린에는 과시용
정면부들이 줄을 이은 스탈린대로(오늘날 프랑크푸르트대로)에 '노동
자들의 궁전들'이 있었다.

평양의 인민대학습당은 이런 전통에 들어간다. 물론 이 나라의 전
형적인 특징을 지닌 채로 말이다. 조선의 건축양식을 연상시키는 신
전통 양식으로, 묵직한 잿빛 콘크리트로 지은 이 건물은 정사각형 단
면도로 총면적 10만 제곱미터, 600개의 방이 있다. 더욱 놀라운 것
은 1982년에 김일성의 70회 생일을 맞아 지어졌다는 사실이다. 한
국식 목조건물을 흉내 내어 양끝이 올라간 지붕에서 초록색 유약을
바른 기와가 특히 눈에 띈다. 개선문과는 달리 서양의 건축요소가 여
기서는 미미하고 덕분에 겉으로는 정말로 조화로워 보인다. 김일성

▽
인민대학습당은 전통 양식으로 지은 철근 콘크리트 건물. 그 앞으로 김일성 광장이 펼쳐지는데, 여기서 대규모 퍼레이드가 열린다. 오른쪽 앞쪽의 나무들 뒤로 련광찻집이 숨어 있다.

광장을 내려다보는 앞면에 대형 연단이 자리 잡고 있어서, 특별행사가 있을 때면 지도부는 이곳에서 인민을 굽어본다.

인민대학습당이 대체 무엇인지 설명하기란 쉽지가 않다. 언제나 듣는 설명대로 실제로 핵심은 도서관이다. 열람실들과 온라인 목록, 대출창구 등이 있다. 몇몇 방에는 소규모 열람용 도서들도 있어 책을 골라서 볼 수도 있다. 나아가 대학습당은 일종의 성인대학으로, 어학 코스가 제공되고, 주로 자연과학 주제의 특별강연도 열린다. 지난 몇 해 동안 국내 다른 도서관의 인트라넷 이용자들은 스트리밍을 통해 이런 강연들에 점점 더 자주 접속할 수 있게 되었다.

도서관의 여성 안내원이 순진한 얼굴로 이곳 시민은 누구나 언제라도 이 장소에 들어올 수 있고 무슨 책이든 제한 없이 대출할 수 있다고 설명하면, 서방 여행자들은 한 번쯤 짜증 섞인 반응을 보인다. 수많은 대리석, 놋쇠, 수정 등으로 장식되어 있고, 높은 천장, 넓은 계단, 끝도 없이 긴 복도 등으로 이루어진 궁전 같은 이 건물은 그렇다고 보기에는 사람 하나 없이 텅 비어 있으니, 하필 이곳이 정보에 대한 접근이 통제되지 않는 장소일 거라고는 아무도 진지하게 여기지 않는 것이다. 북한여행 중 언제 대학습당을 방문하느냐에 따라 다르기는 하겠지만 말이다.

그와는 별개로 이곳에서는 매우 영리하고 놀랄 정도로 비판적인 생각을 가진 사람들이 일하고 있다. 우리 가이드들의 등 뒤에서 여러 번이나 이곳 직원들이 분노한 발언을 했다. 이따금씩 관광객을 대하는 방식과 행동자유의 제한이 수치스럽다는 것이었다. 그리고 그들은 호기심에 가득 차서 별로 삼가는 태도도 없이 세계의 사정에 대해 질문하는데, 자기 나라에 공식적으로 퍼져 있는 관점에 상당한 의구심을 드러내곤 했다. 북한처럼 외부로부터 격리되어 획일적으로 작동하는 나라에서도 독자적이고 비판적인 사유가 존재할 수 있음을 보게 된다. 그럴 때 대학습당이라는 그 과장된 이름이 정말로 명예를 얻는다.

광장의 동북쪽과 서북쪽에는 조선중앙력사박물관과 조선미술박물관이 서로 마주 보고 서 있다. 세계 어디서나 마찬가지지만 이런 박물관을 제대로 방문하려면 많은 시간이 필요하다. 1주일짜리 여행에서는 방문한다고 해도 대개는 빠른 속도로 얼른 둘러보게 마련이다. 전체 한국 역사를 다루는 역사박물관에서는 혼자서 이 방 저 방 돌아다닐 수는 없고 박물관 여직원의 영접을 받는다. 이 여성이 한국어로 설명하면 우리 가이드들이 통역하고, 그러면 모든 것이 필요 이상 오래 걸린다. 이런 이유에서 단체여행자들은 자주 빗살무늬토기와 청동검 이상을 넘어서지 못하고, 현대사에 관련된 방들을 그냥 지나치곤 한다.

여행 프로그램에 역사박물관 방문이 들어 있다면 당신은 미리 단원들과 상의를 해서 가이드에게 특정한 전시실이나 시대를 보여달라고 부탁하는 편이 좋을 것 같다. 19세기 중반부터 보기를 권한다. 조선왕조(1392~1910년)시대 궁중의 권력투쟁의 역사는 매우 많은 것을 알려준다. 그러면 오늘날 살아 있는 한국 정치의 전통에 대해 악의 없는 방식으로 정말 많은 것을 배울 수 있다.

평양의 역사박물관은 전국에 있는 이런 박물관들의 모범이다. 동해안 함흥에서 역사박물관을 방문하는 사람은 그곳 전시물의 구조와 선별이 평양과 거의 정확하게 동일하며, 다만 평양에서 모든 것이 한 단계 더 크다는 사실을 확인하게 된다.

그런 박물관들에서는 물론이고 큰 기업의 전통적인 회의실에서도 전시된 신문기사를 정밀하게 살펴보는 것이 좋다. 보통 지역 기관지나 전국적인 당 기관지에서 뽑아서 크게 확대한 기사에서는 특정한 사건이 보고된다. 이런 보고는 자주 VIP에 대한 언급으로 시작된다. 이는 이 나라에 전형적인 저널리즘의 결실 중에서도 가장 지루한 부분이다. 단 예외가 있다.

운이 좋으면 기사의 구절에서 빈칸을 찾아낼 수 있다. 별로 전문적이지 못한 방식으로 삭제된 것을 분명히 알아볼 수 있다. 즉 "또한 기계제작 위원장인 ○○○동지도 여기 참석했다" 같은 식으로 직위만 있고 이름이 없는 경우가 있는데, 이런 것이 그리 드물지 않게 보인다. 이는 분명 총애를 잃고 모든 출판물에서 이름과 얼굴이 삭제된 수많은 사람 중 한 명이다. 이런 것을 신중히 삭제하려는 노력이 얼마나 부족한지가 그야말로 흥미진진한 부분이다. 서양의 방문객들에게는 스탈린 시대 우리에게도 알려진 관행, 즉 누군가를 '비인간Unperson[언론 매체에서 의도적으로 무시하는 인물]'으로 선포하는 관행을 여기서 간접체험하는 것은 어쨌든 흥미롭다.

광장 맞은편의 미술박물관도 방문할 가치가 있다. 여기서 전통 한국화의 매우 아름다운 예 몇 가지를 볼 수 있다. 대개 조선시대의 소박하게 채색된 수채화와 종교적인 불교미술이다. 현대예술 부문에서는 서양에서 '사회주의적 사실주의'라고 불리는 것의 한국 버전을 대표하는 몇몇 예들이 보인다. 살짝 통통한 뺨의 행복한 농부 아낙

네, 들판의 트랙터들, 풍성한 수확, 영웅적인 철광 노동자, 무기를 든 수많은 전투 장면들. 물론 온갖 활동을 펼치는 지도자의 모습 즉 일선 방문부터 아이들과 함께 있는 느긋한 오후의 모습까지.

이렇게 둘러보고는 맨 마지막에 피할 길 없는 박물관 숍에 도달한다. 당당한 가격이 붙은 고전 회화의 대형 복제품들, 수채화나 유화로 된 최신 미술품도 구할 수 있다. 지도자 초상화는 이곳이나 다른 어디서도 팔지 않는다.

김일성광장과 이 광장을 둘러싼 건물들을 보고 북한 체제에서 이 공간들이 차지하는 의미를 이해했다면, 저 최초의 빈 스타일 카페를 위한 자리가 바로 역사박물관의 대동강을 바라보는 쪽에 배치되었다는 사실에 내가 깜짝 놀란 것도 이해가 될 것이다. 그러니까 뒷편으로 보내거나 동평양으로 쫓아 보내지 않고 말이다.

조국해방전쟁승리기념관

보통강이 대동강으로 합류하는 지점, 저 피라미드 모양의 류경호텔 바로 곁에는, 김정은이 보수하고 확장한 박물관 '조국해방전쟁승리기념관'이 있다.

기념관의 내용은 그 자체로 분명하다. 세계 다른 곳에서도 그렇듯이, 여기서도 수많은 전시품을 근거로 적에 맞선 자국 전투력의 승리를 자축한다. 하지만 당시 북한 주민의 4분의 1에 해당하는 250만 희생자를 생각해보라. 노획된 무기들의 전시는 적의 굴욕을 보여준다. 1968년 동해에서 북한 해군에게 포획되어 대동강 서편에 기념관이 신축될 때까지 정박해 있던 미국 정찰선 '푸에블로'호는 바로 그런 사례다.

북한 측의 설명에 따르면 이 배는 북한의 영해를 침범했다. 미국 사람들의 말을 믿자면 배는 공해상에서 나포되었다. 사정이야 어찌 되었든, 미군 승무원과 비밀 전자기기와 각종 자료가 가득 실려 있던 정보수집함이 북한 사람들의 손에 떨어진 것이다. 이는 군사적으로는 작은 실책이었으나, 심리적 효과는 이루 말할 수 없이 컸다. 자존심에 심각한 손상을 입은 미국은 오늘날까지도 계속 이 배의 반환을 요구하고, 북한은 의기양양하게 거부한다. 언젠가 평화협상의 틀 안에서 신뢰를 쌓는 조치의 일부로 이 배의 반환이 이루어질지 누가 알겠는가.

이곳을 방문하면 맨 먼저 배의 식당에서 이 사건에 대한 북한 측의 관점을 서술하는 다큐멘터리 영화를 보게 된다. 도중에 뒤쪽을 바라보면 초대형 아이스크림 기계가 눈에 띈다. 북한 병사들이 단체로 방문해서 1960년대에 이미 미군에게 일상적으로 주어진 이 사치를 본다면, 간혹 자신의 열악한 생활조건을 생각하지 않을까 하는 의문이 들곤 한다. 북한 매체에서 자주 읽어대는 지도자의 원칙, 곧 군대는 '전투조건 아래서' 훈련받아야 한다는 원칙은 실은 극히 단순한 숙소, 추위, 습기, 열기, 나쁜 위생조건, 부족한 보급 등을 미화하는 표현에 지나지 않는다. 나는 많은 북한 사람들과 군복무 시절에 대한 이야기를 나누었는데, 보통 매우 암울한 관점을 얻었다. 누군가는 오늘날까지도 신체적 후유증을 앓고 있다고 했다. 정신적 피해는 아예 함

▽
승리를 기념하는 조국해방전쟁승리기념관. 승리한 것으로 여겨지는 한국전
은 북한 사람들의 역사의식에서 가장 중요한 사건의 하나이며, 지도부의 정
당성을 위한 기둥의 하나이다.

구하더라도 말이다. 북한은 가혹한 나라이고, 옛날 소련과 비슷하게 군사교리를 보면 모든 것을 압도하는 조국 방어의 절대적 과업 앞에 개별 병사들의 목숨은 그리 중히 여기지 않는다.

다큐멘터리 영화를 본 다음 배 안을 둘러보는데, 특히 암호실과 선원들의 기록물을 보고, 이어서 배 바깥쪽 위장용 잿빛 채색 위에 붉은색으로 표시된, 짧은 전투에서 생긴 총탄자국 등을 본다.

푸에블로호는 한국전이 끝나지 않았음을 보여준다. 이 배는 정전협정을 체결하고 나서 15년 뒤에 포획되었다. 북한 사람들은 여기서 미국의 위협이 지속적인 현실임을 체험한다. 북한의 서술에 계속 나타나는 불변의 모범도 알 수 있다. 평화로운 이 나라가 사악한 적들의 위협을 받았으나 성공적으로 자신을 방어했으니, 다시 그런 일을 시도하는 적에게는 비슷한 치욕의 운명을 안겨주리라는 다짐이다. 북한 사람의 압도적 다수가 이런 관점을 무제한 공유한다고 생각할 수 있다.

그러니 특히 이 기념관에서는 자신의 역사지식을 혼자서만 간직하라고 충고하는 바이다. 한국전은 북한 건국신화와 김일성 숭배의 핵심요소에 속한다. 사실이나 그 해석에 대해 의문을 갖는 것은 북한 사람들의 눈에는 자기 나라에 대한 공격으로 보이니, 사실에 근거한 논의는 가능하지 않다. 특히 서방 측에서 이 문제를 아주 정밀하게 진실만을―하이럼 존슨Hiram Johnson에 따르면 전쟁에서 첫 번째 희생자는 진실이다―근거로 다루어왔는지 아닌지도 잘 모른다면 더욱 그렇다.

옛날 박물관 건물을 교묘하게 통합한 본관 전시건물에서는 무엇보다도 거대한 원형 파노라마를 경험한다. 밝음과 어둠이 번갈아 나타나고, 전투소음이 울리고, 연기와 폭발이 벽에 투사되고, 램프는 작열하듯 타오른다. 비행기 한 대가 나타나면, 총구가 불을 뿜고 유리가 깨지고 공격의 굉음이 요란하다.

방문객은 이런 구경거리의 한가운데 천천히 돌아가는 작은 객석에 앉아서 눈앞에 펼쳐지는 대전전투 장면을 구경한다. 대전은 서울에서 남쪽으로 140킬로미터 떨어진 대도시다. 1950년 7월 말에 북한군은 이곳에서 사흘 동안 벌어진 전투에서 미군 24사단에 승리를 거두고 지휘관인 윌리엄 딘William F. Dean 장군을 포로로 잡았다. 그는 한국전에서 포로로 잡힌 미군 최고위 장교다. 미국의 군사역사는 이 패배를 전략적인 승리로 간주한다. 북한군의 진군을 며칠 동안 저지하고 시간을 벌어서, 반도 동남쪽에 위치한 부산 주변에 앞으로의 전쟁에서 결정적인 역할을 할 방어선을 구축할 수 있었기 때문이다. 이 파노라마는 '4D'로 상영된다. 배경의 그림은 그린 것이지만, 탱크와 대포, 기관총, 돌과 밀랍인형들은 실제다. 조명과 음향 효과가 더욱 강력한 인상을 만들어낸다.

하지만 2013년에 새로 문을 연 기념관에서 가장 흥미로운 것은 입구 홀이다. 그곳에는 하얀 제복을 입은 김정은의 초대형 조각상이 서 있다. 한동안 혼란을 겪고 나서야 실은 그것이 김정은이 아니라 할아버지 김일성의 38세 때 모습이라는 사실을 겨우 알게 된다. 호텔이나 다른 공공건물의 벽에 붙은 사진을 주의 깊게 관찰한 사람이라면 김일성의 통치 초기 사진과 아울러 그의 행적들이 선전된다는 사실이 눈에 띈다. 벽보는 먼 북동쪽이나 평양이나 똑같다. 그러니까 디자인은 중앙에서 나온 것이다.

몇 년 전까지만 해도 이런 묘사에서 김일성은 중년 또는 그 이상 나이 든 모습이었다. 그에 반해 오늘날 선전은 사진들을 교묘하게 마주 세워서 김일성과 손자 김정은의 비슷함을 강조한다. 김정은이 일부러 체중을 늘렸다는 소문을 나는 좀 미심쩍게 여긴다. 하지만 김정은의 헤어스타일이 일상적인 북한의 헤어스타일과는 너무 달라서 이 부분에서는 실제로 할아버지와 비슷하게 보이려는 의식적인 노력을 했다고 가정하게 된다.

하지만 기념관 입구에 나타난 것은 새로운 특질을 보인다. 손자를 할아버지에게 맞추는 게 아니라 할아버지의 얼굴 모습이 손자에게 맞춰진 듯 보인다. 이 초대형 조각상도 그렇지만, 기념관에서 관찰할 수 있는 일련의 그림들도 마찬가지다. 여기서도 서양 관광객은 그런 생각을 가이드와 논의 대상으로 삼지 않는 것이 중요하다. 지도자의 외모는 북한에서 논평되거나 논의되지 않는다.

만수대창작사 : 선전 공장

북한, 특히 평양의 거리 모습에서 두드러진 특징은 기념비들이다. 청동상, 조각 군상, 부조, 화강암 기념비, 거대한 모자이크 등, 이 모든 것이 만수대창작사의 생산품이다. 이는 평양 중심부 만수대언덕의 이름을 딴 것인데, 모든 북한 기념비의 어머니인 김일성 동상과 김정일 동상이 이 언덕에 나란히 서 있다.

관광객은 부흥 지하철 역 근처의 거대 건물집단인 만수대창작사를 방문할 수 있다. 듣기로는 수천 명의 사람들이 그곳에서 일한다는데, 거대한 작품들을 보면 분명 과장은 아니다.

이 창작사는 북한만이 아니라 외국을 위해서도 활동한다. 이미 언급한 아프리카 국가들, 즉 앙골라, 보츠와나, 콩고, 나미비아, 짐바브웨 같은 나라들이다. 가장 유명한 것은 세네갈의 '아프리카 르네상스'일 텐데, 인터넷에서 찾아볼 수 있다. 캄보디아 앙코르와트 사원을 방문했다가도 뜻밖에 만수대창작사의 작품을 만날 수 있다. 그곳 박물관에는 원형 파노라마가 있는데, 자세히 살펴보면 조국해방전쟁 승리기념관의 파노라마와 아주 비슷하다.

2012년 1월에 창작사는 각별한 주목을 받았다. 죽은 두 지도자의 이중 동상이 처음으로 이곳에 세워졌기 때문이다. 진입로 옆 오른쪽에 세워진, 상당히 유치한 ─용서하시라─ 거대 청동기마상 말이다. 김정일이 타계하고 겨우 몇 주 만에 그토록 짧은 시간만 들여 만들었을 것 같지는 않지만 어쨌든. 몰래 완성하지는 못했더라도 적어도 기술적으로는 압도적인 업적이었고, 혁명예술을 창작하는 이곳의 엄청난 효율성을 보여준 것이기도 했다.

이것을 보고 우리는 이런 질문을 하게 된다. 다양한 기술을 동원해 종이, 비단, 도자기, 돌, 금속 등으로 만들어낸 이런 것이 과연 예술인가. 만일 '예술'이 '능력'에서 나오는 것이라면 대답은 단순하다. 체제에 대한 가장 혹독한 비판자라도 북한 예술창작에서 기술의 탁월함을 인정할 것이다.

나아가 '예술이냐, 아니냐'라는 질문이 똑 부러지게 답변할 수 있는 게 아니라는 점도 분명하다. 우리 사회에서 옷이든 헤어스타일이든 예술 취향이든 상관없이, 예술을 감독하려는 시도를 모조리 비판적으로 바라보는 것은 괜한 일이 아니다.

북한 국가의 분명한 태도는 그것과 대비된다. 예술에 남다른 애착을 가졌던 김정일은 "예술이 무엇인가는 내가 정한다"라고 말했을 것 같다. 그리고 북한에 공식적으로 '타락한 예술'이 없다면, 이는 '예술을 위한 예술l'art pour l'art'을 단호히 거부하는 일이다. 북한에서 미술품이든 음악이든 문학이든 상관없이, 모든 작품은 목적을 달성해야 한다. 그리고 이는 체제의 정치적 목적과 관계된 것이어야 한다. 지도자 숭배, 애국심 고취, 국가의 적에 맞선 투쟁, '사회주의 모럴'이라 부르는 것의 장려 등이 여기 속한다.

이런 관점에서 북한 예술은 원칙적으로 선전예술이다. 우리 중 누구든 공개적으로 이와는 다른 주장을 감히 펼친다면, 그는 재빨리 의심을 받고 머지않아 '김씨 일가 옹호자'라는 혐의로 그야말로 처분당하고 말 것이다. 이렇듯 무차별적인 관점에 대해서 나는 앞서 인용한 북한 불교 승려의 말로 반박하고 싶다. 더러운 연못에서도 정말 아름다운 것이 자랄 수 있다고 말이다.

결국 방문객들은 스스로 자신의 의견을 정할 일이다. 이 나라를 여행하는 사람은 산이나 오래된 건축물 앞 등 특별히 아름다운 장소에서, 이젤 앞에서 또는 양산으로 태양을 가린 채, 연필로, 초크로, 수채물감이나 유화물감으로 그림을 그리는 수많은 사람들을 보게 된다. 다양한 미술관을 둘러본 사람은 사진처럼 사실적인 묘사와 나란히 인상파의 경향을 보이는 것, 키치와 나란히 아름다운 그림을 볼 수가

▽
만수대창작사에서 일하는 '인민예술가'는 외국 관광객들에게 익숙해서 평온
함을 잃지 않는다. 이 그림은 '조선화'라고도 불리는 한국 수묵화.

있다.

현재 상황에 대한 공개적인 비판을 듣지는 못한다. 온갖 상대화에
도 불구하고 분명히 말할 수밖에 없는 것은, 북한 예술은 체제에 종
속되어 있다는 사실이다.

매리사격장: 닭과 칼라슈니코브 총

2014년에 재건축된 이 인기 있는 장소에서 피스톨, 카빈, 칼라슈
니코브 등의 총을 쏘아볼 수 있는데, 물론 모두 5.6밀리미터 소구경
총이다. 한 발 쏘는 데 50유로센트, 칼라슈니코브는 예외로 1유로가
든다. 연발식 기관권총도 한 발씩만 쏠 수 있다. 진한 화장을 한 젊은
여성이 보고 있다가 재장전을 도와준다.

여기에는 아주 실용적인 이유가 있다. 1980년대 중반에 내가 동
독의 입대 전 교육에서 동일한 무기를 쏘아보았으니 말인데, 이 총들
은 고장이 매우 잦다. 250미터 거리까지 정확하게 쏠 수 있는 7.62
밀리미터 구경인 오리지널은 상당히 내구성이 있는 데 반해, 소구경
칼라슈니코브는 장전장치가 자주 고장 난다. 그러니까 한 발씩만 쏠
수 있다. 하지만 누가 쉽사리 북한에서 칼라슈니코브를 쏘아보았노
라고 말할 수 있겠는가? 그러므로 두 눈을 꽉 감고 그냥 재미로 한번
발사해볼 수는 있다.

기묘하게도, 다양한 형태와 크기의 표적 말고도 줄에 매달린 유리
병과 살아 있는 동물도 표적이 된다. 꿩과 닭들이 매달려 있는데, 사

▽
매리사격장에서 칼라슈니코브 기관총으로 표적이나 유리병, 심지어 살아
있는 닭과 매까지도 쏠 수 있다.

냥짐승을 죽이면 미리 준비된 플라스틱 봉지에 담아 집으로 가져갈 수 있다. 가여운 새들은 철조망 울타리 뒤의 좁은 공간에 갇혀 모이를 쪼며 돌아다니다가 종말을 ― 바라건대 고통이 없기를 ― 맞이하는 것이다. 이것은 한 발 쏘는 데 5유로가 든다. 나란히 붙은 식당은 평양 전체에서 가장 신선한 닭고기를 제공한다고 사람들이 내게 눈을 찡긋하며 알려주었다.

열 발 쏘아 열 발을 다 맞힌 사람은 옆의 가게에서 외화원 1,000원어치의 물건을 가져갈 수 있다. 이는 어쨌든 미화 10달러이니, 칼라슈니코브로 열 발을 쏘려면 지불해야 하는 비용이다. 카빈 총을 쓴 사람이라면 자기가 낸 비용의 두 배를 얻는 셈이다. 5~10점을 맞혀도 외화원 100원어치 물건을 가져갈 수 있다. 악당이라면 나쁜 생각을 할 수도 있지만, 어쨌든 우리 중 누구도 너무 많이 맞힌 적은 없다. 경험 많은 사수도 마찬가지였다. 아마도 무기가 아주 정교하게 조립되지 않은 것 같다. 우리 여행단에게 한국어로 표시된 이런 포상을 알려준 사람이 아무도 없었다는 점도 언급해야 할 것 같다.

밖에서는 팻말 하나가 매우 공손한 한글로 이렇게 고지한다. "소주나 맥주를 마신 고객은 사격을 할 수 없음." 금지팻말은 자주 저만의 이야기를 들려주는 법이다.

만경대학생소년궁전: 인재양성과 인간동물원

도시의 서남쪽 끝 광복거리가 항구도시 남포로 가는 '청년영웅도

▽

만경대학생소년궁전의 상급반 학생들. 벽에 붙은 김정은의 지시대로 자연과
학 교육이 강화되었다.

로'로 넘어가는 곳에 '만경대학생소년궁전'이 서 있다. 이것은 자주 어린이궁전 또는 선구자궁전이라고도 불린다. 거대한 건물 앞에 세 워진 청동조각상 하나가 행복한 어린이들을 보여준다. 스케이트, 우 주복, 휘날리는 수염이나 황금열쇠 등을 보면 나로서는 어쩔 수 없이 소련의 동화와 만화가 기억난다. 물론 그렇게 체제를 흔드는 생각은 가이드들에 의해 분노로 거부된다. 모든 것이 순수하게 북한의 것이 란다!

이 궁전 앞에서 우리 여행단은 사람 없는 주차장을 200미터 정도 까지 돌아다닐 수 있었다. 우리가 너무 바깥바람을 쐬지 못했다고 불 평했기 때문이다. 나는 몇 가지에는 익숙해졌지만 그래도 이런 뻔뻔 함에는 평정심을 유지하기가 힘들다.

이곳 내부에서는 마치 인간동물원처럼 여러 방에서 어린이들이 음악, 비단자수, 서예, 춤 등을 연습하는 것을 볼 수 있다. 이따금 공 연도 있다. 거대한 무대공간에서 초록색 플러시 안락의자에 앉아 완 벽하게 훈련된 아이들의 기술적으로 뛰어난 공연을 관람한다. 그럴 때면 나는 언제나 매우 불쾌한 기분이 되곤 하지만, 수많은 서양 방 문객들이 열광하는 것도 보았다.

이런 시설이 전국에 있으며, 아이들의 이런 방과 후 활동은 부모들 에게 몹시 환영을 받는다. 여기서 아이들은 재능을 발견하고 또 계속 발전시킬 수가 있다. 특히 음악과 기예 영역이 그렇다. 모든 사회주 의 국가들이 그렇듯 북한은 재능의 발견과 양성을 위해 매우 좋은 체계를 갖추고 있다.

283

만경대: 김일성 생가

북한에서 김일성의 의미는 아무리 강조해도 모자란다. 그는 일본에서 나라를 해방시킨 사람이며, 미국에 맞선 보호자이자 건국자일 뿐만 아니라, 두 명의 후계자에게는 원칙적으로 유일한 최고 정당성의 원천이기도 하다. 그는 전국을 종횡무진 수천 번이나 이른바 현지 지도를 하러 다녔다. 어디든 그가 본 것에 대해 지적을 한 곳에서는 붉은색 플래카드에 황금색 글자로 써서 그것을 기억한다. 그의 아들과 손자도 이런 직접적이고 소소한 관리 방식을 따라 했다. 그러니 이런 위대한 조상의 공식 생가가 있는 만경대가 특별히 숭배받는다고 해서 놀랄 사람이 어디 있으랴.

대동강 아주 가까운 곳, 빽빽이 숲을 이룬 언덕의 발치, 도시의 서남쪽에 꼼꼼히 가꾼 공원 안에 작은 전통 농가 한 채가 서 있다. 점토벽을 바른 초가지붕 농가와 몇몇 부속건물들이다. 1912년 4월 15일에—하필 '타이타닉'호가 침몰한 날—태어난 김성주라는 소년의 조부모가 여기 살았다. 뒷날 김일성이라는 이름으로 알려지게 되는 소년도 몇 년 동안 이곳 조부모의 집에서 살았다. 이 집은 오늘날 그의 공식 생가로 여겨진다.

일본의 한국 식민지 점령 두 번째 해에 이 나라에 구세주가 선물로 주어진 것이다. 그전에 이 지역은 부유한 평양 귀족들의 묘지로 쓰였다. 어린 성주의 가족은 이런 부자들의 무덤을 보살폈고, 덕분에 여기 살 수 있었다. 풍수의 관점에서 보면 위치가 이상적이다. 북쪽으로 산이 있어 북쪽의 부정적인 기운으로부터 이 장소를 보호한다.

남쪽은 활짝 트여서 긍정적인 기운이 자유롭게 흘러들어온다. 남쪽에 위치한 강의 기운도 여기 더해진다. 서쪽에서는 작은 지류를 통해 에너지가 계속 흐르면서 모이고, 동쪽으로도 마찬가지로 대동강 굽이의 덕을 본다. 옛날 한국에서 궁궐들과 불교 사원들이 이런 식으로 터를 잡았다.

우리에게는 '펭슈이'라고 알려진 땅점을 가리키는 한국어는 '풍수(바람과 물)'. 당신의 가이드들은 만경대의 이상적인 위치에 대해 분명히 수긍할 것이다. 도시 맞은편 끝에 있는 지도자의 매장장소도 비슷하게 완벽하게 선택되었는지 한번 물어볼 수도 있다. 원래 정치적으로 정확한 답변은, 오늘날 북한에서는 그런 미신적 개념을 좇지 않는다는 말이어야 한다. 하지만 어쩌면 조금 놀랄 수도 있다.

자서전《세기와 더불어》에서 김일성은 자신의 어린 시절에 대해 상세히 이야기한다. 일화들이 끝도 없이 많이 나온다. 생애 초기의 국면을 다루는데, 특히 이곳과 같은 장소들이 잘 묘사되어 있다. 본질적으로 다음과 같은 진술로 귀결되는 내용을 여기서 되풀이하는 것은 피하기로 하자. 즉 김일성 일가는 가난하고 소박했지만 언제나 애국적이었다. 김일성은 훌륭하고 똑똑한 소년으로, 일찌감치 지도자의 자질을 보였다. 아버지와 할아버지에 의해 혁명에 이바지하도록 양육되었으며, 어른을 잘 돕고 어른과 또래 아이들 모두에게서 똑같이 존중을 받았다.

이 집을 자세히 관찰하기를 적극 추천한다. 이번 여행에서 전통적인 한국 농가에 이보다 더 가까이 다가갈 수는 없을 테니까. 깊숙이 내려앉은 부엌을 살펴보라, 거기서부터 뜨거운 연기가 바닥을

▽
북한의 가장 중요한 순례지인 김일성 생가.
전통 농가를 구경할 드문 기회를 제공한다.

따라 나머지 방들을 데우면서 빠져나간다. 전통적인 농기구들을 살펴보고 쓰는 방법에 내해 설명을 청해 들어라. 할아버지의 담뱃대들을 살펴보고, 식품을 보존하는 데 쓰인 짚으로 엮은 작은 헛간, 김치의 발효와 보존을 위한 커다란 항아리들, 그 밖에 다른 것들도 더 볼 수 있다.

집 안에는 다양한 연령대의 김일성이 친척들과 함께 찍은 사진들이 걸려 있다. 흥미롭게도 형제자매의 사진은 어디에도 없다. 상당히 이상한 일인데, 당시 특히 가난한 사람들은 자녀를 많이 두었기 때문이다. 실제로 김일성에게는 적어도 두 명의 형제가 있었고, 그중 한 명은 아주 어릴 때 일본인들에게 죽임을 당했다. 2017년에도 김일성의 여덟 살 아래 동생인 김영주는 살아 있었다. 서방 역사가들은 그가 한동안 후계자 물망에 올랐었지만, 1970년대 중반에 승계싸움에서 조카인 김정일에게 밀렸으며, 그 뒤로 상대적으로 무의미한 위치로 떨어졌다고 주장한다. 오늘날에도 여전히 그는 인민회의 명예 부의장이다. 그에 대해 더 많은 이야기를 들어보려고 시도할 수는 있으나, 매우 조심스럽게 해야 한다.

김일성 일가에 대해, 또는 가이드의 가족에 대해 한국의 이름 관습과 가족관계에 대한 설명을 부담 없이 부탁할 수 있다. 결혼한 다음 부부가 같은 성을 쓰나? 아버지 쪽 친척과 어머니 쪽 친척은 중요성이 다른가? 이혼이 있는가? 그럴 경우 누가 아이들, 집, 개 등을 차지하나? 김일성은 1949년에 첫 아내가 죽은 다음 재혼을 했나? 마지막 질문은 갑작스럽게 대화를 끝낼 수도 있으니, 마지막 순간까지 보류할 것.

정성스럽게 보존된 생가 앞에는 샘이 하나 있고, 국자도 있다. 미신에 따르면 이 물이 사람을 젊게 만든다고 한다. 편한 마음으로 시음해보라. 무슨 일이 있으면 설사약이 있으니까.

날씨가 좋다면 조금 떨어진 유원지를 방문할 수 있다. 북한 사람들도 심리적 연상의 힘을 안다. 아이들이 건국자의 생가를 방문하고 나서 회전목마나 궤도열차를 타고 노는 것 말이다. 그래서 2012년 4월 김정은은 이 공원의 퇴락한 상태를 보고 상당히 화를 냈다. 책임자들이 두려워 떨고, 군대가 수리를 떠맡았다고 신문들이 보도했다.

금수산태양궁전 : 지도자들의 영묘

1994년 김일성이 사망하고 마지막 휴식처로 삼아 잠든 이곳은 시의 동북쪽에 자리 잡고 있다. 말뜻 그대로 진짜로 잠든 곳이다. 영원한 지도자의 관저이던 금수산태양궁전은 그의 아들 김정일 시대에 지도자의 영묘로 바뀌었는데, 외국인은 미리 신고한 다음 토요일과 일요일에 이곳을 방문할 수 있다. 격식 있는 옷차림이 요구된다. 원칙은 남자들에게는 넥타이를 갖춘 양복을, 여자들에게는 정장을 요구하지만, 실제로 외국인에게는 조금 느슨한 편이다. 서양 방문자들의 옷차림이 자유롭다는 것이 알려져 있기 때문이다. 샌들, 반바지, 티셔츠는 물론 받아들여지지 않는다. 일부러 의례적이지 않은 옷차림으로 무언가 입장표명을 하려는 사람이 아니라면, 적어도 참아줄 만큼 적당한 의상을 가져가기를 추천한다. 어쨌든 방부처리된 옛날 국가지도자 두 사람의 시신을 마주하는 일이니까.

이 시설의 설계와 방문의 각본은 정밀하게 관찰하고 의식적으로 체험할 만한 것이다. 레닌이나 마오쩌둥의 영묘는 잊어라, 이곳은 다른 영역이다. '권력으로서의 건축'이라는 개념을 아는 사람이라면 그런 요소들을 잔뜩 찾아낼 것이다. 중요한 인물을 방문할 때 등장하는 긴 복도, 막강한 기둥들이 있는 천장 높은 방들. 여기 서면 누구라도 자신이 작고 하찮음을 느낀다. 어둑한 조명과 진지한 음악이 엄숙한 분위기를 만들어내고, 넘어서면 안 되는 노란 선들이 있으며, 실물과 똑같은 모습을 한 지도자들의 초대형 조각상들을 우러러보게 된다.

사진과 동영상은 허용되지 않는다. 시계와 지갑에 이르기까지 일체의 개인용품은 옷 보관소에 맡긴다. 긴 무빙워크를 타고 대리석, 놋쇠, 수정 등으로 풍성하게 장식된 본관으로 들어간다. 여기서 다시 다양한 관문들을 통과한다. 두 지도자 동상 앞에서 절하기. 그런 다음 승강기를 타고 올라가서 마치 반도체공장 같은 소독시설을 거치는데, 수많은 노즐에서 나오는 강력한 바람으로 먼지를 깨끗이 씻어낸다. 내면을 청소한 다음 외면의 정화도 뒤따르는 것이다. 이 장치는 조심스럽게 다듬은 긴 머리에는 완전 죽음이다.

이렇게 준비를 마치고 이제 가장 신성한 곳으로 들어간다. 어둑한 조명이 비추는 방—어두운 화강암, 높은 천장—한가운데 몸에 딱 맞는 제복을 입고 스토아 방식의 엄숙한 얼굴을 한 특별히 키 큰 군인들이 지키는 유리관 하나가 놓여 있다. 그 안에는 방부처리된 김일성의 시신이 조선로동당의 붉은 기를 덮고 누워 있다. 여기서 방문객은 네 명씩 한 조를 이루어 관을 한 바퀴 돈다. 그러면서 발끝에서 한 번, 양옆에서 각기 한 번씩 절을 하는데, 머리 쪽에서는 하지 않는다. 이 홀에서는 큰 소리로 말하거나 웃지 마시라. 북한 사람들은 여기서는 절대 농담을 모른다. 이 사람들에게 김일성은 나라의 해방자이자 수호자이며, 우리가 흔히 생각하듯이 스탈린 방식의 독재자가 아니라는 점을 생각하라.

이어서 나타나는 다음 방에는 김일성이 생전에 받은, 주로 동구권 국가들과 냉전에 참가하지 않은 국가들이 수여한 온갖 훈장과 다른 표창들이 보존되어 있다.

이어지는 홀에서 역시 김정일의 시신에 대해서도 같은 과정이 되풀이된다. 여기서도 시신 앞에서 세 번 절을 하면서 한 바퀴를 돌고 나서 역시 훈장들로 장식된 방에 도달한다.

그런 다음 온갖 종류의 성유물이 전시된 공간들이 차례로 나타난다. 그중에는 독일 자동차들, 심지어 쾌속정도 있다. 특히 방문객은 김정일이 2011년 12월에 먼 지방을 시찰하다가 사망한 당시 타고 있던 철도차량에 매혹된다. 이 장소에서는 흔히들 귓속말을 속닥거리는데, 그의 책상 위에 열린 채로 있어서 애플 로고가 잘 보이는 맥북 컴퓨터 때문이다.

약 두 시간 만에 다시 옷 보관소로 돌아오면 특별한 안도감이 퍼진다. 인위적으로 만든 긴장감에 맞서기란 정말 어렵다. 마지막으로 궁전 앞 거대한 광장에서 사진을 찍을 수 있다. 대개 대규모인 내국인 단체 방문객이 적절한 질서에 따라 이 순간을 영원히 보존할 사진을 찍도록 여러 연단들이 세워져 있다. 한 여행자가 참지 못하고 이 광장에서 물구나무서기를 했을 때, 적어도 서양인 여행단 하나는 여기서 여행이 끝났다. 가이드들은 직업을 잃고 다시는 모습을 보이지 않았다.

이 영묘를 방문하는 일을 두고 자신의 양심과 타협하지 못한 사람이라면, 그냥 방문을 거부하거나 외교적 방법을 선택해 갑자기 그 어떤 신체적 불편이 나타났다고 하소연할 수 있다. 익숙하지 않은 음식, 시차, 서양인의 허약한 체질 등 여기서 창의력에 한계는 없다. 가이드들은 그것을 받아들일 것이다. 하지만 이 자리에서 다시 북한여행을 예약하기 전에 먼저 생각해보라고 말하고 싶다. 손님을 맞이하는 주인을 사랑할 필요는 없다. 하지만 일부러 그들을 모욕하는 것도 불필요한 일이다.

대성산혁명열사릉

또 다른 중요한 혁명 기념 장소는 영묘에서 직선거리로 3킬로미터 떨어진 곳에 있다. 대성산에 자리 잡은 혁명열사릉의 위치 또한 '풍수' 이론에 따라 이상적인 장소라고 여길 만하다.

버스를 타고 가는 길에 최근 개축된 동물원 옆을 지나가는데, 평양 시민들은 지하철 락원역에서 이곳으로 올 수 있다. 특히 주말과 명절이면 이곳은 지옥이 되고 만다. 따뜻한 계절에는 소풍으로 동물원을 방문하기 때문이다.

지하철 역 앞 주차장에서 길이 갈라진다. 오른쪽 길은 대성산유원

▽
대성산혁명열사릉.
"조선혁명군 지휘관 김혁 동지".

지로 가는 길이다. 이곳은 놀이기구들이 있고, 특이하게 각진 아치를 지닌 옛날 요새를 모방한 성문이 압도한다. 취주악부터 전통 스포츠까지 각종 행사들이 여기서 벌어진다. 도시의 다른 구역에서 보통은 내국인과 외국인을 엄격히 구분하는데 여기서는 그러지 않아서 나는 여기 오면 기분이 좋아지곤 한다. 북한에서는 자기에게 주어진 것을 그대로 받아들여야 한다. 그러니까 편집증을 털어버리고, 사람들과 이야기를 하려고 시도해보라. 여기서는 내국인과 외국인에게 그것이 허용되어 있다.

지하철 역을 왼편에 두고 버스가 달리면 곧 대성산에 도착한다. 대성이란 '큰 요새'라는 의미다. 옛날에 방어시설이 있었음을 암시한다. 긴 화강암 계단들이 산꼭대기로 연결된다. 관광객은 마지막 계단까지 차로 갈 수 있지만, 내국인은 골짜기부터 계단을 밟아 이 거룩한 장소를 올라간다.

위로 올라오면 날씨가 좋을 때는 평양 시내 경치가 한눈에 보인다. 사방을 둘러보면 북한이 세계의 청동 비축분에서 절반 정도는 쓰는 모양이라는 생각이 든다. 여기서도 이 광물이 넉넉히 쓰였다. 언덕 꼭대기까지 16~18개의 청동 흉상들이 늘어선 게 여덟 줄이나 된다. 2017년 2월에 방문했을 때 나는 청동상 총 154개를 헤아렸다. 이는 맨 위에 따로 분리된 것들까지 포함하는 숫자다. 각각의 흉상은 화강암 받침대 위에 놓였는데, 이 받침대에는 이름, 역할, 생일, 사망일, 사망 유형 등이 적혀 있다. 이들은 조선혁명을 위해 목숨을 바친 사람들이다. 각각의 얼굴은 여기서 기리는 대상의 이상화된 모습을 극히 세밀하게 표현했다. 일본인에 맞선 싸움에 참가한 개인들이 많이 보인다. 김정은 치하에서 공항으로 가는 길 옆에 새로 만들어진 독립된 묘역은 한국전 사망자와 영웅들에게 바쳐졌다.

맨 꼭대기에 나머지와 떨어져 있는 줄에는 특별히 중요한 인물 15인의 무덤이 있다. 김일성의 아내이자 김정일의 어머니 김정숙도 여기 묻혀 있다. 죽은 두 지도자의 조각상은 여기 없지만, 대신 1935년에 죽은 김일성의 동생 김철주(철주, 성주, 영주—그러니까 '주'가 돌림자)가 여기 묻혀 있다. 조국에 봉사하다가 늙어 죽었거나 일찍 죽은 혁명가들, 그리고 김일성의 가까운 동지들, 예컨대 최현(자주 '2인자'로 거론되는 최룡해의 부친)이나 오진우(살아 있는 동안 가장 막강하던 군인) 등도 여기 묻혀 있다. 여기서도 가이드의 요구에 따라 그사이 습관이 되다시피 한 일렬로 서서 절하기를 해야 한다. 북한의 상류층에 관심이 있다고? 그렇다면 여기 그들이 있다. 이 가문 출신들이 곧 혁명국가의 최고 귀족들이다.

사실들을 긴 호흡으로 설명하는 사이, 여성 혁명가나 외자 이름을 가진 혁명가의 수를 확인하면서 시간을 보낼 수도 있다. 한국에서는 성은 한 글자, 이름은 두 글자가 보통이다. 예외가 있지만 상대적으로 드물다. 그런데 혁명열사릉에서만은 그렇지가 않다. 한 글자 이름이 특이하게도 사람을 혁명적인 삶으로 이끄는 것이라고 믿고 싶어질 정도다. 김책, 안길, 최현, 강건, 남일 등의 이름들…… 맨 꼭대기 줄에서만 3분의 1이 외자 이름이다. 이런 주제는 아무런 문제도 일으키지 않고, 가이드와 토론해볼 만한 주제다. 물론 그런 말을 들으면 가이드들은 멍하니 바라보거나 비난하거나 킥킥거린다.

이곳 대성산에 묻힌 사람들 중 누군가를 친척으로 둔 행운아는 북

한에서 특권적 지위를 누린다. 언젠가 가이드 한 명이 내게 자신의
조상을 자랑스럽게 보여준 적이 있다. 그것은 북한의 서열체계에서
가이드라는 직업이 지닌 위상을 알려준 일이기도 했다.

9

평양 동부:

기념비와 오락

평양의 동쪽 부분은 의붓자식 대우를 받곤 한다. 하지만 동평양
도 몇 가지 중요한 것들을 제공한다. 강변에 인접해서는 가장 유
명한 기념비 몇 개가 서 있고, 북부 물굽이에는 여름철에 인기가
높은 문수물놀이장이 있다. 대사관 구역도 이곳에 있다. 독일대
사관은 여기서 옛날 동독대사관이던 건물을 스웨덴대사관, 영국
대사관과 함께 나누어 쓰고 있다.

단군릉: 신화적 건국자의 도구화

평양 동북쪽으로 약 20킬로미터 떨어진 곳, 하지만 행정상으로는 평양에 속하는 언덕 위의 낡은 묘지 위로 밝은색 돌계단으로 된 피라미드 하나가 서 있다. 이집트의 유적지 사카라가 연상되지만, 이곳은 모든 게 새것이다. 긴 계단과 돌로 깎은 호랑이 상들이 있는 이 시설은 단군의 유해를 보존하고 있다는 곳이다. 단군은 김일성이나 다른 어떤 옛날 왕의 조상이 아니라, 들으면 놀랄 일이지만, 암곰이 여자로 바뀐 사람과 천상의 존재 사이에서 기원전 2333년에 태어났다는 고조선의 건국자다. 이에 비하면 공자는 약 1800년 뒤에나 나타났다.

서양에서 온 많은 방문자는 이것을 그냥 우스갯소리로 치부해버린다. 김일성이 죽기 몇 년 전에 고고학자들에게 이 무덤을 찾아내라고 친히 지시를 내렸다는 것은 사실이다. 그들은 충분히 영리한 사람들이라 재빨리 무덤을 찾아냈다. 대체 무엇 하러? 한반도에서 평양의 주도권 주장을 뒷받침하기 위해서였다. 건국자 단군의 마지막 휴식처 옆이 아니라면 다시 통일된 한국의 중심부는 어디가 될 수 있

▽

돌로 나타낸 주도권 주장. 평양에서 멀지 않은 곳에 있는 단군의 묘지.

단 말인가?

피라미드 내부를 보려면 추가로 100유로를 지불해야 한다. 그러면 관 하나와 낡은 뼛조각 몇 개를 보게 된다. 돈은 이보다 더 나은 데 쓸 수 있다.

5·1경기장: 스포츠와 쇼

대동강의 한 섬[릉라도]에 있는 수용인원 10만 명의 이 경기장은 그 규모와 시내 중심부 위치 때문에 못 보고 지나칠 수가 없다. 많은 건축물과 집이 늘어선 길들이 그렇듯이 이것도 1988년 올림픽경기를 염두에 두고 지어졌다. 1981년에 올림픽위원회는 서울을 올림픽 개최지로 완전히 비정치적이지만은 않은 결정을 내렸는데, 김일성은 공동개최를 희망했다. 아주 비현실적인 일만은 아니었다. 어쨌든 그 것을 논의하기 위해 회담들이 열렸다. 북한의 과도한 요구가 나오자 1987년에 공동개최가 무산되리라는 게 분명해졌다. 이는 다른 일들과 함께, 남한 여객기에 대한 테러공격으로 이어졌다.

북한은 이를 대체할 다른 이벤트를 찾으려 했고, 1989년 세계청년학생축전 유치라는 형태로 실현되었다. 5·1경기장은 불규칙적으로 열리는 아리랑축전을 통해, 특히 수천 명 어린이들이 만들어내는 카드섹션 그림으로 주목을 끌었다. 2015년부터 이 축전은 열리지 않는다. 전에 서방 관광객은 이곳에서 개인들을 거대한 그림에서 하나의 픽셀로 만들어버리는 체제의 능력을 느낄 수가 있었다. 흥미로운

▽

평양의 거리 풍경. 앞편에서 한 소년이 스케이트를 타고 체육추첨 판매대 곁을 지나간다. 뒤편에는 '자전거 보관'이라는 팻말이 있다.

디테일을 동원한 이 볼거리를 나의 책《내부관점》에서 한 챕터로 다루었다.

꽃전시회들: 지도자들의 상징

도시에 꽃이 매우 많다는 것이 금방 눈에 띈다. 베란다의 상자나 그림 주변 등 어디서든 분홍색 난과 새빨간 베고니아가 보인다. 이것들은 김일성과 김정일의 이름을 딴 꽃들로, 자주 이 지도자들의 상징으로 쓰이고, 또한 그에 합당하게 다루어야 한다. '김일성화 Kimilsungia'라는 난은 북한의 공식 설명에 따르면, 1964년 지도자가 인도네시아를 국빈방문했을 때 당시 인도네시아의 수카르노 Achmed Sukarno 대통령이 붙여준 이름이다. '김정일화 Kimjongilia'라는 이름의 베고니아는 일본의 식물학자가 재배한 꽃인데, 1988년 김정일의 생일을 맞아 증정되었다고 한다. 아직 김정은화는 없지만, 적어도 신품종 재배에 관한 소문이 돌았었다. 2012년 4월에 김정은에게 꽃이 헌정되었는데, 그는 이를 '만복화 Manbokia'라고 이름 지었다고 한다. 만복이란 '많은 행운' 또는 '배부름'을 뜻하니 특히 북한의 경제적 맥락에서 흥미로운 언어적 디테일이다.

김일성화와 김정일화는 나라 곳곳의 특별 온실에서 재배된다. 정기적으로 열리는 꽃전시회들은 자주 값비싼 준비를 거쳐 특히 아름다운 꽃들을 보여준다. 주체사상탑 북쪽 몇백 미터 떨어진 곳에 꽃전시장 건물 하나가 있다. 서양 관광객도 방문이 가능하니, 이를 강력히 추천

▽

꽃전시장의 가족 초상화. 지도자와 그들의 상징은 북한 사람들의 생활 속에
확고히 각인되어 있다.

한다. 라선에서는 이 꽃들이 재배되는 온실 한 곳을 방문할 수도 있다.

꽃전시회는 주로 두 지도자의 생일을 계기로, 특별히 아름다운 김일성화와 김정일화가 등장하는 거대한 충성 쇼다. 꽃들은 미사일, 각각의 생가, 거리 모습, 분수, 사진, 깃발 등 온갖 모양으로 화려하게 배치된다. 작은 초록 잎사귀와 흰색 데이지로 만든 구호들과 수많은 오색 LED 조명들이 전시회의 주역들에게 합당한 테두리를 마련해준다. 정부부처나 다른 조직의 후원을 받아 만들어진 화려한 꽃들은 2층 건물 이상으로 올라간다. 외국 기업체들과 심지어 서방 대사관들도 이런 꽃전시회 앞에 판을 세워서 자기들의 존경심을 증언한다.

이런 전시회는 시각적으로 풍성한 체험이다. 북한을 방문한 사람들도 그렇게 보는 듯하다. 많은 사람들이 전시된 꽃을 배경으로 가족사진을 찍는다. 전문 사진사들이 봉사를 하고, 사방에서 카메라와 핸드폰이 찰칵거린다. 분위기는 친절하고 붕 떠 있으며, 끊임없이 웃고 수다 떠는 소리가 들린다. 휴일이면 이런 전시회는 초만원이라 거의 한 발자국도 앞으로 나아갈 수가 없을 정도다.

여기서 요구하면 두 종류 꽃을 살 수도 있다. 베고니아는 작은 봉지에 든 씨앗 형태로, 난은 10센티미터 정도 자란 꺾꽂이 형태로 구할 수 있다.

평양볼링장: 중산층을 위한 오락

1990년대 초에 생긴 이 시설은 스케이트장, 물놀이장, 극장 등 수많은 오락시설의 대표로 언급될 수 있을 것 같다. 특히 위층에 있는 자동오락기 때문이다. 여기서 한순간 라스베이거스까지는 아니라도 독일 킬에서 노르웨이 오슬로행 카페리에 탑승한 듯한 느낌이 든다. 폭신한 양탄자가 깔린 어두컴컴한 실내에서 깜빡이는 불빛들 한가운데 자동기계의 경고음, 동전 짤랑거리는 소리, 게이머들의 환호성 등이 아주 독특한 분위기를 만들어낸다. 이런 경험은 진짜 초현실적이다. 이곳은 북한이니까. 여기서는 어른들이 아니라 주로 청소년들이 게임을 한다.

관리는 다음과 같이 이루어진다. 돈을 내고 게임용 동전을 받고, 게임에서 딴 동전은 바로 옆에 붙은 가게에서 그 액수에 해당하는 물건으로 교환할 수 있다. 투자와 수익의 관계에 대한 나의 관찰이 정확하다면 노동자의 천국에서도 돈을 따는 것은 대개 은행이다. 아래층에서는 요청하면 진짜로 볼링을 할 수 있다. 이곳은 오랫동안 중상류층 아이들 사이에서 가장 유행하는 장소였다. 그사이 평양볼링장도 낡았고, 상류층은 새로운 오락으로 빠져나가고 있다.

당창건기념탑: 돌로 나타낸 주도권 주장

만수대언덕에서 두 지도자의 눈길을 따라가면, 1995년에 조선로동당 창건 50주년을 맞이하여 대동강 동편에 세운 잿빛 돌덩이의 육중한 기념탑이 보인다. 초대형 주먹 세 개가 50미터 높이로 하늘을 향해 뻗어 있는데, 제각기 망치, 붓, 낫을 쥐고 있다. 이 물건들은 당이 대변하는 민족 계층들, 곧 노동자, 지식인, 농부를 상징한다. 이 손들을 둘러싼 돌로 된 띠에 "조선인민의 모든 승리의 조직자이며 향도자인 조선로동당 만세!"라는 글이 적혀 있다.

지식인이 적어도 상징적 차원에서라도 이렇듯 선호되는 경우는—필기도구가 당 상징물의 일부일 뿐 아니라 한가운데 있으니—소련 방식 사회주의 국가들 사이에서 유일하다. 소련의 당 깃발에는 망치와 낫만 있었고, 중화인민공화국에서는 지금도 그렇다. 동독에서 당은 빌헬름 피크Wilhelm Pieck와 오토 그로테볼Otto Grotewohl의 악수로 상징되었다. 지식인에 대한 암시는 오직 국가 문장紋章에만 끼워넣었다. 그나마 원의 형태로. 원은 정신적 작업을 하는 사람들 중 그래도 '노동자계급'으로 받아들일 만한 엔지니어들을 상징하는 것이었다. 동독의 건국자들은 분명, 자기들 취향보다 지나치게 자유로워서 단단한 구조에 끼워넣을 수 없는 정신적 작업을 하는 사람들을 불신했다. 독설가들은 그들이 열등감과 씨름했었노라고 주장한다.

그에 반해 북한에서 김일성과 투쟁동지들에게는 이런 접촉공포증이 없었던 게 분명하다. 어째서 그런지는 설명하기 어렵다. 김일성 자신은 대학교를 다니지 않았지만 분명히 매우 총명한 사람이었다. 그것 말고도 1950년대 중반까지 그는 조선공산당의 정치 지도부에서 홀로 결정권을 가진 사람이 아니었다. 한국의 유교적 뿌리, 그리고 그 덕분에 지속되던 지식과 교양에 대한 존경심을 이유로 대는 것이 가능할 것 같다. 진짜 이유가 무엇이든 북한의 당 상징에서 지식인은 그냥 섞여 있는 정도가 아니라 한가운데 있다.

다른 사회주의 국가에서도 그렇듯이 북한에서 체제에 순응하지

▽
"백전백승". 고층건물들에 새겨진 당의 강령. 기념탑은 당에 헌정된 것이다.
황금색 문구는 당이 "조선인민의 모든 승리의 조직자이며 향도자"라고 되어
있다.

않는 지식인은 가혹한 박해를 받았지만, 중국의 문화혁명처럼 지식인 전체에 대한 무차별한 박해는 없었다. 어쩌면 김일성과 투쟁동지들은 지식인을 공공연히 배제하기보다는 통합할 만큼 영리했던 것인지도 모른다. 오늘날 완전히 획일화되어 국가노선을 따르는 예술계와 학계의 풍경을 보면 그들은 이런 점에서도 매우 독특한 방법으로 성공했다. 소련이나 중국 공산당의 상징들에는 어째서 지식인이 포함되지 않는가? 그에 반해 북한에는 포함되어 있는데 이건 무슨 뜻인가? 가이드들에게 편안하게 한번 물어보시라.

하찮은 이야기를 하겠다. 2014년에 나온, 북한을 심히 모욕하는 할리우드 코미디 영화 〈인터뷰〉에서—이 영화는 꼭 영화의 질 덕분에 유명해진 것은 아닌데—당창건기념탑이 첫 장면 중심부에 등장한다. 다만 한국어를 모르는 사람이 세트를 담당했던 모양이다. 여기서 글자가 틀렸으니 얼마나 수치스러운가. 영화는 김정은의 극적인 죽음으로 절정에 도달하고, 주로 이런 이유에서 북한 측의 분노한 항의를 불러일으켰다. 심지어 북한의 사이버전사들이 복수심에서 소니 스튜디오의 컴퓨터들을 해킹했다고 한다. 2017년에 오스트리아에서 영화가 개봉되려 할 때는 북한대사관이 즉시 항의했다. 그에 대한 반응인지 아니면 청소년보호 때문인지 '오스트리아 방식 해결책'이 등장했다. 영화는 상영되었지만 김정은이 불에 타 죽는 장면은 삭제되었다. 평양에서는 이 영화 이야기는 하지 않는 편이 좋다.

거대한 돌로 된 띠 안쪽에는 세 개의 청동부조가 설치되어 있다. 이들은 제각기 혁명, 주권, 완결을 상징한다. 당 상징과는 달리 여기서는 정치적으로 정확하게 결연히 앞을 바라보는 노동자가 중심에

섰다. 노동자의 왼쪽으로 팔짱을 낀 한복 입은 여성은 분명 농부, 오른쪽에는 안경을 쓰고 양복 차림인 남자가 서 있는데 북한에서도 이는 생각하는 사람의 전형적인 모습이다. 그들 옆에 제복 차림의 노병과 젊은 병사가 한 명씩, 그리고 청소년 두 명이 서 있다. 이는 고전적인 모습이다. 주도세력인 노동자계급이 자기들과 연합한 계급들, 그리고 가장 중요한 권력도구[군대] 및 후세와 함께 등장한다.

서쪽 방향으로 저쪽 강변을 바라보면 만수대언덕과 그 뒤 피라미드 모양으로 우뚝 솟아올라 반짝이는 유리 정면부를 드러낸 류경호텔이 얼마나 완벽한 축을 이루는지 볼 수 있다. 한국전 이후 평양을 재건할 때 도시계획자들은 매우 체계적으로 일을 진행했다. 미군은 파괴적인 공습으로 본의 아니게 이를 위한 사전조건을 만들어준 셈이다.

당창건기념탑 뒤쪽 왼쪽과 오른쪽으로 붉은 건물 두 개가 기념탑에서 멀찌감치 떨어져 계단식으로 솟아 있다. 이들은 실질적으로 기념탑의 일부이다. 이 두 건물 꼭대기에는 각기 "백전"과 "백승"이라는 글자가 적혀 있는데, 이는 당의 모토이다.

기념탑 바로 뒤에 붙은 건물에는 작은 미술 갤러리가 있고, 이곳에서 그림과 기념품을 구입할 수 있다. 이념과 상업이 여기서도 함께 존재한다.

주체사상탑: 도시와 이념의 상징물

도시의 놓칠 수 없는 또 다른 상징물은 대동강 동쪽 강변에 있는 주체사상탑이다. 토대까지 합쳐서 170미터 높이의 이 건축물은 그 이름이 알려주듯이 주체사상에 바쳐진 것으로 1982년 김일성의 70회 생일을 맞이하여 세워졌다.

주체라는 개념은 단순하고도 복잡하다. 서양의 학자들 중에는 그것을 거대한 허풍, 내용은 없이 지도부의 진짜 의도에 대해 서방과 자국민을 기만하려는 주문mantra이라 여기는 이들이 있다. 또 다른 사람들은 주체사상의 바탕에 깔린 철학적 표상과 수많은 공개된 또는 감추어진 의미를 상세히 분석하느라 죽을 지경이다. 내 생각에 진실은 그 중간 어디쯤이다.

주체사상은 북한의 공식 이념이다. 북한판 사회주의 비슷한 것으로, 북한 체제의 이념적 독립선언이라 할 수 있다. 그 중심에는 적어도 말로만 보자면 마르틴 루터Martin Luther의《기독교인의 자유에 대하여Von der Freiheit eines Christenmenschen》를 연상시키는 주장이 있다. 곧 "인간은 만물의 주인이다"라는 주장이다. 상당히 단순한 이 문장은 무거운 의미를 품는다. 자연과학과 진보를 믿던 19세기의 전통에서 카를 마르크스가 요구했던 것과는 달리, 주체사상에 따르면 인간의 삶은 인간이 바꿀 수 없는 객관적 법칙의 지배를 받는 것이 아니라 인간의 뜻에 맞게 변화시킬 수 있는 것이다. 1960년대의 사회주의 상황에서 발언된 이 엄격한 명제는 소련과 중국에서 독립했다는 김일성의 선포였다. 한국전이 끝나고 스탈린이 죽은 다음, 사회주의 사회에서 격렬하게 벌어지던 노선 논쟁을 앞에 두고 그는 자신의 통치에 그 어떤 이념적 개입도 받고 싶지 않았다. 모스크바로부터도 베이징으로부터도 말이다.

▽
"일심 단결". 주체사상탑의 양 측면 건물에 쓰인 글자는 지도자와 인민의 통
합을 뜻한다. 앞면에는 당의 상징을 든 인물군상.

정세는 이미 오래전에 바뀌었건만 오늘날에도 여전히 그 결과를 느낄 수 있다. 그것은 단순한 이념에 그치지 않고 자급자족경제, 독자 외교, 국내 자원으로 감당하는 독자적인 국가방어 등으로 확장된다. 벌써 수십 년째 핵보유국이 되려는 노력이 이어지고 있다는 것도 이상한 일이 아니다. 북한은 그 어떤 외국의 '우산'에도 기대려 하지 않는 것이다. 그 많은 제재들이 어째서 북한 지도부를 지금까지도 회유하지 못했는가 자문하는 사람은, 이것이 지도자의 순간적인 변덕이 아닌 원칙적인 전략의 문제임을 분명히 알아야 한다.

그러니까 주체사상탑은 이런 이념에 바쳐진 것이다. 이것은—다시 숫자상징이 등장하는데—70×365개의 잿빛 돌들로 만들어졌다. 이는 그때까지 김일성이 살아온 날들의 숫자다. 꼭대기는 20미터 높이의 횃불이다. 밤이면 주체사상탑은 조명을 받고, 횃불은 안에서 펄럭이는 빛을 내면서, 이 체제와 건국자의 이념적 승리를 멀리서도 잘 보이도록 알린다. 양각도호텔에 머무는 사람은 특히 어두워지면 이 거대 조각상의 인상적인 모습을 볼 수 있다.

동쪽을 향한 탑의 뒷면에는 하나의 아치 아래 수많은 작은 석조 기념표지들이 있는데, 거기에는 시간이 흐르면서 외국에서 주체사상을 지지한 사람들의 이름이 새겨져 있다. 무거운 돌 아치를 통해 탑의 내부로 들어가면 갑자기 상업지구 한가운데 이른다. 승강기를 타고 올라가려면 5유로를 지불해야 한다. 특히 날씨가 좋을 때면 정말로 추천할 만하다. 나는 대개는 아래 남아 부드러운 안락의자에 앉아서, 지루해하는 기념품 판매원들과 이야기를 나눈다. 판매원들은 작은 그림, 포스터, DVD, 우표 등 피할 수 없는 기념품들과 함께 몇 가지 음료수와 이따금 평양의 최근 소식도 제공한다.

주체사상탑의 앞면에는 청동으로 주조된 30미터 높이의 인물군상이 있는데, 이것을 볼 때마다 나는 소련 영화사 모스필름의 로고가 생각난다. 그것은 1937년 파리 무역박람회에서 볼 수 있었던 베라 무히나Vera Mukhina의 조각 작품 '노동자와 집단농장의 여성 농부' 모습이다. 그 작품은 그로부터 45년 뒤에 생겨난 북한의 변형보다 몇 미터 더 작다. 이것 말고도 주체사상탑 앞에는 노동자와 여성 농부뿐만 아니라 지식인도 자기 도구를 하늘 높이 쳐들고 있는데, 이번에 그는 안경은 쓰지 않았다. 다시 여성만 전통 복장이다.

주체사상탑 앞 세 인물의 모습은, 당 상징을 교묘하게 배치함으로써 정치적으로 정확한 이미지를 만들어낼 수 있음을 보여준다. 망치는 여전히 중앙이 아니라 옆에 있지만, 망치를 높이 쳐든 노동자는 맨 앞쪽에 서서 홀로 무리를 이끌고 있다. 그에 반해 양복쟁이는 두 번째 줄에서 필기도구를 겸손하게 가운데로 내밀었고, 그의 옆에 농부 여성이 있다.

주체사상탑의 위치는 사진을 찍기에 매우 적합하다. 저녁이면 태양을 배경에 놓고 동편에서 이 군상을 역광으로 촬영할 수 있다. 아침이면 강 저편으로 김일성광장과 거대한 인민대학습당의 아름다운 전망을 볼 수 있다. 도시의 이런 파노라마 사진을 찍으려고 탑에 올라가는 사람은 가능하면 빛이 좋은 오전에 올라가는 것이 좋다. 대부분의 기념비가 서평양에 있기 때문이다.

러시아정교회: 우정을 위해 무언들 못하랴

양각도호텔의 위층에서 서편을 바라보면 빛을 받아 반짝이는 황금색 양파 모양 탑들이 보인다. 이는 북한에서는 보기 드문 광경이지만 또한 독재체제가 얼마나 유연할 수 있는지도 알려준다. 김정일은 2001년에 러시아를 방문했을 때 극동지역에서 한동안 시간을 보냈다. 이 지역에서 러시아 대통령의 전권을 위임받은 사람이 콘스탄틴 풀리코프스키Konstantin Pulikowski 준장이었는데, 소련이 붕괴된 다음에 정교신앙을 되찾은 사람이었다. 그는 2주 동안 김정일의 기차여행을 수행했고, 나중에 김정일에 대해 매우 많은 것을 알려준, 내가 아는 한 러시아어로만 나온 책을 한 권 썼다. 거기서 풀리코프스키는 김정일이 자기의 신앙심에 감동해 평양에 러시아정교회 하나를 짓겠노라고 약속했다고 말한다. 풀리코프스키가 신자들에 대해 질문하자 김정일이 이렇게 말했다고 한다. 그건 걱정할 필요가 없다. 신자들은 생겨날 테니까. 어차피 러시아대사관과 그곳 직원들도 있으니까.

외국인들은 평양에서 가톨릭이나 개신교 교회를 방문할 수도 있다. 이 나라에 와서도 일요일에 예배를 꼭 봐야겠다는 사람은 정말로 여러 교회 중 하나를 찾아가면 된다. 내국인 성직자와 신자들이 진짜냐 아니면 국가가 고용한 배우들이냐 하는 논의를 두고서는 그사이 여러 권의 책이 나왔다.

315

과학기술전당: 하이테크를 향한 노력

대동강의 쑥섬에는 2015년에 문을 연 과학기술전당이 자리한다. 이는 자연과학과 기술에 초점을 두고 현대적으로 변형한 대학습당으로서, 지하주차장과 방문객을 위한 호텔까지 갖추고 있다. 건축물의 단면도와 형태는 원자의 모양을 모방했다. 입구 앞에는 돌로 만든 필기도구가 세워져 있다. 이번에는 전통적인 붓이 아니라 서양의 펜이 박식함의 상징이다. 펜 끝에는 황금색 원자 모형이 올라가 있다. 원자 모형이 북한에서는 과학기술 발전의 궁극적 상징임이 분명해 보인다.

반짝이는 화강암과 거대한 창들로 이루어진 복합건물에는 기분 좋게 빛이 스며든다. 지붕 위에는 태양열 집열기들이 서 있다. 열람실, 현대적 설비를 갖춘 강의실, 중앙 뜰, 심지어 전자게임기를 갖춘 어린이 구역도 있다. 여기서 배를 침몰시키거나 일종의 닌텐도 위Wii 같은 것을 이용해 거대한 평면스크린에서 가상 테니스경기를 할 수도 있다. 건물 중앙부에는 4층 높이가 넘는 장거리로켓 은하 3호의 모델이 본래 크기대로 등장한다. 2016년에 바로 이 로켓으로 네 번째 북한 인공위성이 우주로 발사되었고, 이번에는—서방의 평가로도—성공을 거두었다. 장거리발사체인 이 로켓은 국제적인 논란거리다. 몇 가지 변형만으로 대륙간탄도미사일로 만들어 군사 목적에 이용할 수 있기 때문이다.

과학기술전당에는 다른 흥미로운 볼거리들이 더 있다. 서방의 과학잡지와 데이터뱅크에 접근하는 법을 알려주는 벽의 게시판들 같은 것이다. 내국인에게는 아무 쓸모도 없는 인터넷 주소들까지 포함해서 말이다. 이런 것은 예컨대 다음과 같은 수많은 의문들을 불러일으킨다. 누가 대체 저 유명한 'Sage' 'Elsevier' 'Springer' 'Taylor & Francis' 같은 사이트에 들어가 그런 잠재적 파괴력을 지닌 자료들에 접근한단 말인가. 과학자들이 우선이고 이 복합건물에 속하는 호텔도 그들을 위해 세워졌다. 보통 사람들은 이렇듯 다채로운 가능성에 별 관심이 없는 것 같다. 내가 방문했을 때 과학기술전당의 방들은 대학습당만큼이나 비어 있었으니 말이다. 북한의 전형적인 공식 설명으로는 사람들이 일터에 있으니 이따가 올 거란다. 누가 그런 말을 믿나.

이론만이든 아니면 실제로도 그렇든 이곳 이용자들은 '울림' 마크를 달고 있는 수백 대의 데스크톱 컴퓨터를 이용할 수 있고, 안락한 사무용의자에도 앉을 수가 있다. 김정은의 개입으로 원래 예정되었던 단순한 의자가 이런 고급 의자로 바뀌었다. 한구석에서는 두 다리로 걷는, 흰색으로 반짝이는 로봇이 우리를 바라본다.

건물의 전문적인 마무리와 깔끔함이 특히 주목할 만했다. 이음매는 반듯하고 모서리는 정교하게 처리되어 있었다. 언제나 그렇듯 건축기임이 초단기임을 생각해보면 실로 대단한 일이다. 이곳을 방문하는 것은 헛일이 아니다. 입구에 있는 표에 따르면 입장권은 성인이 1,000원(약 15센트), 어린이는 500원이다. 특별구역들에는 추가요금이 붙는다.

조국통일3대헌장기념탑

북한에서 대부분의 기념비들은 과거로 눈길을 돌린다. 그에 반해 2001년 평양의 남쪽 출구 통일거리에서 멀지 않은 곳에 세워진 이 기념비는 방향을 돌려 미래를 향한다. 이 기념비는 남쪽의 개성 방향으로, 그리고 군사분계선만 없다면 이론적으로는 60킬로미터 떨어진 서울로 직접 향하는, 울퉁불퉁하고 대개는 상당히 비어 있는 고속도로 위로 솟아 있다.

조국의 재통일은 북한 정치의 핵심주제이다. 모든 것은 이 목표에 종속된다. 하나의 통합된 조국이 없다면 독립을 위한 싸움조차 결국 미완성이 될 테니 말이다. 나의 책《내부관점》에서 별로 의미도 없는 독일과의 비교를 포함해 통일문제에 한 챕터를 할애했다. 따라서 여기서는 간결하게만 말하기로 한다. 북한은 동독과는 달리 통일이라는 목표를 포기한 적이 없다. 오히려 그 반대다. 일련의 기본원칙들에 근거해 김일성이 구상한 계획이 있다. 이 원칙들이 이 기념탑에 반영되어 있다. 기념탑 꼭대기에서 세 가지 헌장을 뜻하는 '조국통일 3대헌장'이라는 말을 읽을 수 있다. 이는 ①조국통일 3대 원칙, ②고려민주연방공화국 창설 방안, ③전민족대단결 10대 강령으로 구성된다.

3대원칙이란 다음과 같다. 첫째, 평화통일이 이루어져야 한다. 이는 적어도 공식적으로는 군사적 통일 모델의 포기를 뜻하는 것으로, 군사통일을 시도하지 말고 따라서 군사작전을 중단하자는 약속이자 주로 남측을 향한 요구이다. 둘째, 통일은 자주적으로 이루어져야 한

▽

조국통일3대헌장기념탑은 남한 방향의 고속도로 위로 솟아 있다. 오른쪽의
행복한 사람들이 다른 편에서 아직도 해방을 기다리는 사람들에게 격려의
손짓을 보내고 있다.

다. 즉 미국이나 중국 같은 외세의 그 어떤 개입도 거부한다는 뜻이
다. 셋째로, 통일은 '민족대단결'이라는 뜻으로 이루어져야 한다. 김
일성의 이 말은 반일민족주의를 기반으로 삼을 것과 모든 조선인, 따
라서 외국에 거주하는 조선인까지 포함할 것을 뜻한다.

이것은 김일성이 아직 남북에 균형적인 태도를 보이던 재일 한인
들을 자기 쪽에 유리하게 만들 수 있으리라 희망하던 시기에 나온
것이다[3대원칙은 1972년 7·4남북공동성명에서 천명되었다]. 일본에 체
류하던 100만 명 이상의 한인들은 처음에는 매우 조직적이었고 북
한으로부터 너그러운 재정적 후원을 받았지만, 이들과의 접촉은 당
시 이미 10년 이상에 걸쳐 매우 퇴보한 상태였다. 이는 일본 정부가
개입한 것과 적잖이 관계가 있었다. 일본 정부는 원산항으로 가는 연
락선의 운행을 중단시켰고, 일본의 친북한 조직[재일본조선인총연합
회(조총련)]이 다른 방식으로도 경제적·정치적 압력을 받도록 만들
었다. 그것 말고도 젊은 세대 대부분은 하필 북한을 약속의 땅으로
여길 마음이 더는 없었다.

통일에 대해 공식적으로 나타나는 또 다른 표상은, 상대방의 체제
를 상호존중하는 가운데 통합해야 한다는 것이다. 이에 따라 북한은
연방제를 추구한다. 많은 해석자들은 자본주의와 서구 민주주의에
대해 놀랄 정도로 너그러운 이런 태도를 전술적인 속임수라고 본다.
물론 북한은 이런 해석을 격하게 부인한다.

통일한국을 '고려'라고 이름 짓자는 김일성의 제안은 주목할 만하
다. 독일과는 달리 현재 이 나라를 통합해 부르는 명칭이 없다. 북에
서는 '조선'이라 하고, 남에서는 '한국'이라 한다. 통일했을 때 어느

한편이 우위에 있다는 인상을 피하려면, 새로운 국가 명칭이 훌륭한 타협안이 될 것이다. 고려는 1392년까지 한반도에 존재했던 나라의 이름이고, 마르코 폴로Marco Polo 덕분이라는데 아무튼 서양에서도 널리 통용되는 '코리아'라는 이름의 원천이기도 하다. 이런 제안을 들으면 남한 사람들은 격분해서 고개를 가로젓는다. 유감스러운 일이다. 엉뚱한 사람이 올바른 생각을 가졌으니.

이 기념탑은 그것 말고도 다른 생각들을 반영한다. 아치는 전통한복을 입은 두 여성의 몸으로 이루어져 있다. 이들은 다차선 고속도로 위로 서로 몸을 앞으로 살짝 내밀어서 한국 지도가 새겨진 판을 함께 들고 있다. 양쪽이 똑같아 보이는데, 머리 모양 등으로 보면 북한의 이상형 여성에 가깝다. 남한에서는 그림이나 조각에서 자주 남쪽을 (우월함을 나타내는) 남자, 북쪽을 (열등한) 여자와 동일시한다. 예를 들어 서울의 전쟁박물관 앞 기념물에서도 비슷한 상징성을 볼 수 있다. 다만 거기서는 아래쪽에 서 있는 젊은 북한 병사가 위쪽에 자리 잡은 더 나이 든 남한 형제의 품에 기대 울고 있는 모습이다. 이렇게 유치한 지배의 몸짓을 북한에서는 노련하게도 포기했다.

잿빛 화강암덩어리로 만든 기념탑의 받침대 두 곳에는 각기―그럴 줄 알았지―청동판들이 붙어 있다. 동남쪽 판에는 당당하고 확신에 차서 단호히 통일을 위한 싸움에 나서는 큼직한 세 사람의 모습이 보이는데, 이들은 몸짓, 복장, 상징성 등으로 보아 북한 사람임을 알아볼 수 있고, 당창건기념탑에서 이미 본 적이 있는 노동자, 농민, 지식인의 삼두체제를 강하게 연상시킨다. 배경 멀리에는 역시 영웅적으로 보이는 인물들의 무리가 작게 보인다. 이들은 서양식 옷차림이 보여주듯이 북한의 관점으로 외국에 사는 진보한 한국인을 상징한다고 한다.

서남쪽 판에는 훨씬 덜 행복한 사람들이 보인다. 한복을 입은 남자도 마찬가지인데, 이것은 그가 남한 출신임을 드러낸다. 북한 남자들은 대개 양복 차림으로 묘사된다. 이들도 단호한 모습이니, 통일은 결국 모든 한국인에게 절실한 문제다. 하지만 동시에 이쪽 사람들은 절망감을 품은 채, 행복한 다른 편을 향해 해방에의 소망을 하소연하는 듯하다. 침몰하는 배의 모습이 연상된다. 한편에는 이미 구조를 받은 사람들이 안전한 해안에 서 있고, 다른 편에는 덜 행복한 사람들이 살아남으려고 여전히 싸우는 중이다.

가이드들은 언제나 이런 해석을 원칙적으로 거부한다. 그들의 관점에서 이것은 남북 구분 없이 단순히 분단상황에서 고통 받으면서 통일을 소원하는 모든 한국인의 모습이란다. 다행히도 누구나 눈이 있으니, 스스로 의견을 가질 일이다.

특히 독일인에게 통일이라는 주제는, 북한 사람을 만나 처음 예절 바른 인사를 나누고 나서 대화주제를 찾을 때 고맙게도 길을 열어준다. 북한 사람들은 독일 통일에 대해 잘 알고 있고, 긍정적 체험과 부정적인 체험에 대해서도 관심이 많다. 그들은 충분히 똑똑하니 여기서 자신의 미래전략을 위해 무언가 배울 수 있음을 안다. 하지만 너무 듣기 싫은 소리를 해서는 안 된다. "북한 사람들아, 잘 들어둬, 내가 이제 가르쳐줄게." 그래서는 아무것도 안 된다. 그냥 당신 자신의 경험을 이야기하고 해석은 듣는 이에게 맡겨두시기를.

이 주제에 대해, 1990년 이후 독일에서 갑자기 체제 변화가 나타난 다음에 어떤 지식과 능력은 쓸모가 있었고 어떤 지식은 쓸모가 없었는지 내 경험담을 들려주면, 사람들이 언제나 특별히 주목하는 것을 경험한다. 그것은 북한에도 중요한 일이니까.

10

서북부:
예나 지금이나 공물 바치기

평양의 볼거리에 대해 이렇듯 짧게 읽는 것만으로 이미 지친 사람이라면, 여러 날 걸리는 평양 시내 여행의 마지막 무렵에 사람들이 얼마나 지칠지를 생각해보라. 그들은 정말로 이 모든 장소를 방문하고, 숫자, 이름, 거리, 기념비의 무게, 지도자들의 현지지도 등에 대한 설명을 들었다. 게다가 사진도 찍고 몇 가지 메모도 했다. 솔직히 말해서 북한을 여행하는 일은 가이드들에게만 힘든 노동이 아니다. 그러니 드디어 이 도시를 떠나 지방으로 간다는 말을 들으면 모두들 기뻐한다. 평양 밖에도 볼 것이 많지만 속도가 느려진다. 이동시간이 훨씬 길고 가이드들은 눈에 띄게 느긋해진다. 수도에 사는 그들은 이제 순진한 지방 사람들 사이에 있게 되니, 이따금 콧대가 높아지기도 한다.

평양 북쪽 지역은 관광지로는 별로 알려져 있지 않다. 현재 관광객이 방문할 수 있는 곳이라곤 오로지 세 곳뿐이다. 평성시, 묘향산, 국경도시 신의주다. 물론 이 지역은 대낮에 기차로 통과할 수도 있다. 평양에서 베이징으로 가는 철도가 이곳을 지나가기 때문이다. 한국에서는 원래 철도가 연결되어 있던 지역인 경기(서울을 둘러싼 지역)와 의주(중국과의 서북쪽 국경선 지역)를 합쳐서 이 노선을 '경의'선이라 부른다. 이는 옛날에 조선 왕의 조공 사신들이 중국으로 오가던 '조공로'였다.

평성: 상인들의 도시

평성시는 평양에서 북쪽으로 30킬로미터가량 떨어져 있다. 이 도
시는 1960년대 중반에야 김일성의 지시에 따라 세워졌고, 평안남도
의 도청소재지이다.

이 도시가 관광객에게 개방된 것은 겨우 얼마 전부터다. 나는
2012년 처음으로 이 도시에 가보았는데, 당시 평양의 호텔 방이 완
전히 동나는 바람에 나온 긴급 해결책이 평성이었다. 김일성 탄생
100주년과 겨우 몇 달 전 취임한 새 지도자 김정은에 대한 관심이
이런 예상치 못한 숙소 부족 사태를 빚었다. 곤궁에서 미덕이 만들어
졌거니와, 오늘날 우리는 평성을 방문할 수 있게 되었다.

이 도시는 관광의 보석은 아니다. 잿빛 콘크리트가 전체 모습을 압
도한다. 그사이 김정일 동상이 보충되어 두 지도자 동상이 세워진 중
앙광장이 있고, 시내를 관통해 흐르는 강이 있다. 그럼에도 평성은
흥미롭다. 이곳은 상업 요충지고, 그것이 눈에 보인다. 중국이나 서
해안의 항구들에서 들어와 평양으로 가는 물품들은 우선 이곳으로
왔다가 다시 전국으로 흩어진다. 가까운 순안공항과 그곳을 지나는

고속도로 및 철도 등 이상적인 교통망이 평성의 지리적 이점이다. 관리가 잘되는 수도와 비교해서 평성은 훨씬 쉽사리 통행증을 발부받을 수 있기에 상인들에게는 특히 매력적이다.

버스를 타고 시내 중심부를 지나다보면 상점들이 빽빽이 늘어서 있고 값진 물건들이 잔뜩 쌓여 있는 것이 눈에 띈다. 2017년 2월에 갔을 때 몇몇 가게 앞에는 전기스쿠터들이 서 있었다. 이는 심지어 평양 사람들에게도 값비싼 소비품일뿐더러 상인들에게는 잠재적인 수입원이다. 이것으로 사람을 수송하거나 심부름을 할 수 있기 때문이다. 확연히 드러나진 않지만 보고에 따르면, 이 도시는 도매중심지 역할을 하는 것으로 유명하다. 그러니까 상인이든 기업이든, 최종구매자에게 넘길 물품이나 재가공을 위해 필요한 물품들을 여기서 조달하는 것이다.

도시 가까운 곳에 모든 것을 갖춘 혁명사적지가 있다. 그러니까 기념비, 청동 잔뜩, 그리고 신혼부부에게 매력적인 잘 가꾸어진 시설 등이다. 한국전 기간 수도 평양이 미군 공습으로 위협을 받자, 김일성대학교는 소나무들이 빽빽이 자라는 이곳 백송리 근처 골짜기로 철수했다. 오늘날에도 그들이 먹고 잠자고 공부하던 단순한 오두막들을 보면 경탄이 나온다. 김일성도 전쟁기간 여러 번이나 당시 이미 자신의 이름을 딴 이 외딴곳의 대학교를 찾았다.

도청소재지마다 다 그렇듯이 평성에도 '제일중학교'가 있다. 도에서 가장 재능이 있는 학생들이 공부하는 곳이다. 혁명사적지로 가는 길에는 여러 개의 복합건물들이 있는데, 김정은의 지시에 따라 고아들을 위해 세워진 것이다.

묘향산: 오랜 믿음을 간직한 보현사

고속도로를 타고 북쪽으로 한참 더 달리면, 전력생산을 목적으로 열두 단계로 막아놓은 청천강에 들어선다. 도로는 이 골짜기를 따라 묘향산으로 연결된다. 도중에 산에서 내려오는 물을 농사에 쓸 수 있게 평지로 보내는 수로 하나를 통과한다. 북한 사람들은 1990년대 중반의 위기에서 연료와 부품 부족으로 펌프가 멈출 수도 있음을 알게 되었고, 식량생산을 위해 더 오래가는 대안을 찾으려고 노력했던 것이다.

산으로 가는 도중에 자연동굴 '룡문'에 들러볼 만하다. 전설에 따르면 이 지역에 살던 용이 여기서 하늘로 올라갔다고 한다. 동굴은 훌륭하고 굉장히 다채로운 모습을 보여준다. 쾌활하고 거리낌 없는 여성 안내원은 천장에 매달린 종유석의 모양에서 비롯된 이런저런 전설을 방문객들에게 기꺼이 들려준다. 이곳에서 함부로 행동하는 관광객이 별로 없었던 듯하다. (아직은) 부러진 석순이 보이지 않는다. 별 모양의 기묘한 형태들, 서로 닮은 크리스틸 같은 종유석들을 즐길 수 있다.

묘향산의 관문은 평안북도와 자강도의 경계선에 있는 도시 향산이다. 여행자들은 이곳에서 큰 굽이를 이루는 강의 이름을 딴 청천강호텔에 묵는다. 대안으로는 약간 외곽에 위치한 향산호텔에 묵기도 하는데, 이 거대한 복합건물은 대개는 비어 있다. 1991년에 나는 이 호텔에서 경박함이 발동해서 50리터는 들어감 직한 병에 든 뱀술 한 잔을 마셨다. 팔뚝 굵기의 뱀이 병 안에서 이미 솜덩이처럼 풀어지기

▽
묘향산의 불교 사원 보현사. 11세기에 지어진 절에서 불교경전의 가장 오래
된 인쇄본 '팔만대장경'이 자랑스럽게 전시된다.

시작한 터였다. 나는 그 술을 견디고 살아남기는 했지만 다시는 그런 짓을 되풀이하지 않을 것이다.

여기서는 그림처럼 아름다운 풍경 속에서 불교 암자들을 지나는 산책을 하고, 또 특히 국제친선전람관과 보현사를 구경하게 된다.

절집은 일반적인 모범에 따라 지어졌는데— 수문장들이 있는 여러 개의 문, 청동 종, 돌탑, 대웅전과 불전들—이 절에는 우리에게 '고려대장경Tripitaka Koreana'이라는 이름으로 알려진, 모든 불경을 모아놓은 팔만대장경의 가장 오래된 인쇄본이 보존되어 있다. 각기 한 면씩을 손으로 일일이 깎아 만든 8만 쪽짜리 목판 인쇄경판을 인쇄한 것이다.

목판 인쇄경판은 남한의 해인사에 있다. 이것은 13세기에 몽골군이 침략해 옛 판본[초조대장경]을 파괴하자, 침략자들을 도로 쫓아내려는 희망에서 만들어졌다. 일이 잘되지 않자 사람들은 결혼에 몰두해서 양측의 귀족들이 서로 혼인을 했다. "그대 행복한 고려여, 결혼하라!"[옛날 합스부르크 왕가가 다스리던 오스트리아가 성공적인 결혼정책을 통해 승승장구할 때 나온 유명한 다음의 말에 빗댄 표현이다. "전쟁은 남들더러 하라고 하고, 그대 행복한 오스트리아여, 결혼하라Bella gerant allii, tu felix Austria nube"]라는 생각이 들 정도다. 물론 여기서 결혼정책은 영토 확장이 아닌 현재의 것을 보존하기 위해서였지만.

도로 보현사로 돌아가자. 전문가든 문외한이든, 절집의 색색 칠이 된 목재 천장구조가 진짜 구경거리다. 스님 한 사람이—진짜일까 아니면 동지일까?—여러 신들의 역할을 설명한다. 그중에서도 관음보살에게는 특히 아이를 소망하는 여성들이 기도를 올렸다고 한다. 그

▽

모든 절에서 이들을 만난다. 스님, 동지, 아니면 스님 동지? 무엇이 진짜고 무엇이 연출의 일부인지 줄곧 자문하게 된다. 공식적으로는 북한에 종교의 자유가 있다.

말에 깜짝 놀란 유럽인은 옆에 붙은 박물관에서 한국인들이 요하네스 구텐베르크Johannes Gutenberg보다 여러 해나 앞서서 활판인쇄를 발명했다는 사실도 알게 된다. 이것은 역사적 사실이다. 다만 유럽에서 인쇄술이 종교개혁이나 계몽사상을 전파시킨 데 반해, 한국에선 그에 비할 만한 일이 일어나지 않았다.

국제친선전람관: 현대판 공물

정치적 관심을 가진 여행자에게 보현사에서 겨우 수백 미터 떨어진 곳에 있는 국제친선전람관은 흥미로운 장소다. 여러 층 높이의 궁전 같은 건물 두 채는 철근 콘크리트로 지었는데, 건축양식이 평양의 인민대학습당을 연상시킨다. 초록 지붕과 특히 풍성하게 장식된 색색의 서까래는 왕이나 황제에 속하는 건축물이나 종교적 목적을 위한 건축물에만 국한되었던 것이다. 직접 찾아보시라. 건물 내부에서는 은빛 칼라슈니코브로 무장한 의전 초병이 지키는 가운데, 그동안 세 명이 된 지도자들과 1949년에 죽은 김일성의 첫째 부인에게 외국인들이 보내온 온갖 선물들이 전시된다. 이는 총 173개국에서 받은 11만 4,000종 이상에 이른다고 한다. 세계가 여기서 절을 한다.

박물관은 1978년에 세워졌다. 그러니까 김정일이 아버지의 후계자 지위를 확고히 하려고 한창 열을 올리던 시절이다. 지도자의 아들은 1973년에 31세의 나이로 당중앙위원회 위원이 되어 조직·선전 담당 비서로 선임되었다. 1974년에 처음으로 '당중앙'이라는 말이

▽
국제친선전람관. 김일성 일가에게 보낸 외국의 선물들을 현대적 공물의
상징으로 모아놓았다. 안에서 사진 촬영은 금지.

언급되었는데, 이는 김정일에 대한 완곡어법이었다. 1975년부터 그의 사진들이 나타난다. 이것은 다시 사라졌다가 1980년 제6차 전당대회에서 비로소 지도부의 미래가 공지되었다.

이런 맥락에서 이 전람관은 그토록 존경받는 아들이 아버지에게 올리는 절로 볼 수 있다. 그리고 권력에 대한 주장의 표현으로, 또한 두 지도자와 아내 또는 어머니인 김정숙의 뗄 수 없는 결합의 표현으로도 볼 수 있다.

손자인 김정은은 이런 전통을 이어가면서 이로써 권력에 대한 자신의 주장도 뒷받침한다. 2017년 2월에 내가 방문했을 때는 2015년까지 받은 선물들이 전시되었다. 전람관은 계속 보완되고 있다. 큰 궁전에는 김일성, 김정숙, 김정은이 받은 선물이 있고, 분리된 건물에 김정일이 받은 선물이 있다. 누가 알겠는가, 금방이라도 현재의 지도자만을 위한 세 번째 건물이 세워질지. 언제나 그렇듯 짧은 시간 안에, 그것도 극히 정교하게 말이다. 어쨌든 몇 년 전까지는 그랬지만, 요즘은 길거리를 돌아다닌 신발 위에 덧신을 신으라는 요구는 받지 않는다.

죽은 두 지도자의 그림 앞에 절을 한 다음 온갖 작은 표시등이 깜박이는 세계지도 앞으로 안내를 받는다. 이 표시등들은 선물이 어디서 왔는지를 알려준다. 선물은 나라별로 정리되어 있다. 방문객은 어떤 방을 보고 싶은지 골라도 된다.

몇몇 방은 여행 프로그램에 속한다. 그중 하나에는 특별히 유명한 사람들의 선물이 전시되어 있다. 프랑스 대통령 프랑수아 미테랑François Mitterrand은 작은 크리스털 꽃병을 선물해서 김일성을 놀라게 했고, 옛날 미국 국무장관 매들린 올브라이트Madeleine Albright는 김정일에게 섬세하게 조각된 은 열쇠를 선물했다. 오스트리아의 회사 하나는 1982년에 리피차너 종마를 형상화한 도자기를 선물했다. 서베를린의 회사 하나는 1985년에 꽃병을 선물했다. 미국 전도사 빌리 그레이엄Billy Graham 목사는 1992년에 방문하면서 선물 하나를 남겼다.

몇 가지 선물은 상당히 기묘하다. 예를 들어 니카라과에서 온 1미터 정도의 작은 박제 악어는 뒷다리로 서서 잔들이 놓인 쟁반을 들고 있다. 여성 안내원이 얼굴도 찌푸리지 않고서, 심지어 이렇게 위험한 맹수도 위대하신 수령님에게 봉사한다고 설명한다. 검은색 방탄 리무진은 1950년에 다름 아닌 이오시프 스탈린이 김일성에게 선물했다. 하지만 김일성은 병사들이 전선에서 적들의 탄환에 노출되어 있는 한 이 자동차에 타지 않겠다고 거부했다. 1953년 전쟁이 끝난 다음에야 자동차를 이용했다. 아마도 그는 그토록 눈에 띄는 자동차가 저공비행하는 적기에게서 믿음직하게 보호해주기는커녕 안전에 위협이 되리라는 사실도 이해했던 것이겠지. 어차피 그에게는 소련 군대를 통한 후원이 이런 우스꽝스러운 자동차보다 더 좋았을 것이다. 스탈린은 물론 그럴 각오가 되어 있지 않았다. 그는 3차세계대전을 무릅쓸 생각이 없었다. 그런데도 너그럽게 선물을 보낸 사람의 사진이 벽이 붙어 있다. 수도의 당박물관에서도 마찬가지다.

이따금 살아 있는 동물도 선물로 들어왔다. 예를 들면 또 다른 오스트리아 회사가 선물한 오색앵무새 같은 것이다. 이미 오래전에 동물천국으로 올라갔을 이 동물을 관광객은 사진으로 구경할 수 있다.

400미터 길이의 복도를 따라 방이 차례로 열을 지어 나타난다. 장식된 단도부터 엽총과 도금된 경기관총 등 다양한 무기류, 그림, 사진, 조각 등 온갖 예술품, 작은 장식품, 목재와 금속으로 만든 공예품, 깃발, 플래카드, 심지어 가구와 램프, 도자기와 금속으로 된 주방기기도 있다.

벽 한군데에는 나의 옛날 교수이자 스승이었던 헬가 피히트Helga Picht가 에리히 호네커와 김일성을 위해 통역하는 사진이 걸려 있다. 두 공산당 지도자들 사이에 긴밀한 우정이 있었다고 말할 수는 없지만, 그래도 1989년에 붕괴된 동베를린의 국가평의회 의장이 북한으로 망명할 것이라는 소문이 있었다. 그렇지만 호네커 부부가 칠레를 선택했다는 사실은 많은 것을 말해준다. 물론 김일성은 또 다른 유명한 장기체류자를 손님으로 두었다. 캄보디아의 노로돔 시아누크 Norodom Sihanouk 왕이 1974년부터 1991년까지 북한에서 자기를 위해 지은 궁전에 정기적으로 머물곤 했다. 귀국한 다음 그는 심지어 북한사람들로 구성된 친위대를 두었다.

건물에는 스탈린이 1950년, 마오쩌둥이 1953년에 선물한 기차 차량들이 통째로 서 있다. 거대한 홀 한군데서는 소련의 중간급 크기 여객기를 보고 경탄하게 된다. 소련은 그런 여객기를 겨우 세 대만 만들었다는데, 그중 하나를 1958년에 김일성에게, 다른 둘은 각기 저우언라이周恩來와 호치민Ho Chi Minh에게 선물했다.

몇몇 사람은 분명 유머감각이 있었다. 그래서 접시 하나에는 독일어로 "오늘 우리에게 일용할 양식을 주시옵고"라고 적혀 있다. '남한의 민주주의와 인권 보호를 위한 오스트리아법률가협회'가 1982년에 주기도문의 인용구를 선물했던 것이다.

스위스에서 온 것으로는 시계, 주석으로 만든 여러 물건들, 오색 체스도구 한 벌 등이 있다. 미국인들도 선물을 보냈다. 올브라이트 말고도 미국자유연맹이 1992년에, 그리고 심지어 워싱턴에 본부를 둔 꽤 유명한 외교 싱크탱크 CSIS의 부회장도 1992년 6월 28일에 선물을 했다. 1985년에는 이름을 밝히지 않은 뉴욕 시장이 선물을 남겼다. 연도를 따져보니 에드 코흐Ed Koch였다.

큰 전시실에는 실물과 똑같이 만들어진 김일성의 밀랍인형이 상투적으로 나타나는 백두산과 삼지연 호수를 배경으로 서 있다. 여기서 우리는 다시 절을 하라는 요구를 받는다. 백두산의 화구호 천지를 배경으로 세워진 김정일의 밀랍인형 앞에서도, 또 백두산을 배경으로 좋아하는 꽃 진달래에 둘러싸인 김정숙의 밀랍인형 앞에서도 동일한 운명이 우리를 기다린다.

수입된 O&K의 에스컬레이터를 타고 위층으로 올라간다. 승강기도 있는데, 6층까지 표시되어 있다. 위층에는 김정은이 받은 선물이 전시된다. 아직 임기가 짧아 선물의 수는 상대적으로 얼마 안 된다. 최초의 선물은 흥미롭게도 2010년 3월에 옛날 친위대 소속 중국인 혁명가 저우바오중周保中의 손녀인 저우하이치아오라는 사람이 보낸 것이다. 저우 여사는 베이징 푸둥 지유안 무역회사의 총지배인이다. 물론 북한의 조선중앙통신은 2010년 3월 11일에 그녀가 김정은 말고 김정일에게 선물했다고 보도했다. 이쪽이 더 의미가 있다. 이 전시실에 있는 김정은이 받은 다른 선물은 2010년 9월 그가 공개적으로 알려진 다음에 받은 것들이기 때문이다. 그러니까 오류이거나 당

시 지도자의 아들인 김정은에게 준 선물을 나중에 새롭게 해석한 것
이다.

데니스 로드먼Dennis Rodman이 자신의 표현으로는 "가까운 친구"인
김정은에게 2013년 9월 4일에 선물한 농구공 세 개, 셔츠 하나, 남
성용 검은 가죽장갑은 모두 더욱 정확한 날짜의 선물에 속한다. 이
를 입증하는 사진에서 나는 잘 아는 지인 한 명을 알아볼 수 있었다.
그는 언론의 큰 관심을 받은 이 요란한 방문을 중개한 덕분에 북한
최고지도자에게 이렇게 가까이 접근할 수가 있었다. 그는 자신과 김
정은이 함께 찍은 핸드폰 사진들을 기꺼이 내게 보여주었다. 흰 반
바지 차림으로 동해의 요트에 앉아 함께 시가를 피우는 모습이다.
이렇게 출세한 사람의 이름은 그의 사생활을 배려해 여기서 밝히지
는 않는다.

국제친선전람관은 많은 서양 방문객들에게 씁쓸한 뒷맛을 남기는
특이한 시설이다. 수백 년 이상에 걸쳐 동아시아에서는 외교관계가
엄격하게 의례화된 공물사신을 통한 선물의 교환과 결합되어 있었
음을 알아야 한다. 북한은 이곳에서 외부세계에, 그러나 주로 북한
주민에게 지도자들이 전 세계에서 얼마나 존경받는지를 보여준다.
이 건축물이 건설된 시점, 세 지도자 모두와 김정숙이 받은 모든 선
물을 복합건물에 통합한 것은 정치적으로 중요한 신호들이다.

덧붙여서 북한 지도자에게 선물하는 것에 대해 엄밀하게 생각해
보게 된다. 당혹감을 느낀다면, 이름표와 어쩌면 사진까지도 함께 이
런 숭배의 전시장에 항구적으로 기록될 수도 있다는 가능성을 의식
해야 할 것이다.

신의주: 중국으로 가는 관문

압록강변에 있는 이 국경도시는 주로 이곳에 경제특구를 세우려는 거듭 실패한 시도를 통해 널리 알려졌다. 2002년에는 거의 성사될 뻔했다. 독자적인 깃발과 외환을 유일한 화폐로 삼는 일종의 영내 타국 영토가 만들어질 참이었다. 중국계 네덜란드 사람인 양빈楊斌이 이곳 행정장관으로 예정되었다. 베이징과는 분명 미리 충분한 상의를 하지 않았던 모양으로, 베이징은 이를 "달가워하지 않았다". 행정장관 임명 며칠 뒤에 양씨는 수상한 부동산거래라는 죄목으로 체포되었다. 그는 2016년 말에 석방되었다. 그가 시를 다시 경제적으로 활성화하고 싶어한다는 그 어떤 기미도 없다. 세계 정치의 기상상황도 불리하다. 2017년 2월에 중국은 유엔 제재의 맥락에서 연말까지 북한에서 석탄을 들여오지 않겠노라고 선언했다. 석탄은 북한의 가장 중요한 수출품이고, 중국은 90퍼센트를 수입하는 압도적인 무역상대국이다.

이곳 주민들이 나를 용서하시기를. 신의주는 원래 아름다운 곳이 아니고, 관광이라는 점에서도 그 위치와 경제특구 이야기를 빼면 부분적으로만 흥미롭다. 한국전 시절 공습으로 파괴된 다리에서 기둥만 남은 것을 볼 수 있다. 강 건너 중국 쪽에 눈길을 던지면, 밤이면 밝은 조명이 새어나오는 고층건물들의 빛나는 유리창과 분주한 거리가 강에 반사되고, 북한 쪽은 고요함과 상대적인 어둠이 지배하는 것을 보게 된다. 이곳 주민들은 무슨 생각을 할까? 베를린 한가운데를 관통하던 동서독 국경선이 기억난다. 나는 이제 창문 밖으로 멀리

▽

경제적 우위를 과시하는 장소. 단둥과 신의주 사이의 국경선 다리.
오른쪽 불빛이 갑자기 끝나는 곳에서 북한 영토가 시작된다.

상반신을 내밀고, 1989년 북한의 가을[붕괴]이 있었다면 그건 아마 여기서 일어났을 것이라고 주장한다.

중국 단둥에서 이곳으로 당일치기 여행을 할 수 있다는 것은 특별한 일이다. 이것은 연간 수천 수만 명의 중국 방문객이라는 비교적 큰 흐름을 만들어냈다. 서양 여행자들은 전에는 오직 평양으로 가거나 평양에서 오는 기차로 이곳을 통과할 수 있었지만, 2013년 이후로는 도시를 정식으로 방문할 수 있다.

앞에 서술한 장소들을 빼면 북한 서북부에는 지금껏 관광지가 거의 열리지 않았다. 아주 볼만한 가치가 있는 몇몇 오래된 묘지들이 있다. 북한이 관광을 전략산업이라고 공표했으니, 이 지역에서도 서양 관광객이 접근할 수 있는 곳이 더 많아지리라 예측할 수 있다. 경제제재를 앞에 두고 이런 제안에 수요가 있을지는 아직 기다려보아야 한다.

서남부:

오래된 갈등과 새로운 갈등

평양 이남 지역은 교통공학적으로 북한에서 가장 개발이 잘된 곳에 속한다. 황해남도와 황해북도로 구성된 이 지역은 또한 북한의 곡창지대이기도 하다. 유엔세계식량계획의 진술을 믿는다면, 1990년대 중반의 심각한 식량난 기간에 역설적이게도 하필 이곳 사람들이 가장 고통을 받았다. 너른 평야와 탁 트인 지형 덕에 경작되지 않은 곳이 없었고, 그래서 무언가를 채집하거나 사적으로 가꿀 만한 곳이 남아 있지 않았다. 오늘날에도 거의 전 지역이 농업생산에 쓰이고 있다. 당시 그 소출은 국가로 넘어가고 개인들 몫의 식량은 거의 남지 않았다. 이 지역을 지날 때면 완곡하게 '고난의 행군'이라 불리던 시기의 고통이 언제나 눈에 보인다. 오늘날 식량상황이 훨씬 좋아졌고, 농부들은 수확의 더 큰 부분을 시장에 내놓을 수 있게 되었는데도 그렇다.

남포와 서해갑문 댐

남포와 평양의 관계는 쿡스하펜과 함부르크의 관계와 비슷하다. 남포는 거대도시 앞쪽의 항구도시다. 항구는 볼만하겠지만, 다른 볼 것은 많지 않다. 항구가 전략적으로 중요한 시설이어서 관광객은 그냥 지나쳐 간다. 고속도로에서 아주 잘 보이는 평화자동차회사도 지나쳤듯이 말이다. 정규 프로그램에 들어가 있는 서해갑문으로 가는 길에 남포는 보통 그냥 지나친다.

서해갑문 댐은 1981~1986년에 건설되었다. 대동강이 서해로 흘러드는 약 8킬로미터 너비의 전체 하구에 댐이 건설되었다. 댐 가운데를 갑문이 끊으면서 5만 톤까지의 배를 통과시킨다.

서해갑문 댐은 여러 기능을 갖는다. 수도 평양을 해일로 인한 범람에서 보호하고, 농업용 담수를 공급하며, 이 지역의 교통경로들을 결정적으로 단축시켜준다. 그것 말고도 댐 안쪽에 위치한 남포항을 조수간만 격차의 문제에서 해방시켜준단다. 조수간만의 차이는 한국 서해안에서 9미터에 달한다.

대신 이 댐의 공사는 인명과 물자 면에서 엄청난 비용을 거두어갔

▽
다수의 북한 사람들이 항구도시 남포의 이런 길거리 시장처럼 절반만 합법
적인 시장에서 물건을 산다. 국가의 배급량이 부족하기 때문이다.

다. 닻 모양 등대가 압도하는 섬 피도의 박물관이 이에 대해 알려준다. 무엇보다 강철 28만 톤과 시멘트 100만 톤 이상이 소모되었다. 북한 측에 따르면 그 비용이 미화 40억 달러에 이른다. 박물관에서는 들을 수 없는 내용이, 소문에 따르면 수백 명에 이르는 사망자들에 대한 정보다. 동구권 외교관들의 말로는 그야말로 탄식할 만한 일이다. 젊은 군인들이 제대로 교육도 받지 못한 채 잠수헬멧을 쓰고 얼음처럼 차갑고 심술궂은 해류 속에서 중노동을 해야만 했다. "잠수부들의 영웅적인 투입" 또는 "꺾을 수 없는 자기헌신의 정신" 등의 말이 나온다면 여기저기서 그런 암시를 보는 것이다.

하지만 북한 사람들은 서해갑문을 매우 자랑스럽게 여긴다. 김정일은 1980년 공식 후계자로 지명된 다음 서해갑문을 자신의 최초 거대 과업으로 실현했다. 수많은 사진이나 그림들에서 친애하는 지도자 동지가 노동자들이 만들어낸 성과를 아버지에게 만족스럽게 보여주는 모습을 볼 수 있다.

투자의 실질적인 성과에 대해서는, 북한의 경우 자주 그렇듯이 의견이 엇갈린다. 북한 전문가들과 안내원들은 앞에서 언급한 많은 장점들을 말하고, 특히 주변지역을 홍수에서 막아준 것과 이 지역의 농업 및 산업용 담수를 공급한 것을 꼽는다. 하지만 서방에서는 항구에 유입되는 화물의 극히 적은 양, 대동강 물을 막으면서 사라진 농지, 특히 강의 유속이 현저히 줄어들어 생긴 결과 등을 회의적으로 바라본다. 유속 감소는 특히 평양에서 보았듯 강 상류에 침전물을 더 많이 쌓이게 해서, 앞서 말한 준설기가 밤낮으로 돌아가게 만든다.

관광객은 보통 서해갑문을 떠나 뜨거운 방사능 온천수가 있는 룡강온탕원으로 간다. 그에 대해서는 4장에서 이미 소개했다.

사리원: 민속공원과 불교

사리원시는 평양에서 60킬로미터 떨어진 곳, 남쪽 개성 방향으로 가는 고속도로변에 자리 잡고 있다. 사리원은 황해북도의 도청소재지다.

관광객은 룡강온탕원에서 신천으로 가거나 아니면 반대로 가는 길에 이곳을 지나는데, 이따금은 점심식사를 위해 호텔에 들르기도 한다. 이는 옛날 호시절에 남한의 복합기업인 현대와의 협력으로 현대화된 호텔이다. 도시의 유일한 볼거리는 역사적 건물들을 복제해 놓은, 최근 확장된 민속공원이다. 주요 건물들의 내부에 있는 모자이크는 특히 외국인에게 매우 흥미롭다. 외국인들은 지금까지 한국 역사에 대해서는 별로 듣지 못하다가 여기서 봉건질서에 대한 비판적인 평가를 포함하여 쓸모 있는 개관을 얻는다. 이 지역 청소년들은 공원 위쪽 여러 정자에서 만나곤 한다. 언덕에서는 도시가 잘 내려다보인다. 관청과 이야기가 잘되면 담당관리가 인공폭포를 틀어준다.

민속공원 위쪽 언덕의 꼭대기에서 돌에 새겨진 두 음절 한자 志遠(지원)을 볼 수 있다. '목표를 멀리 잡아라', '야망이 있는 목표를 세워라'라는 뜻이다. 북한에 한자라고? 이건 민족주의 언어정책에 반하는 것 아닌가? 원칙적으로 그렇다. 하지만 이 경우는 아니다. 전설에 따르면 김일성의 아버지 김형직이 '지원'을 신조로 삼아 반일투쟁을 했고, 아들에게도 이 신조를 전했으며, 아들은 이것을 엄격히 지켰던 것이다.

사리원 근처 정방산에 볼만한 가치가 있는 불교 사원 성불사가 있다. 성불사 주변은 이 일대의 휴양지 같은 것으로, 주말과 공휴일이면 기분전환을 하려는 수많은 내국인을 만날 수가 있다. 아이들은 시멘트 도로에서 인라인스케이트를 타고, 청소년들은 야외 디스코파티를 벌이며, 노동자들은 석쇠를 둘러싸고 옹기종기 모여 앉는다. 특히 아름다운 장소들에는 화가들이 자리를 잡고서 풍경을 스케치북에 담고 있다.

사리원에서 덜컹대는 콘크리트 국도를 타고 서쪽으로 약 30킬로미터를 가면 신천에 도착한다. 이는 당혹감과 압박감을 주는 장소로서, 이곳에서 북미관계에 대해 많은 것을 배울 수 있다.

신천박물관: 미군 전쟁범죄의 기억

북한에서 한국전은 일본에 맞선 해방전쟁 다음으로 현재 정치질서의 이념적·역사적 토대가 된다. 이 전쟁은 북한 사람들 머리에서 아직도 현재진행형이다. 민족이 겪은 끔찍한 고통이 생생하게 보존되어, 이런 파탄을 되풀이하지 않으려는 노력을 적지 않게 정당화해준다. 핵무기와 미사일 계획도 그런 노력에 속하지만, 1990년대 중반에 식량난을 불러올 만큼 부정적인 결과를 가져온 자급자족경제도 마찬가지다.

미군 전쟁범죄를 보여주는 신천박물관은 2015년까지는 신천의 중앙광장 뒤쪽 언덕 위에 있었다. 그곳에서 많은 민간인 포로가 산 채로 불태워진 일종의 지하실 또는 벙커도 구경할 수 있었다. 격분한 얼굴의 안내원이 방문자들에게 설명해준 바에 따르면, 그들은 마지막 힘을 다해 새카맣게 그은 벽에다가 "조선로동당 만세!"라고 썼다. 그런 장소에서 세부사항에 대한 의심 정도는 꿀꺽 삼키는 쪽이 더 낫다.

2015년 7월부터 박물관은 도시 경계지역에 새로 지은 건물에 자리를 잡았다. 전에는 이곳을 따로 방문했었다. 여기에 미 점령군의 야만적 행동에 대한 시각적 증거로 내놓을 수 있는 절반쯤 파괴된 건물 두 채가 더 있기 때문이다. 여기서 여인들 400명과 아이들 102명이 죽임을 당했다. 창고의 지붕에는 증거를 없애려고 미군이 투하한 폭탄의 불발탄이 여전히 박혀 있다. 내가 몇 번 방문했을 때 거기서 살아남은 세 명 중 한 사람이 증언을 했는데, 그는 당시 어린아이였고 시체더미 속에 파묻혀 있었다. 소탈하고 정직해 보이는 이 사람 정근성 씨는 여러 해 전부터 그때의 공포를 거듭 체험하면서 매우 사실적인 톤으로 방문객에게 자신의 이야기를 들려준다. 구석에는 '복수 결의 모임장소'를 알리는 표지판이 있다. 이는 150명 정도 들어가는 일종의 원형극장인데, 여기서 이따금 북한 방문객들이 정치행사를 한다.

새로 지은 박물관은 대략 10미터 지름의 거대한 봉분 두 개 뒤로 약간 언덕진 곳에 자리한다. 이 봉분에 꽃을 바칠 수 있다. 한국전에서 죽은 양측의 수많은 희생자들을 생각하면, 예상했던 대로 몸을 깊이 숙여 절하는 일이 여기서는 언제나 쉽다.

▽

신천박물관 앞편의 사백어머니 묘.

입구에는 "신천 땅의 피의 교훈을 잊지 말자!"는 표어가 적혀 있다.

박물관 자체는 독특하게 혼합된 양식으로 지어졌다. 처음에는 신고전주의 분위기의 반원형 건물처럼 보이지만 앞으로 튀어나온 기둥들의 기둥머리는 한국 전통 건축양식을 떠올리게 한다. 강렬한 정서를 알리는 검은색 붓글씨로 이렇게 적혀 있다. "신천 땅의 피의 교훈을 잊지 말자!" 앞쪽에는 불에 타서 죽어가는 아이들과 그들을 향해 울부짖는 어머니들을 보여주는 청동부조들이 있다.

15개의 전시실로 들어서는 사람은 신경이 튼튼해야 한다. 이것은 기억을 생생히 일깨우고, 또한 미 제국주의자들을 미워하도록, 나아가 그들과 결합된 귀족 및 성직자라는 적성계급을 미워하도록 정치교육을 하는 장소이기 때문이다. 게시판 하나는 겨우 72일 만에 이 지역에서 적어도 3만 5,383명의 민간인이 학살되었다고 설명한다. 이는 당시 신천군 인구의 약 4분의 1이란다. 2011년에 시신 59구가 더 발견되었다. 김일성은 이 범죄 이야기를 듣고 사흘 동안 아무것도 먹을 수 없었다. 그리고 한국전이 끝나고 17일밖에 지나지 않았을 때 이곳을 방문했다. 모든 범죄가 정확하게 기록으로 보존되도록 박물관을 건설하라는 지시가 나왔다. 자기 책임이라는 의식에 대해서는 한마디 말도 남기지 않았다.

1950년 말 북한군이 두 달 동안 '전략적 후퇴'를 하는 동안 신천 일대에서 미군이 저질렀다는 전쟁범죄들이 적나라하게 서술된다. 희미해진 흑백사진들 말고도 채색 유화들이 있으며, 진짜로 착각할 만한 인형들이 어둑한 방에서 깜박이는 조명을 받으며 특히 잔혹한 장면들을 일일이 재현한다. 여러 부패 단계의 시신들, 고약하게 절단된 몸뚱이들, 토막 난 신체부위들부터 말뚝을 꽂은 주검까지 많은 것을

▽
박물관 안에는 미군의 야만적 행동들이 가차 없이 묘사되어 있다.
유화와 밀랍인형들이 증언, 시대기록, 유물 등을 보충해준다.

볼 수 있다. 사람들은 잔혹하게 학대당한다. 혀를 뽑히고, 젖가슴이 도려내지고, 커다란 쇠못이 머리에 박힌다. 나무못으로 귀를 관통당하고, 손톱이 뽑히고, 벌겋게 달아오른 삽에 살점이 떨어져나가고, 아직 살아서 소리를 지르는 희생자의 두개골이 톱에 부숴지고, 불에 구워지고, 교수대에 매달리고, 물에 빠뜨려지고, 황소에게 찢긴다. 사방에 피가 보인다. 고문을 당하는 사람의 괴로워하는 외침과 그 가족의 탄식이 스피커를 통해 울려나온다. 게시판에는 증인들, 숫자, 서류 복사본이 제시되고, 그 밖에도 머리카락, 신발, 옷, 고문기구 등이 상세하게 서술된다.

이런 끔찍한 그림들에서 조금이라도 헤어날 수 있는 사람은 전시의 각본을 파악할 수 있다. 맨 먼저 가차 없이 공개적으로 많은 희생자들을 보여준다. 그런 다음 저항 같은 것이 시작된다. 여자들과 남자들이 고문자에게 항거하고, 도전적으로 그들의 눈을 쏘아보거나 죽기 직전에도 혁명구호를 외친다. 산과 숲에서 지역 빨치산부대들이 반격하면서 이런 저항이 점점 더 거세진다. 마지막에 북한 정규군에 의해 인민이 해방되고 범죄자들은 벌을 받는다. 그런 다음에는 국제적 관찰자들이 입회한 가운데 범죄 기록들과 가해자들에 대한 고발이 다뤄진다. 맨 끝에는 아직도 존재하는 미국의 위협에 대한 암시가 뒤따른다.

모든 설명과 서술은 예외 없이 한국어로 이루어진다. 물론 가장 중요한 장면에서는 박물관 안내원이 설명한다. 하나의 개념이 전체 전시를 하나의 실마리처럼 이끌어간다. "미제 승냥이"라는 말이다. 이는 '늑대 같은 미 제국주의자들'이라는 뜻이다. 늑대 또는 자칼을 뜻하는 '승냥이'라는 개념은 북한 사람들이 모두 아는 작가 한설야의 단편소설 〈승냥이〉에서 나왔다. 이 소설은 미국 선교사 가족이 조선 어린이를 잔인하게 살해한 일을 그리고 있다. 매우 추천할 만한 브라이언 마이어스Brian Meyers의 책에서 이 이야기를 영어로 읽을 수 있다.

조선인에 대한 미국인의 영원한 미움은 북한에서는 당연한 일로 여겨진다. 어째서 미국인이 조선인을 그렇게 미워하냐는 질문은 전혀 이해되지 않는다. 이런 적대감은 미국 상선 '제너럴셔먼'호에서 비롯된다고 신천박물관에 기록되어 있다. 그에 따르면 무장 증기선 제너럴셔먼호는 1866년에 약탈을 자행하며 대동강 상류로 올라왔다가 모래톱에 좌초했다. 배는 승무원 전원과 함께 김일성의 증조부가 이끄는 지역 애국자들에 의해 불태워졌다. 게시판에서 푸에블로호 같은, 또 다른 반미 아이콘들을 볼 수 있다. "미제에게 죽음을!" "미제는 력사의 교훈을 잊지 말라!" "우리 인민의 피맺힌 원쑤" "우리의 총창은 자비심을 모른다" "우리의 자존심을 건드리는 자 어디에 있든 결판을 낼 것이다!" 따위의 구호들로 충분할 것 같다.

박물관의 여성 안내원은 박물관의 메시지를 이렇게 요약한다. "미국인은 인디언 학살 위에 자기 나라를 세웠다. 그들은 본성이 잔인하다." 현재와 관련해서는 이렇게 말한다. "미국인은 오늘날에도 여전히 위험이지만 우리는 각오가 되어 있다." 살짝 화해의 뉘앙스도 뒤따른다. "우리는 잊지는 않겠지만 이런 끔찍한 일이 반복되는 것을 막기 위해서라도 평화조약을 체결할 준비가 되어 있다."

이런 메시지는 이따금 현재의 정치상황에 맞추어지기도 한다. 나는 옛날 박물관과 김정은이 개입한 현재의 박물관을 다 보았다. 거기서 세 가지 점이 눈에 띄었다.

첫째로 새 박물관에서는 성폭력이 전보다 훨씬 더 분명하게 표현된다. 옛날 박물관에서 그런 요소는 거의 나타나지 않았다. 유화 두 개가 암시 정도만 했었다. 잔인함으로 일그러진 얼굴의 미군 병사들이 젊은 조선 여성의 젖가슴을 칼로 도려내는 그림과, 젊은 조선 여성이 황소의 등에 누워 묶였는데 그녀의 젖꼭지와 소꼬리가 철사 줄로 연결된 채 마을로 끌려다니는 그림이었다. 그에 반해 새 박물관에서는 수미터에 달하는 길이의 그림이 '미제 야수들'에 의해 집단강간을 당하는 여성들의 모습을 보여준다. 그 옆에서 매우 분명히 성폭행과 도착증에 노출되었던, 만행을 당한 희생자 시신들의 여러 사진들을 볼 수 있다.

이런 변화의 이유를 물어도 그 어떤 합리적인 답변도 듣지 못한다. 그러니까 늘 그렇듯 자신의 사유에 맡겨진다. 그래서 다음과 같이 추측할 수 있다. 옛날 박물관에서는 수치심이 큰 역할을 했었다. 남성 위주 문화에서는 적에게서 자기 여자를 지킬 수 없는 것이 가장 큰 수치로 여겨진다. 전쟁에서 적의 사기저하를 위한 수단으로 체계적 강간이 이루어지는 것도 공연한 일이 아니다. 따라서 이런 일을 당하면 감추려고 노력하게 마련이다. 2015년의 갑작스러운 태도 변화는, 자기들의 '순수한' 여인들이 더러운 외국인들에게 집단으로 성적 학대를 당하는 노골적인 장면을 관찰할 때 남자들이 느끼는 엄청난 증오심, 적에 맞서는 투쟁의 동기로 이용할 수 있는 증오심이 이런 수치심보다 더 높은 등급으로 여겨졌다고 이해할 수 있을 것 같다.

둘째로 옛 박물관과 비교해서 새 박물관에 나타난 또 다른 차이는,

한국인들이 훨씬 더 분명하게 가해자로 등장하고 있다는 점이다. 이 사내들은 '치안대'의 일원임을 알려주는 완장을 차고 있고, 반공민 병대도 알아볼 수 있다. 그들은 미군의 고문과 처형을 도와주는 것으로 묘사된다. 외국인에게 동향인의 은신처로 가는 길을 알려주거나, 명단과 수첩을 보면서 손가락을 뻗어 동향인들을 가리켜 배신하고 있다.

한국전은 이념적 대립에 근거해 극히 잔인하게 치러진 내전이었다. 게다가 전선은 여러 번이나 같은 지역을 짓밟았으니, 많은 지역이 한 번 이상 이념적 숙청을 겪어야 했다. 옛날 박물관에서 한국인을 향한 한국인의 범죄가 거의 제시되지 않았다는 것은 한국의 민족주의와 종족주의 요소로 설명될 수 있다. 앞서 언급한 브라이언 마이어스는 이에 대해 《가장 깨끗한 민족 *The Cleanest Race*》이라는 연구서를 내놓았다. 이 책에 따르면 한국인은 근본적으로 선해서, 그들이 나쁜 일을 하는 것은 그렇게 오도되거나 선동되는 경우뿐이다.

그런데 이제 새 박물관에서 친미 한국인도 가해자로 낙인찍고 있다는 것은 남한과의 악화된 관계를 암시한다. 심지어 여기서 통일이라는 주제에서 패러다임 변화를 읽어낼 수 있을 정도다. 이런 해석에 따르면 남한은 억압받는 형제에서 적으로 바뀌었고, 이는 분명 악화된 관계의 책임을 2008년 이후 취임한 극우 대통령인 이명박과 박근혜 탓으로 돌리는 일이다. 또한 사제복을 입은 기독교 성직자들도 범죄의 적극적 보조자로 서술된다는 점도 말해야 한다. 이 점에서 우리는 다시 한설야와 그의 단편소설 〈승냥이〉를 생각할 수 있다.

셋째로 새 박물관의 유화에서 처음으로 흑인 미군 병사들이 가해자로 등장한다. 여기서 버락 오바마 대통령이 역할을 했으리라 추측된다. 2015년에 북한은 갓 노벨평화상을 받은 오바마 정부에게 양국 간 접촉을 희망했다가 엄청난 실망을 맛보았다. 영화 〈인터뷰〉의 결과로 오바마는 북한 국영 매체에서 저급한 인종주의 농담의 대상이 되었으며, 특히 "열대우림의 원숭이"라는 호칭을 얻었다.

모든 북한 사람이 평생 적어도 한 번은 신천을 방문한다는 점을 염두에 두어야 한다. 이 박물관의 내용과 그 전시 방식은 나라 안 어디서나 문학과 예술, 영화, 학교수업, 정치교육에서 거의 매일 되풀이된다. 그러니까 북한 사람들이 미국인에 대해 어떤 이미지를 갖고 있는지 상상할 수 있다.

그 밖에 한국전쟁을 다룬 박물관과는 달리 이곳에서 사진은 무제한 허용된다.

개성: 전통과 실용주의

개성은 오늘날 남한과의 경계선 가까운 곳에 있다. 1392년까지 당시 한반도 전체를 차지한 왕국 고려의 수도였다. 고려왕조는 이 나라에 오늘날의 서양 이름 '코리아'를 주었고, 특히 불교를 국교로 삼았다는 것이 특징이다. 14세기 당시 국가와 사회에 대해 매우 현대적인 생각을 지니고 고려의 국교인 불교를 경멸의 눈길로 바라보던 (신진)유학자들이 권력을 차지했다.

새로 생긴 조선왕조는 오늘날의 서울을 수도로 선택했다. 이는 한편으로는 상징적인 일이었다. 신진 사류에 대한 온갖 찬양에도 불구하고 이 유학자들도 한 도시 또는 왕궁의 위치가 풍수에 따라 그곳에 살고 통치하는 사람들의 운명에 영향을 미친다고 믿었기 때문이다. 어떻게 동일한 장소가 서로 대립하는 두 국가 고려와 조선에 좋을 수 있겠는가? 극히 부수적인 일이지만, 수도를 옮김으로써 옛날 엘리트들을 이주시키거나 죽이지 않아도 된다는, 어쨌든 모조리 죽이지 않아도 된다는 실용적인 효과도 있었다. 그랬다가 희생자들의 수많은 친척들을 감안하면 전국에서 나타날, 죽음으로 인한 끝없는 원한싸움을 누군들 원하겠는가? 그래서 개성에 거주하는 귀족들이 새 수도로 이주하는 것을 막았다. 오늘날과의 유사성이 떠오른다. 지금 북한에서도 수도에 살 수 있다는 것은 큰 특권이며, 수도를 떠나야 한다면 이는 고약한 형벌이기 때문이다.

한국은 당시나 오늘날이나 매우 중앙에 집중된 국가이다. 정확히 보면 새 국가이념인 유교는 이후 500년간 이런 중앙집중 경향을 더욱 강화했다. 미국 외교관이자 역사가인 그레고리 헨더슨Gregory Henderson이 그의 책 《소용돌이의 한국정치Politics of the Vortex》에서 아주 정확하게 지적했듯이, 한국 정치에서는 중앙으로의 진출이 전부다. 다른 대안이란 없다. 수도에 있지 않은 사람은 아무것도 아니다. 그 어떤 직위도 얻지 못하고 조정에서 아무런 영향력도 없으며, 인지되지도 않는다.

옛날 고려의 귀족층에게 그것은 쓰라린 일이었다. 그런데도 그들은 적응해 그런 상황에서 최선의 결과를 만들어냈다. 나라의 다른 곳과는 달리 개성에서는 교양을 지닌 상류층이 무역과 상업에 종사했다. 이는 '진짜' 유학자들이 업신여기는 일이었다. 하지만 익숙한 방식대로 관직과 세습영토로 살아갈 수 없게 된 판에 달리 무엇이 남겠는가? 이 지역에서 이른바 세계 최고의 인삼, 오늘날에도 여전히 공격적으로 시장에 내놓는 붉은색 고려인삼이 자란다는 사정이 도움이 되었다. 20세기까지도 개성 사람들은 사업수완이 좋고 또 사업 성향을 가졌다고 여겨지는데, 처음에는 경멸의 의미였으나 머지않아 거기서 나오는 번영이 시샘과 경탄을 자아냈다.

　1945년 한국이 북위 38도선을 따라 둘로 나뉜 다음 개성은 처음에 남쪽 미국의 점령구역이었다. 그러다 한국전이 경계선을 이동시키면서 개성이 북한에 속하게 되었다. 평양 정부는 두 가지 이유에서 새로운 시민들을 불신했다. 사적인 기업정신의 오랜 전통과, 덧붙여 여러 해 동안 남한에 속했다는 점이었다. 통상적인 이념에 따른 숙청 말고도 몇 차례 이주정책이 있었는데, 잠재적인 불충不忠의 요소를 험난한 북부로 이주시키고 특히 혁명적이라 여겨지는 가구들을 개성으로 이주시키는 일이었다. 북한 사람들의 설명을 믿어도 된다면, 그런데도 오래된 정신을 완전히 죽일 수는 없었다. '개성 상인'이란 오늘날까지도 전설로 남아 있고, 이 도시의 많은 주민은 지난 여러 해 동안 분명하게 확장된 현재의 가능성의 틀 안에서 그것을 실현하려고 열심히 노력한다.

　또 다른 사정도 이 도시의 특징을 이룬다. 한국전 기간에 개성은, 연합군의 이름으로 미군이 북한 지역을 잿더미로 만들어버린, 모든 것을 파괴하는 치명적인 공습에서 벗어나 있었다. 여러 보고들에 따르면 10만 제곱킬로미터도 안 되는 이 작은 나라에, 2차세계대전에

▽
개성의 구시가지. 정전협정 장소인 판문점에 가까운 덕에 이곳은 한국전 때
폭격을 면한 드문 장소 중의 하나로 남아 있다.

서 동아시아의 전쟁터 전역에 투하한 것보다 더 많은 폭탄을 투하했다. 이런 재앙에서 보호를 받은 것은, 개성이 정전협정 장소인 판문점 주변 보호구역 안에 있었기 때문이다.

이런 다행스러운 상황 덕에 많은 역사적 건물들이 보존되었다. 북한 정부는 특히 수도를 아름답게 꾸미느라 바빠서, 개성의 집들은 철거되어 황량한 시멘트 사막으로 대체되지 않았다. 그래서 방문객은 오늘날 한국에서 거의 유일하게 전통 기와지붕의 바다, 좁고 꼬불꼬불한 골목길과 뒷마당 등을 볼 수 있다. 식민지배와 전쟁이 여기에 많은 것을 덧붙이기 이전의 옛날 한국이 얼마나 아름다웠을지 여기서 상상해볼 수 있다.

관광객은 이미 4장에서 짧게 언급한 민속려관에 머문다. 전통적인 양식으로 작은 안뜰을 둘러싸고 세워진 단층집들은 여러 세기의 시간을 거슬러 과거로 돌아왔다는 느낌을 만들어낸다. 아침이면 입구에서 커다란 목재문의 금속 박힌 무거운 두 날개가 활짝 열리고, 활발한 일상의 활동들이 눈에 들어온다. 호텔을 벗어나 왼편으로 걸어가면 중앙광장에 이른다. 널찍한 아스팔트 도로가 도시의 산으로 연결되는데, 이 산에도 그사이 두 명이 된 지도자 동상이 있다. 이곳 높은 곳에서는 옛날 개성을 내려다볼 수 있는 전망이 열린다. 행운이 따르면 앞서 말한 대로 남한의 핸드폰 연결도 가능하다.

최근에 개성은 무엇보다도 남북한 경제특별구역의 현장으로 알려졌다. 이것은 2000년 6월에 김정일과 김대중이 만난 최초의 정상회담에서 결정되었고, 2004년 말에 실제로 시작되었다. 이 구역은 관광객의 접근이 허용되지 않았는데, 나는 전혀 다른 역할로 2004년,

2005년, 2007년에 그곳을 방문했다. 그곳에서 본 것은 한마디로 정리하기 어렵다. 남북한 협조의 생생한 예이며, 더 많은 상호이해를 위한 한걸음이자 남북한이 힘을 모으면 무엇인들 못하겠는가를 알려주는 일인가? 아니면 두 나라의 현실과는 아무런 공통점도 없이 한쪽의 돈 욕심과 다른 쪽의 단순함이 반영된, 과욕의 정치가들이 만들어낸 인공적 세상, 디즈니랜드인가? 심지어는 북한의 핵개발 프로그램에 중요한 재정적 원천인가? 2016년 초에 남한 정부는 바로 이런 결론에 도달해 공동사업을 일방적으로 중단해버렸다. 경제특구의 재개 또는 중국에 조차하는 식의 대안적 이용 등은 현재로서는 다만 사변일 뿐이다.

이것 말고도 남북은 개성에서 관광을 매개로 접촉했었다. 이런 과정의 결과인 민속려관은 앞서 이미 살펴보았다. 하지만 그것 말고도 개성 내부와 인근의 수많은 역사적 유물과 유적이 복원되어 방문객들이 접근할 수 있게 되었다. 오늘날 서울에서 한국의 주도적인 교육기관의 하나로 꼽히는 성균관대학교의 전신인 유교서원 고려성균관도 여기 속한다. 이것은 개성 인근 '고려박물관'이라는 곳에 부속되어 있다. 박물관에서 봉건사회와 노비제에 대해 정치적으로 정확한 내용도 배운다. 옛날에 소 한 마리가 남자종보다 값이 더 나갔다는 것도 그 내용에 포함된다.

여기서 멀지 않은 곳에 전통 양식의 새로운 복합건물이 있다. 남한의 도움으로 세워진, 따라서 남한의 건축양식을 연상시키는, 새로운 경공업 전문대학[고려성균관대학]의 본관건물이다.

박물관 공원에는 수많은 전통 목조건물이 여기저기 흩어져 있다.

화가들이 즐겨 수채화나 유화로 포착해내는 건물들이다. 실용적이게도 즉석에서 작품을 살 수가 있다. 물론 예술가들에게서 직접 살 수 있는 것은 아니지만. 어쨌든 개성 성균관은 여행자들에게 대단한 기회를 제공한다. 이미 언급한 우표가게가 여기도 있는데, 이 가게에서 취급하는 물건은 우표가게라는 이름을 훨씬 넘어선다. 여기저기서 파는 연초록 고려청자는 원래 고려시대에 나온 것이다.

봄과 가을의 지정된 날이면 주민들이 온갖 정원[벌초] 도구와 소풍[성묘용] 물품들을 들고 박물관 건물 뒤로 올라가는 것을 볼 수 있다. 그곳에는 조상들의 무덤이 줄지어 있으니, 정기적으로 보살피고 또 그 자리에서 제사를 올리기 위해서다. 조상숭배는 지독히 현대적이고 종교 전통을 부정하는 사회의 고정관념과 반드시 일치하는 일은 아니지만, 정부는 분명 이 모든 것을 눈감아주고 있다. 이 지역의 옛 역사는 내부의 애국심을 위해 그리고 관광객을 위해서 발견되었다. 령통사 같은 불교 사원은 남한의 막대한 도움으로 완전히 새로 지었다. 풀이 무성히 자란 두 개의 커다란 봉분으로 구성된 공민왕릉은 전에도 방문할 수 있었지만, 이제는 유네스코 문화유산이라는 당당한 표지와 더불어 새로운 빛을 받아 빛난다.

유명한 선죽교도 여기서 언급할 만하다. 이것은 14세기에 정치적 살인이 이루어진 장소인데, 화려한 전통의상을 입고 펼치는 연극무대에나 나올 법한 사건이다. 상류층 출신의 두 젊은이가 친구로 자랐다. 두 사람은 모두 현존하는 고려의 상황에 만족하지 못했다. 정부는 무능하고 나라는 정체되어 있는데 외적이 위협을 해오는 판이었다. 둘은 서로 다른 길을 선택했다. 정몽주는 고려의 관리가 되어 자기를 수양하고 군주에 충성한다는 유교의 이상에 맞게 살았다. 또 다른 사람인 이성계는 무관이 되었다가 스스로 통치자가 되려고 낡은 왕조를 무너뜨렸다. 정몽주의 딜레마는, 한편으로는 이성계와 똑같이 기존 체제를 불신하지만 동시에 그 질서에 충성으로 묶여 있다는 사실이었다. 그는 그 상황을 개선하려고 있는 힘을 다했다. 반면 이성계는 낡은 체제는 개혁할 수가 없으니 과격하게 새로운 질서로 대체해야 한다는 의견이었다.

이성계 아들의 집에서 저녁식사를 한 다음 최후의 결투가 벌어졌다. 젊은 이방원은 〈하여가〉라는 짧은 시를 읊었다. 거기에는 이런 말이 들어 있었다. 결정하라. 낡은 것은 무너진다. 당신은 그와 함께 무너질 텐가, 아니면 우리와 함께 새 세계를 건설할 텐가? 그에 대해 정몽주도 역시 짧은 시로 대답했는데, 이것은 〈단심가〉로 알려져 있다. 그 뜻은 대략 다음과 같다. 나는 죽고, 일백 번이라도 죽어도 좋다. 하지만 내가 충성을 지킨다면 나는 결코 스러지지 않을 것이다. 이어서 그는 칼에 찔려 죽었다.

나는 북한 측 동행들에게 이 사건을 어떻게 생각하느냐고 기꺼이 물어보곤 한다. 여기서 한편으로는 그들의 높은 교육수준을 볼 수 있다. 가장 먼 동북부에서도 가이드 한 명이 즉석에서 〈단심가〉를 왼다. 다른 한편으로는, 그리고 이게 진짜 질문인데, 무능한 지도부가 명백히 실패했을 경우 한 인간이 죽을 때까지 그 지도부를 따르면서 업적과는 무관하게 충성을 지키는 대신, 스스로를 해방시킬 권리가 있는가 하는 문제다. 지금까지는 대개 정치적으로 올바른(죽을 때까지 충성한다) 또는 회피하는(말하기 어렵다, 상황에 달려 있다) 대답을 들었다.

건축의 아름다움을 좋아하는 사람은 개성에서 아주 만족한다. 원래 계획은 2008년부터 하루에 500명씩 남쪽 관광객이 오기로 되어 있었는데, 정치적 이유에서 무산되자 정성껏 가꾼 시설들은 대부분 사람 없이 텅 빈 채로 위대한 사진의 모티프가 되어준다. 약간의 요령만 있다면 흥미진진한 대화로 들어갈 수도 있다.

현장을 책임지는 관광 담당자의 진술에 따르면 앞으로 중국인들로 방문객 부족을 메울 생각이라고 한다. 하지만 베이징에서는 그랬다가는 남한과 특히 미국의 제재정책을 붕괴시키게 되리란 사실을 너무도 잘 안다. 그것 말고도 중국은 북한의 핵무기 프로그램이 탐탁지 않고, 핵무기가 이 지역에서 미국과 일본의 군사적 위협을 제거하기 위한 것이라는 북한의 핑계도 만족스럽지 않다. 따라서 베이징은 아직까지는 북한 관광업의 확장을 방해할뿐더러, 심지어 북한에 압력을 행사하려고 일시적으로 관광을 제한하기까지 한다.

비무장지대와 판문점

개성에서 겨우 몇 킬로미터만 더 가면 비무장지대(DMZ)가 나타나니, 개성이 지닌 특별한 정치적 의미가 분명해진다. DMZ에서는 두 장소를 구경할 수 있다. 판문점 막사들과 남한을 바라보며 앞으로 돌출한 초소다.

군대초소 방문은 몇 가지 비용과 관련이 있고, 따라서 대개 개성에서 밤을 보내게 된다. 물론 이 투자는 성과가 있다. 여기서는 한국을 가로지르는 휴전선에 대해, 판문점이라는 소우주에서와는 전혀 다른 체험을 할 수 있기 때문이다.

농경지대와 군대밖에 보이지 않는 지역을 통과해 언덕 많고 먼지 많은 좁은 길을 이리저리 활강하듯 한 시간을 달리고 나면, 전방에 위치한 군부대로 들어간다. 콘크리트 주차장에서부터 언덕 너머로 이어지는 좁은 참호를 통해 계속 걸어간다. 남자 키 높이의 벽 안에서 어쩐지 충격을 예상하고 나도 모르게 머리를 숙이고 걷는다. 마지막 가파른 몇 미터를 지나면 한 건물에 도착하는데, 그곳의 빛이 스며드는 널찍한 방에서 편안한 안락의자에 자리를 잡는다.

진지하지만 유독 친절한 북한 대령 한 명이 이 장소를 설명하고 여기서 볼 것이 무엇인지도 알려준다. 여기서 4킬로미터 떨어진 곳 DMZ 경계선 남측에 세워진 철근 콘크리트 장벽이다. 남한 측이 수 미터 높이의 이런 방어시설을 서해안에서 동해안까지 DMZ 전역을 따라 설치했다는 설명이다. 이는 200킬로미터가 넘는 거리다. 남한 측에서는 이 방어벽이 보이지 않는다. 흙으로 덮였기 때문이다. 이것은 오직 북한에서만 보인다. 남한은 이런 방어벽의 존재를 극구 부인한다.

독설가들은 이 방어벽이 1970년대 당시 남한 독재자 박정희의 거대 계획의 일부였다고 주장한다. 그가 이를 통해 유치원 수준이던 자국의 시멘트공업을 강화하려고 했단다. 이로써 북한 측에서는 나라를 분단한 자들이 남한에 있다는 것이 확실해졌고, 그 증거 하나를 여기서 보여줄 수가 있게 되었다. DMZ는 4킬로미터 너비의 띠를 이룬 지역으로, 여기서는 그 어떤 중화기重火器도 허용되지 않으며 그래서 비무장지대인데, 그 한가운데로 원래의 휴전선이 지나간다.

지난 수십 년 세월이 흐르는 동안 DMZ는 여러 번이나 '심각한 돌발사태'의 무대가 되었다. 1976년에는 이른바 판문점 도끼만행사건이 일어났다. 미국인과 남한인으로 이루어진 한 무리가 경계선 지역에서 나무 한 그루를 베어내려고 하다가 벌어진 사건이다. 북한 사람들은 그것을 허용하지 않았고, 그래서 격투가 벌어졌고, 미군 장교 두 명이 두들겨 맞고는 자신들이 가져온 도끼로 살해당했다. 1958년부터 남한에 핵무기를 주둔시킨 미국은 방어준비 태세 데프콘 3을 발령해 막강한 군사력을 과시하면서 마침내 그 나무를 베어버렸다. 북한은 현존하는 정전협정의 위반이라고 주장했다. 며칠 동안 세계는 아무것도 모르는 채로 20세기 세 번째 대전쟁의 위기에 직면했었다.

예전에는 작은 마을도 못 되던 판문점은 밝은 푸른색 낮은 목조막사들을 갖추고 있는데, 여기가 오늘날 DMZ 한가운데로 지나가는 남한과 북한 사이 휴전선을—정확하게는 군사분계선을—넘어갈 수 있는 유일한 장소다. 서울에서 자동차로 한 시간이면 도착한다. 휴전선 양쪽에서 서로 손을 흔드는 관광객은 물론 볼 수 없다. 돌발사고에 대한 두려움에서 관람시간이 서로 겹치지 않도록 협조하고 있기 때문이다.

북한 측 군사검문소 절차가 시작된다. 버스에서 내리면 한편에 화장실, 다른 한편에 낮은 석조막사가 있는 작은 광장에 서게 된다. 여기서 기다리는데, 상황에 따라 한 시간이나 그 이상이 걸리기도 한

▽
판문점의 협상 막사. 분계선의 북한 측에 있는 모래는 이런 분리를 일시적인
것으로 본다는 점을 강조한다고 한다. 에어컨은 삼성 제품. 통일에 대한 예
견일까?

다. 지도자들의 사진이 있는 유리장 속 벽보 앞의 연석에 앉지 않도록 조심하라. 그랬다간 극도로 불쾌한 방식으로 병사한테 쫓겨나게 된다. 보초병이 머리에 쓴 것을 보면 경보 수준을 읽어낼 수 있다. 케블라고무 헬멧은 최고 전투준비 태세를 의미한다. 직물 소재 모자는 상대적인 평화를 뜻한다.

석조막사에는 인삼부터 그림까지 통상적인 상품을 파는 기념품점이 있다. 거기엔 설탕을 너무 많이 넣은 냉장된 캔커피도 있는데, 커피를 마실 시간이 충분하다. 단체관광객은 이따금 안내하는 장교에게 담배를 사주라는 안내원이나 점원의 청을 받는다. 벽 쪽 안락의자에는 보통 북한군 장교들이 앉아서 여성 안내원들과 시시덕댄다. 여기서는 수많은 다른 관광객을 만나니 서로 경험을 나눌 수 있다.

본격적인 관광이 시작되기 전에 가게 옆방의 벽에 그려진 한국 지도 앞에서 설명을 듣는다. 한국전, 나라의 분단, 미 점령군의 공격성 등과 관계된 여러 사실들을 놓고, 북한의 관점에 대해 알아두어야 할 것들을 배운다.

이렇게 도덕적으로 강화된 다음 뜰로 나간다. 관광객은 여러 줄을 이루어 섰다가 마지막에 일렬종대가 되어 좁은 통로를 통과한다. 이 통로는 방어를 해야 할 경우 도로를 막기 위한 여러 톤짜리 콘크리트덩어리 한 개로 장식되어 있다. 길의 오른쪽과 왼쪽에는 지뢰 경고판들이 서 있다. 우리는 DMZ의 북한 측 경계선에 있다.

그런 다음 버스를 타고 원래 휴전선에서 1킬로미터가량 떨어진 곳에 세 줄로 나란히 늘어선 막사들로 구성된 박물관으로 간다[한국전 당시 연합군과 북한군 사이에 정전협정이 벌어진 장소를 말한다. 북한에

서는 이를 '정전담판회의장'이라 부른다]. 이곳에서 미 제국주의자들은
무릎을 꿇다시피 하고서, 마치 뒷전으로 밀려난 듯 약간의 도움을 제
공한 중국인들의 협조를 받아 우세한 위치에 있는 북한 대표가 불러
주는 정전협정서에 서명을 했다는 설명이다. 여기서 김일성은 얼마
나 찬란한 승리를 달성했던가! 놀랍게도 그는 스스로 서명하는 명예
를 요구하지 않았다. 이에 대해 질문하면 그 답변은, 그가 분단을 일
시적인 것으로 보았고, 이와 관련된 문서에 서명하려 하지 않았다는
것이다. 그렇다면 이게 승리로 보이는가?

박물관에서는 벽에 붙은 정전협정 사진들이 특히 볼 가치가 있다.
특별히 선별된, 상당히 노골적으로 나중에 손질한 흑백사진들에서
북한 사람들은 언제나 자신감에 차서 똑바로 앞을 보고 등장하는데,
그야말로 기세등등 승리한 세력이다. 그에 반해 미국인들은 허약한
모습을 보인다. 불안하게 보좌관들을 돌아보고, 부끄러워하며 손으
로 입을 가린 채 서로 속삭이고, 어찌할 바 모르는 체념의 태도로 머
리를 감싸 쥐고 있다. 비슷한 장면을 그린 유화에서도 이런 몸짓이
다시 보인다. 아니, 미국인은 냉혹한 태도의 북한 사람들을 당하지
못한다.

이른바 공동경비구역(JSA) 안에 있는 휴전선에서 병사들이 지켜
보는 가운데, 특별히 친절한 장교의 안내를 받아 거대한 비석 쪽으로
간다. 여기에는 한글 서체[김일성 서체]가 새겨져 있는데, 설명에 따
르면 위대한 수령이며 영원한 장군님인 김일성의 서명이라고 한다.
그는 죽기 전날에 '통일과 관계된 중요 문서'에 서명을 했다. 마지막
숨을 거두기까지 나라의 아버지는 조국통일을 위해 일했다는 사실

을 이 기념비가 말해준다고 한다.

기념촬영을 한 다음 우리는 본관건물[판문각]로 올라가는 계단에 도착해 세 개의 하늘색 막사들을 건너다본다. 이론적으로는 이 막사도 관람할 수 있지만 현재 대개는 높은 수준의 경계경보가 발령 중이라 통상 밖에서 바라보는 것으로 끝이다. 안에 들어간다면 여기서는—그리고 오직 여기서만—회의장[JSA 안에 있는 '군사정전위원회 회의실'을 말한다] 테이블 한가운데 놓인 마이크의 케이블로 표시된 휴전선을 넘어갈 수 있다. '잘못된' 출구로 다가가면 위병이 분노한 눈길로 바라보면서 실수로 길을 잃지 말라고 경고한다. 북한 측 막사에 발을 딛고 있다면 그는 북한 측 병사다. 그의 손바닥을 바라보시라. 아마도 두툼한 굳은살이나 이따금 피딱지도 보일 것이다. 이는 군 태권도 훈련의 흔적이다. 여러 해가 지나면 이 사내는 주로 특수부대 소속인 선배들처럼 아마도 손에 지속적인 통증을 호소하게 될 것이다. 개인들의 미래 건강은 현재의 전투 태세보다 하위에 속한다.

본관건물의 전망대 테라스에서 이 시설을 잘 살펴볼 수 있다. 군사분계선 남측에도 역시 여러 층짜리 건물이 한 채 서 있다. 여기에는 모든 것을 성실하게 촬영하는 수많은 비디오카메라들이 갖춰져 있다. 이따금 군사적 포즈를 취한 미군이 보이는데, 이 사람도 북한군 위병 못지않게 불신하는 태도로 우리를 노려보고 있다.

막사들 사이의 바닥이 서로 다른 것이 눈에 띈다. 가운데로는 군사분계선을 나타내는 콘크리트 선이 지나간다. 여기서부터 남한 측 광장 사이의 영역은 정상적으로 자갈로 채워졌다. 북한 측에는 단단히 다져진 모래점토뿐이다. 하필 여기서 돈이 부족했나? 아니다, 물어보면 답이 나온다. 북한 사람들은 분단을 기쁘지 않은 일시적인 일이라 여기고, 따라서 분단을 상징하는 이 장소를 아름답게 꾸미지도 오래 지속하는 것으로 만들지도 않는단다. 영리한 대답이다. 그것만은 인정하지 않을 수 없다.

이 자리에서 사진 촬영이 허용된다. 심지어 장교와 함께 단체사진을 찍을 수도 있다. 돌아오는 길에는 들어갈 때처럼 버스에서 내리지 않고 그대로 탄 채로 입구의 대전차 장애물을 통과해 나온다. 그러고 나면 놀랄 정도로 느긋한 분위기였음에도 불구하고 많은 관광객이 비로소 안도감을 느낀다. 판문점은 매우 압박하는 느낌을 줄 수가 있다.

동남부:

동해의 관광산업

이 나라의 동쪽은 반도 전체를 따라 북에서 남으로 뻗은 등줄기
인 태백산맥이 특징이다. 마치 북한의 안데스산맥 같다. 산들은
동쪽으로 상당히 급한 경사를 이룬다. 그래서 일부 지역만이 대
도시에 어울리는 인구와 건축물을 수용하기에 충분한 넓이의 평
지가 된다. 대략 30킬로미터 너비에 50킬로미터 길이의 그런 띠
하나가 원산에서 함흥에 이르는 해안선을 따라 뻗어 있다. 관광
객은 산업도시이자 항구도시인 이 두 대도시를 방문할 수 있고,
금강산도 가볼 수 있다. 금강산 지역은 남한과의 경계선까지 뻗
어 있다. 2013년에는 마식령스키장도 여기 덧붙여졌다. 근본적
으로 북한의 토지계획에서 동남부는 관광지구로 여겨진다. 경제
특구들은 이 분야의 합작벤처 기업들에게 일을 쉽게 해주려는
조치이다.

원산: 숨은 잠재력을 지닌 항구도시

강원도의 도청소재지인 원산시는 한국전에서 거의 완전히 파괴된 북한의 거주지 대부분이 그렇듯이, 주로 콘크리트로 이루어진 도시다. 동해에 직접 닿아 있다. 남북 가리지 않고 한국인들에게 경솔한 짓을 하고 싶지 않다면 이 바다를 절대로 일본해라고 불러서는 안 된다.

서해와는 달리 여기서 바다는 금방 깊어진다. 항구시설에 이상적인 조건들이다. 조수가 차오르는 덕에 겨우 수심 30센티미터까지만 상시 이용이 가능한 놀랄 정도로 깨끗한 물을 보면 관광객은 기뻐한다. 유럽의 관광객은 대부분 정치적 관심에서 북한을 여행하고, 뛰어난 경치를 만나면 오히려 보너스로 여기는 편이다. 그에 반해 중국 관광객은 깨끗한 바다에서 수영하는 것이 여행의 진짜 이유다.

그것 말고는 원산은 전형적인 항구도시다. 물론 북한의 분위기를 지닌 항구도시다. 방파제가 있고, 생선요리 식당 몇 개와 수많은 현수막들, 그리고 배 몇 척. 바닷가에는 나이 든 사내들이 서서 낚시를 하고, 바다와 생선 비린내가 난다. 여기 없는 것은 거리 카페들, 파렴

치한 술집들, 비키니 미녀들이다. 어쨌든 나는 2010년에 원산에서 처음으로 유료주차장을 만났는데, 수도를 빼고는 자동차가 드문 북한에서는 매우 특이한 일이다.

원산에서 겪은 가장 기억에 남는 일은 이미 말한 대로, 살아 있는 생선을 회로 떠서 내놓은 식당에서의 일이었다. 우리 눈에 야만적으로 보이는 이런 서비스 뒤에는 이 도시의 과거가 숨어 있다. 원산항은 1880년에 일본인들에 의해 강제로 '개항'되었다. 그러니까 무역의 가능성이 열렸다. 이 시대의 서양 여행자들은 원산을 일본 이름인 겐산으로 알았다. 일본인들은 자기들의 식습관도 들여왔다. 그러니까 내 접시에 놓인 가련한 생선도 실은 그들을 위한 제물이었던 것이다.

항구에는 약 160미터 길이의 '만경봉 92호'가 정박해 있다. 북한과 일본 사이를 오랫동안 부지런히 오갔으나, 2006년에 북한 최초의 핵실험이 있고 나서 이 항로는 폐쇄되었다. 만경봉 92호는 원산과 동북부의 라선 사이를 오가는 유람선이 되었지만 성과는 그저 그랬다. 2015년 이후로 이 배는 저 혼자 녹슬어가는 중이다.

원산 인근에 천삼리 집단농장이 있는데, 외국인 방문객을 맞이하려고 세웠지만, 서해안의 청산리처럼 방문객이 많지는 않다. 천삼리 마을에는 한국어로 '감'이라 불리는 과일이 특히 많이 자라는데, 이에 대해 곧바로 위대한 지도자 동지의 일화 하나를 듣게 된다.

주목할 만한 장소로는 원산 서북쪽으로 몇 킬로미터 떨어진 덕원에 있는 원산농업대학이 있다. 이 대학은 1948년에 세워졌으며 학생 수가 대략 2,500명 정도다. 그 이름에서 알 수 있듯이 학생들은 온갖

▽

'만경봉 92호'는 오랫동안 북한과 일본을 오가며 방문객, 물자, 돈 등을 가져
왔다. 지금은 원산 항구에서 천천히 저 혼자 녹슬어가는 중이다.

농업 분야에서 포괄적인 교육을 받는다. 핵심영역을 물어봤지만 답을 얻지 못했다. 하지만 대학 졸업자들이 농촌으로 가지 않는다는 데는 누구나 동의했다. "그들은 대학을 나왔으니까요!" 흥미로운 관점이다. 김정은의 최근 연설에서 나온 몇 구절이 생각난다. 그는 당 간부들에게 책상에서의 결정을 줄이고 실제와의 연관성을 늘리라고 요구하고 있으니 말이다.

캠퍼스 입구에서 남녀학생들에게 '추천하는' 20가지 이상의 헤어 스타일을 보여주는 낡은 사진들 옆에서, 보안관청의 정식 게시물로 보이는 것을 발견했다. 거기에는 '디아제팜과 그 밖의 진정제 및 수면제 암거래'는 형벌을 받는다고 되어 있었다. 이것은 지금까지 내가 이 주제를 직접 만난 유일한 경우였다. 하지만 탈북자들에 따르면, 상대적으로 혼란스럽던 1990년대 말에 북한에 마약문제가 있었다. 굶주림의 시기에 질병은 느는데 약품이 부족했다. 사람들은 '얼음'이라 불리는 크리스털 물질, 즉 우리가 크리스털메스[메스암페타민=필로폰]라고 부르는 물질의 도움으로 겨우 견뎠다. 중국 방향 국경을 넘나드는 마약거래에 대한 보고들이 있었고, 그 결과는 중국 측 국경 수비 강화로 이어졌다.

자주 그렇듯이 여기서도 수많은 상징에 부딪히게 된다. 대학의 진입로는 위대하신 수령님의 지시에 따라 물음표 형태를 이루도록 만들어졌다는 말을 듣는다. 답변되지 않은 수많은 질문을 지닌, 아직 무지한 젊은이들을 상징하기 위해서다. 대학건물은 단면도로 보면 여기서 얻은 지식을 나타내는 느낌표 모양이란다. 이제 어떤 의문도 없다는 뜻이다. 지역의 여성 안내원은, 서양 방문자 한 사람이 자기

는 고향에서 전보다 더 많은 질문을 안고 대학을 떠났다고 하더라는
이야기를 내게 즐겁게 들려주었다. 그녀는 그에게 지도자의 배려 덕
분에 북한에서는 사정이 전혀 다르다고 자랑스럽게 설명했다. 그러
자 그 사람은 침묵했고, 그녀는 그것을 깨달음이라고 오해했다. 어차
피 이것은 북한에서 외국인과 내국인의 만남을 묘사하는 문헌이나
예술에서 핵심주제이다. 놀라는 외국인과 친절하지만 당당한 태도로
가르침을 주는 북한 사람의 만남 말이다.

필수로 들르는 전통실에서 아프리카와 아시아에서 온 수백 명의
외국인 학생들이 여기서 공부했다는 말을 듣는다. 그리고 '수령님이
바라보신 바나나'의 흑백사진을 본다.

본관건물 앞에 서면 많은 이들이 북아메리카의 아이비리그 대학
에 온 듯이 느낀다. 오늘날 북한에 거의 없는 신고딕 건축양식은 독
일과의 연관성을 나타낸다. 이 건물은 독일 바이에른의 상트오틸리
엔 대수도원을 본부로 하는 베네딕트 수도원이 있던 곳이다. 1945년
에 공산주의자들이 권력을 잡고 1949년 수도원이 강제철거되면서
수도사들과 수녀들은 쫓겨났고, 수도원에 소속된 38명이 구금되어
있다가 죽었다. 북한에서는 그에 대해 아무 말도 듣지 못한다. 선교
사들은 제5열[스파이]이며 북한 인민의 적으로 간주된다.

원산에는 몇 가지 볼거리가 더 있지만 관광객은 보통 알지 못한다.
이 도시는 주로 남쪽 금강산이나 북쪽 함흥으로 가는 길에 중간 기
착지 역할을 한다.

금강산

'산'이나 '산맥'이라는 개념은 탄력성이 있다. 한국에서 알프스 규모나 히말라야에 버금가는 것을 기대할 수는 없다. 고작 1,600미터 높이의 금강산은 우리가 중간산악지대라고 부르는 것에 더 가깝다. 다만 화산폭발로 생긴 덕에 기암괴석들이 형성되었다. 한국인들은 이 기암괴석들이 선녀, 원앙, 온갖 신화적 생명체나 실제 생명체를 닮았다고 생각한다. 지역의 여행안내원들은 여행자를 맞이하여 이곳에서 나온 몇 가지 전설들을 기꺼이 들려준다. 금강이라는 표현은 이곳 풍경의 특별한 미적 가치에서 생겨난 것으로, 같은 이름의 보석 금강석(다이아몬드)은 여기서 나지 않는다.

금강산은 바깥쪽(외금강), 안쪽(내금강), 바다쪽(해금강)으로 나뉜다. 오랫동안 외국 방문객들에게는 외금강만 접근이 허용되었다. 주로 안전기술상의 이유에서였다. 금강산이 국경지대이기 때문이다. 1990년대 말에 남한과의 협력이 구체화되면서 내금강과 해금강도 방문객에게 열렸다. 여기서 사람들은 금방이라도 쓰러질 것만 같은 기묘한 암석들을 본다. 그 꼭대기에는 작은 소나무들이 매달려 있다. 작센 사람인 나는 작센 알프스의 엘브사암산맥과 어딘지 비슷하다고 느낀다.

1999년부터 금강산은 남한 사람들에게 사랑받는 관광지였다. 그들은 우선 배를 타고, 이어서 버스를 타고 왔다. 모두 합쳐 100만 명 이상이 다녀갔다. 2008년에 남한 여성 한 명이 이른 아침시간에 혼자 산책을 나갔다가 초소에 지나치게 가까이 다가갔고, 패닉상태에서 도망을 쳤는데 곧이어 병사가 총을 발사했다. 그 사건 뒤로, 그 사이 관광특구로 승격된 이 구역은 다시 가시에 찔린 공주처럼 깊은 잠에 빠지고 말았다. 중국인을 유람선에 태워 데려오려는 시도들은 큰 성공을 거두지 못했다. 남한의 복합기업인 현대 측은 자기들이 세운 시설을 북한이 압류한 데 대해, 또는 남한 사람들이 북한으로 여행하는 것을 막는 서울의 정책에 대해 번갈아 불평을 한다.

대부분의 방문객은 원산을 거쳐 숲이 우거진 이 지역에 도착한다. 맘껏 걷고, 뜨거운 온천에 목욕하고, 몇몇 절집과 암자들을 관람할 수 있다. 구룡폭포 위쪽의 취옥 색깔 작은 연못들은 매우 아름답다. 전설에 따르면 옛날에 숲의 나무꾼이 이곳에 몰래 숨어서 목욕하는 선녀를 바라보다가 선녀의 옷을 가져갔고, 선녀는 동무들을 따라 하늘로 돌아갈 수가 없었다. 그래서 그의 곁에 머물러 그의 아내가 되었다. 어느 날 그가 불쌍한 마음이 들어 아내에게 옷을 돌려주자 선녀는 재빨리 하늘로 날아올라 사라져버렸다.

금강산 동편 바다로 나가는 길에 담수호인 삼일포가 있는데 이는 '3일호수'라는 뜻이다. 이름이 알려주듯이 왕이 이 호수를 지나가다 마음에 들어서 계획에도 없던 이곳에 3일이나 머물렀다고 한다.

정치적 관심을 가진 방문자에게는 분명 이보다 더 나은 목적지들이 있다. 하지만 남북관계에서 이 산의 역할을 알아두는 것이 좋다. 현재는 중단상태지만 중국, 일본, 남한 관광객의 수가 늘어날 것을 감안하면, 공통의 애국심과 경제적 잠재력이라는 의미에서 이 산이 갖는 이념적 의미를 말이다.

마식령스키장: 북한에 알프스 분위기

원산의 서쪽, 평양으로 가는 도로에서 조금 떨어진 곳에 북한에서 유일한 것은 아니지만 분명 가장 유명한 스키리조트가 있다. 2017년 2월 평양으로 갈 때 나는 비행기 안에서 캐나다 단체관광객을 만났는데, 그들은 적어도 반쯤 직업적인 겨울스포츠 선수들이었다. 트레이너를 대동하고 장비를 모두 챙겨 바로 이곳 리조트로 가는 길이었다. 돌아오는 비행기에서도 다시 이 단체를 만났는데, 온통 찬양 일색이었다. 북한이라는 주제를 생각할 때 내게 스키는 첫 번째도 두 번째도 아니었다. 아마 여기서도 이 특수한 나라에 있다는 사실이 서양 관광객에게 특별한 매력을 행사하는 것 같다.

리조트는 최근에 새 지도자인 김정은 치하에서 건설되었다. 2014년에 개장한 이후로 이 리조트가 모든 직업인의 휴양에 쓰인다지만, 이는 물론 상당히 뻔뻔스러운 거짓말이다. 알파인스키가 북한의 농부나 산업노동자의 일상적인 여가활동에 속하지 않는 것만은 확실하다. 주요 대상은 오히려 엘리트층, 아마도 신흥 중산층, 그리고 물론 외국 관광객이다. 자기 나라를 국제적인 스포츠강국으로 만들겠다는 김정은의 야망이 여기 덧붙여졌다. 그러려면 그에 어울리는 훈련 가능성을 갖추어야 한다.

방문자들은 현장에서 장비를 빌릴 수가 있고, 그야말로 당당한 서양의 가격으로 스키 리프트를 이용할 수가 있다. 이런 장비들은 원래는 스위스에서 완전히 새것으로 들여올 셈이었지만, 스위스 정부가 공급업자에게 국제 경제제재를 이유로 이미 체결된 계약의 이행을 금지했다. 그래서 중국에서 오스트리아제 중고장비를 수입했다.

함흥: 독일풍의 도시

함흥은 전쟁 이후 재건한 또 다른 거대 산업도시로서, 함경남도의
도청소재지이며, 동해안의 화학산업 중심지다. 항구도시 흥남이 함
흥에 편입되었다. 함흥은 원산에서 북쪽으로 대략 100킬로미터 떨
어진 곳에 있다. 얼마 전만 해도 먼지 많은 길로 자동차를 달려 도착
하는 데 약 네 시간이 걸렸다. 2010년에 고속도로를 보수해서 오늘
날은 분명히 더 빨라졌다. 관광객은 함흥에 묵거나 해변에 있는 마전
관광휴양소에 머문다.

이 도시의 특수성 한 가지는 1954~1962년에 동독의 상당한 도움
으로 재건되었다는 점이다. 1996년에 나온 나의 책《동독과 북한*Die
DDR und Nordkorea*》은 이미 오래전에 잊힌 동독-북한 관계의 이 부분을
다루었다. 자세히 바라보면 아직도 도시 외관에서 양국 관계의 흔적
을 볼 수 있다. 많은 건물의 벽에 쓰인 노란 타일이 동일한 시기에 건
설된 베를린의 스탈린대로, 오늘날의 프랑크푸르트대로에도 사용된
자재를 연상시키는 것이 우연은 아니다.

동베를린은 맨 먼저 건축노동자와 건축자재를 길고 긴 시베리아
횡단열차에 실어 보냈다. 그런 다음엔 도시계획자들과 건축가들이
도착해서 건축산업의 형태를 만들었고, 수많은 북한 사람들이 다양
한 건축 관련 직업과 엔지니어 직업 분야에서 훈련을 받았다. 함흥에

▽

한국전 시기에 거의 90퍼센트가 파괴된 도시 함흥에서 예전의 빌헬름피크
대로를 내려다본 모습. 이 도시는 1950년대 동독에 의해 재건되었다.

서 생겨난 접촉은 수십 년 이상 유지되었다. 최초의 동독 총리의 아들인 한스 그로테볼Hans Grotewohl은 30대 중반의 나이에 이곳에서 건축가로 일했는데, 뒷날 나와 긴 이야기를 나누고 또 내 연구서의 외부 감수자 노릇도 해주었다. 그의 아들 틸 그로테볼Till Grotewohl은 1990년대 북한에서 여러 번이나 몇 주씩 만성질병을 치료받곤 했다. 동독 출신으로 이곳의 재건을 도운 많은 이들에게 함흥은 젊은 시절의 거대한 모험이었으니, 은퇴하고 나서도 오랫동안 여전히 그 이야기들을 했다. 그사이 이 주제에 대해 볼만한 TV 다큐멘터리도 몇 편 나왔다.

하지만 동독이 동참한 흔적들은 대부분 오래전 사라졌다. 이제는 빌헬름피크대로도 없고, 방문객은 오래전 북한 신문들이 찬양하던 '형제의 도움'에 대해서는 거의 아무 말도 듣지 못한다. 건설에 참여했던 사람들은 나중에 이곳을 방문했다가, 위대한 김일성의 현명한 지도 아래 조선민족 혼자서 이 작업을 완수했다는 설명을 듣고는 깜짝 놀랐다. 이것이 오늘날의 공식 관점이라는 사실을 분명히 말해야겠다. 나는 함흥에서 많은 사람들을 만났고, 그들은 사적인 대화에서는 아주 따뜻한 감사의 마음으로 이 건설의 도움에 대해 이야기했다.

이런 특별한 측면에 거의 무관심한 모든 이에게, 이곳으로의 여행은 소요되는 엄청난 시간을 생각할 때 별 보람이 없다. 그 밖에는 흥남의 화학공장을 견학할 수 있는데, 언제나 그렇듯 이런 곳에서는 전통실 방문이 특히 중요하다. 그곳에서 위대하신 김일성 동지가 이 공장을 33번이나 방문했다는 말을 듣고, 그가 언젠가 앉은 적이 있는 접이식의자가 유리장 안에 보존된 것을 보고 놀라게 된다. 역사적 관심이 있는 이들은, 도시의 경계선에서 한국의 마지막 왕조인 조선왕조를 14세기에 건국한 이성계의 복원된 생가를 보고 경탄할 수 있다.

도시 중심부에 있는 역사박물관의 전시는 평양 박물관과 거의 똑같은, 그냥 미니어처 버전이다. 다만 수도와는 달리 이곳에서는 전시물 사진을 찍을 수가 있다. 박물관의 안뜰에서는 깔끔하게 열을 지어 채소가 재배된다.

여기서도 동봉리 집단농장을 견학할 수 있다. 거기서 나는 집단농장 감독관과 노동자 사이에 아무것도 아닌 일로 일어난 불꽃 튀는 싸움을 목격했다. 노동자는 트랙터 하나를 깨끗이 닦아놓고 내가 나타나면 사라지도록 되어 있었다. 작업 도중에 방해를 받자 노동자의 눈에서 정말로 번개가 일어나더니, 얼굴이 검붉게 변해서 욕설을 퍼붓고 격분한 채 그곳을 떠났다. 여기서 조화와 침묵의 종속을 말할 수는 없다. 밖으로 드러난 정면부에 뚜렷한 균열이 보였다. 북한에서 우리는 그런 것도 경험한다. 외국인에게 이상적인 모습을 보여주려는 온갖 노력에도 불구하고 말이다.

함흥을 생각하면 나는 이곳 산에서 목격한 운동회가 떠오른다. 아이들이 경주에 열을 올리고 있었다. 한 아이의 왼쪽 다리와 다른 아이의 오른쪽 다리를 줄로 묶고 펼치는 경주였다. 그런 식으로 묶여서 하나가 된 여러 쌍들이 달리기 경주를 했다. 이 경기에서 가장 중요한 도전과제인 박자를 맞추려고 아이들은 거듭 "조국통일, 조국통일" 하고 외쳤다. 그렇게 그들은 웃으며 헐떡이고 땀을 흘리면서 산을 올라갔다. 어쩌면 그들이 앞으로 통일을 경험할지 누가 알겠는가.

동북부:

혁명의 장소들과 경제개방지역

조선 동북부는 거칠고 수도와는 여러 면에서 다르다. 이곳 사람들은 매우 독특한 사투리를 쓰고, 중국에 있는 수많은 친척들과 밀접하게 연결되어 있다. 지난 수백 년 동안 반체제 인사들이 이곳으로 귀양을 왔다. 그래서 이 지역 주민들은 고집 세고 반항적이라고 여겨진다. 1990년대 중반에 식량이 귀해지자 이 지역이 특별히 타격을 입었다. 멀고 먼 수도에 있는 권력자들에게서 가장 관심을 못 받은 지역이기 때문이다. 오늘날 남한에 사는 3만 명 정도의 탈북자들이 대부분 이 지역 출신이다.

동시에 동북부는 조선혁명의 요람이다. 김일성 일가를 상징하는 거룩한 백두산이 이곳에 있다. 김정일의 공식 탄생지도 이곳이고, 그의 어머니도 이곳 출신이다. 나아가 이곳에는 북한에서 가장 아름다운 산의 하나인 칠보산이 있으며, 중국, 러시아와의 3국 접경지대에는 라선 경제특구도 있다.

이미 평양과 서남부에 가본 사람들에게 동북부는 좋은 여행지다. 이 경우 유럽에서 북한으로 들어가고 나오는 여행은, 베이징에서 비행기로 쉽게 갈 수 있는 중국 도시 옌지를 경유한다.

북한-중국 사이 국경 왕래

　중국 지린성의 옌볜 자치주에는 중국 내 소수민족인 조선족 대부분이 산다. 수백 년의 시간이 흐르는 동안 그들의 조상은 여러 이유에서 옌볜으로 왔는데, 고향인 한국에서의 생활조건 때문인 경우가 많았다. 20세기에 일본의 식민지배 동안 이들의 수는 정점에 도달했다. 옌지의 조선족박물관에 따르면, 옌볜 자치주의 자치도시 옌지에는 1911년 대략 20만 명이던 조선인이 1945년에는 160만 명으로 늘었다.

　북한으로 여행하기 전에 이 지역에서 시간을 보내는 것은 소득이 있다. 이민자들은 가까운 조상의 나라에 있는 직계가족과의 관계를 유지하는 경우가 매우 많다. 이 사람들은 보통 다른 누구도 제공할 수 없는 것을 갖고 있다. 곧 언어능력 및 친척관계에서 생기는 북한에 대한 내부자 지식과 더불어, 상대적으로 솔직하게 그에 대해 말할 각오가 되어 있다는 점이다. 이 지역에 외국의 기자들과 첩보기관 종사자들의 밀도가 유독 높다는 것도 전혀 이상한 일이 아니다.

　나의 대화 상대자 한 명이 2015년에 내게 자기 이야기를 들려주었다. 편의상 그를 강 선생이라 부르기로 하자. 그 이야기는 많은 점에서 전형적인데, 이곳 옌지에서 북한에 대해 얼마나 많은 것을 배울수 있는가를 알려주는 것이다.

그의 아버지는 1928년에 일곱 살의 나이로 중국에 왔다. 중국에서 결혼하고 두 아들을 두었다. 그중 하나인 강 선생은 중국의 대학에서 일한다. 그의 형은 1960년대 초 대약진운동과 문화혁명 사이의 힘든 시기에 더 나은 삶을 찾아 국경 너머 부모의 고향 북한으로 돌아갔다. 지금 형은 평양에 살고 있는데, 상세히 밝힐 수 없는 관직에 있다. 여러 해 전에 강 선생은 평양의 호텔에서 형과 만났다. 형의 집을 방문하는 것은 허용되지 않았다. 물론 필요한 신청을 제때 한다면 원칙적으로 아무 문제도 없다고 한다. 두 형제는 긴 세월 접촉을 끊지 않았다. 처음에는 북한의 형이 중국의 가족을 도왔지만, 나중에는 반대로 바뀌었다. 강 선생이 형에게 돈을 전달하려 하면 여러 가능성이 있다. 그들은 국경의 세관구역에서 직접 만날 수 있지만, 이것은 평양의 형에게는 그리 쉬운 일이 아니다. 여행허가가 필요하고 먼 길을 와야 하기 때문이다. 그래서 자주 중개인 서비스를 이용한다. 물론 이용료를 지불한다.

조선족 출신 중국인들은 방문 신청을 하면 양쪽 정부가 승인한 특별허가증을 받을 수가 있다. 겨우 며칠밖에 걸리지 않는 신고기간만 거치면 그들은 비자 없이 북한으로 들어가 그곳의 친척들을 방문할 수가 있다. 역으로 1980년대 말에서 1990년대 말까지는 중국과의 국경선 근처에 사는 북한의 친척들이 정기적으로 중국을 방문했다. 열흘에서 한 달 사이의 기간을 중국에 머물면서 충분히 돈을 벌어서 돌아갔다. 친척들이 직접 돈을 주거나 아니면 고향에서 팔기 위해 중국에서 낡은 TV와 냉장고 따위를 모았다. 이런 수입으로 북한에서 1년 정도를 살 수 있었다.

두 나라의 경제관계에 대해 묻자 강 선생은 우선 이런 접촉의 특별한 성격을 강조했다. 오랜 기간 국경선 검문이란 게 아예 없었다. 사람들은 상대적으로 자유롭게 양방향으로 이동할 수가 있었다. 1970년대 말 중국이 개혁정책을 도입한 이후로는 이런 자유로운 이동이 어느 정도 제한되었지만, 그래도 국경에서의 직접 거래는 흔한 일이었다. 하지만 중국인들이 예전에는 의류에 대한 관심이 몹시 높았던 데 반해 요즘은 그들의 다양한 요구가 높아진 탓에 북한 사람들이 팔 만한 것이 거의 없다. 지금은 오로지 원료와 해산물로만 돈을 벌 수 있다.

그래서 여러 해 전부터 경제적 교환은 주로 북한 노동자들을 중국에 보내는 방식으로 이루어진다. 이 노동자들 수가 공식적으로 5만 명이지만, 강 선생은 비공개 수치가 매우 높다고 말하고 러시아로도 집중적인 노동력 수출이 있다고 보았다. 이것은 나의 제자 한 명의 이야기와도 잘 맞아떨어진다. 그녀는 2016년 크리스마스 휴가 때 시베리아의 고향 도시에서 이모 집에 있다가 예기치 않게 집 수리를 맡은 북한 기술자 두 명을 만났다고 한다. 그들은 집주인이 만족하도록 재빨리 일을 끝냈지만, 물론 자기들이 처한 노동상황을 자세히 알려줄 생각은 없었다. 이런저런 노동력이 공식통계에 전혀 잡히지 않으리라고 생각할 수 있다.

많은 중국 기업들이 임금비용이 점점 오르자 생산시설을 북한으로 옮기고 있다. 지리적으로 가깝고, 이 지역에서는 많은 중국인이나 한국인이 두 언어를 모두 할 수 있기 때문에 이는 상대적으로 쉬운 일이다. 물론 이것은 경제특구 바깥에서는 언제나 합작벤처의 틀 안에서 이루어져야 한다. 강 선생의 추산으로는 2014년에 지린성과 북한 사이 국경지대에 약 4억 유로의 투자규모로 150개 정도의 공동기업이 있었다. 강 선생의 친구인 중국 기업가는 환산비용 70만 유로를 투자했고, 2014년에 북한에서 개당 가격 1.2위안, 즉 16센트로 내의를 생산했다. 북한 공장의 노동자 월급은 미화 50달러가량인데, 중국인들은 당시 대략 미화 350달러를 받았다. 직접 중국으로 파견되는 북한 노동자들은 통상 3년을 머물고 월 200달러를 받는다. 물론 숙소와 식비를 포함한 금액이다.

대화의 변두리에 있었지만 흥미로운 디테일은, 그렇게 해서 국제적으로 노동력의 연속이동 같은 게 생겨났다는 말이었다. 임금비용 말고도 북한에서 노동력을 수입하는 또 다른 이유는, 지린성과, 지린성 서쪽에서 북한과 접경을 이룬 랴오닝성 출신의 많은 젊은이들이 두 언어 능력을 가진 덕분에, 중국과 비교해서 더 많은 돈을 받는 일자리를 남한에서 쉽사리 찾아낼 수 있기 때문이다. 그러면 그들은 고향을 떠나게 되므로, 이 빈자리를 북한에서 온 노동자가 메운다는 것이다.

북한의 개혁 입장에 대한 중국 측의 원칙적 평가에 대해 묻자 강 선생은 잠깐 생각하더니 눈썹을 치뜨고 가벼운 미소를 지으며 이렇게 대답했다. "차오시안 메이요 덩샤오핑(조선에는 덩샤오핑이 없어요)." 비록 많은 움직임이 있긴 하지만, 근본적인 변혁을 결심한 지도자가 없다는 것을 그는 외교적인 방식으로, 그러면서도 매우 분명하게 말한 것이다.

이것은 북한에서 나눈 또 다른 대화를 기억나게 했다. 북한 사람 하나가 유감스러워하며 이렇게 말한 적이 있었다. "우리에겐 저우언라이가 없어요." 이는 최고지도자 바로 아래에 유능하면서도 충성스러운, 강력한 권한을 가진 사람이 있어야 한다는 말이었다. 자기 위치를 알고 지도자를 뒷받침하면서도, 지도자가 잘못된 결정을 내리는 것을 막을 사람 말이다. 북한에 '출중한 2인자'가 필요하다는 말을 전에 중국에서도 들은 적이 있다.

백두산: 신성한 산

한국에 오래 있지 않아도 한국 사람들이 자기들의 산에 대해 아주 독특하고도 친밀한 관계를 갖는다는 것을 알게 된다. 전설에는 수많은 산들 중 하나와 특별한 관계에 있는 용과 신선과 선녀, 수많은 영웅이 등장한다. 산들 중에서도 으뜸은 백두산이다.

현재는 잠자고 있는 화산의 분화구가 핵심이다. 화산은 1903년에 폭발했고, 지금 다시 깨어날 조짐을 보인다. 이 분화구에 물이 채워져서 하늘호수 '천지'가 되는데, 이와 똑같이 신성한, 눈 덮인 가파른 산봉우리들이 천지를 둘러싸고 있다. 중국과의 국경선이 호수를 통과하니, 양측에서 이 호수를 방문할 수 있다. 북한 쪽에서의 방문은 힘들고, 사나운 날씨 때문에 오직 여름에만 가능하다. 중국 쪽에서는 연중 내내 사륜구동 토요타 자동차로 목숨이 위태로운 드라이브를 해서 올라갈 수 있다. 근처 마을의 젊은 사내들은 두려움에 떠는 관광객의 겁먹은 눈길 따위는 아랑곳하지 않고 자신의 남성성을 증명한다. 어쨌든 나는 무사히 아래로 내려왔을 때 정말 기뻤다.

국경 저편에서—여기서 국경을 넘기란 불가능한데—백두산은 일종의 북한판 산티아고 데 콤포스텔라다. 길고 힘든 순례여행의 최종 목적지인 것이다. 마지막 1킬로미터는 케이블카로 올라가지만, 여기 도착하기 전에 젊은 혁명가들과 이제 더는 젊지 않은 혁명가들이 어느 정도 자발적으로, 유명한 선배들의 흔적을 좇아 나라를 가로질러 걸으면서 백두산전투의 가혹함을 맛보곤 한다.

정상에서 동남쪽으로 약 25킬로미터 떨어진 곳에 삼지연 호수가 있다. 삼지연은 북한의 태블릿컴퓨터에 정치적으로 정확한 이름을 제공했을 뿐만 아니라, 일렬로 늘어선 거대 청동상들로 이루어진 기념비가 자리 잡은 곳이기도 하다. 다른 많은 이런 장소들이 그렇듯이 이 기념비도 김일성이 나라를 해방시킨 것을 기념한다. 1979년이라는 건설년도가 김정일의 영향을 알려준다. 근처에 있는 김정일의 탄생지는 아버지의 후계자로서 그가 정당성을 갖는 주요한 근거이기도 하다.

자연의 아름다움과 이념적 의미가 합쳐져 있으니, 백두산 방문은 북한에 관심 있는 서방 여행자의 목록에서 원래는 아주 상위에 올라 있어야 한다. 하지만 백두산에 가기는 어려운데, 가려면 북한의 국내선 전세기를 이용하는 일로 고국의 여행보험에 얽힌 많은 문제가 있기에 상대적으로 극소수의 관광객만 이곳에 온다.

남양, 왕재산, 회령

입국을 다룬 장에서 이미 중국 투먼에서 북한의 남양시로 걸어서 들어올 수 있다는 말을 했다. 이것은 진짜 경험이니 정말로 추천하는 바인데, 다른 어느 곳에서도 이곳처럼 국경을 그렇듯 직접적으로 건널 수 있는 곳은 없기 때문이다. 4미터도 채 안 되는 너비에 500미터 길이의 좁은 콘크리트 다리 한가운데 노란색 국경선이 그어져 있고, 중국 측에는 멀쩡한 가로등이, 북한 측에는 깨진 가로등이 있다. 작은 세관 건물에 도착하면 김일성과 김정일이 군복 차림으로 그려진 아주 드문 그림 하나를 만난다. 이들은 보통 시민 복장으로 등장하기 때문이다. 어디서나 들리는 군대 말투와 장군님 호칭을 생각하면 놀라운 일이다.

또한 나무가 빽빽이 우거진 중국의 산등성이와 거의 헐벗은 북한의 차이가 여기서 특히 잘 보인다.

남양에는 아마도 국경 통행이 늘어날 것을 기대해서 지어졌을 대형 기차역과 작은 혁명박물관 하나가 있다. 혁명박물관은 김일성이 묵은 적이 있는, 옛날 식민지 시기 일본의 호텔에 만든 것이다. 초록 식물이 우거진 그늘진 안뜰은 거대한 화강암 기념비 때문에 방해받기는 해도, 매우 목가적인 분위기다. 여행자는 김일성이 1946년 이 자리에서 아마도 매우 놀라는 중국 공산주의자들에게, 어떻게 하면 민족주의자들을 무찌를 수 있는지 짤막하게 설명하고, 그런 목적에 쓰라고 10만 정의 총을 선물했다는 사실을 알게 된다. 다른 말로 하자면 마오쩌둥의 군대가 장제스蔣介石에게 거둔 승리가 원래는 위대

▽

서양 관광객은 여기서 합법적으로 걸어서 국경을 넘을 수 있다. 중국 측에는 멀쩡한 가로등이, 북한 측에는 깨진 가로등이 있다. 나무들 사이로 남양 기차역이 보인다.

▽
왼편이 중국의 투먼, 오른편이 북한의 남양. 중국에서 국경선 울타리를 짓기
전에는 북한 사람들이 대낮에 국경선인 강물을 터벅터벅 걸어서 건너곤 했다.

한 지도자의 공로였다는 것이다. 그런 대단한 주장에 중국인들은 그다지 즐거워하지 않을 것 같다.

그것 말고도 이 지역에서는 수도에서와는 달리 이곳 도에 소속된 여행사, 보통은 칠보산여행사의 보살핌을 받는다. 기본원칙은 수도와 같지만(가이드 두 명, 운전기사 한 명), 이곳 출신 여행책임자들은 평양 출신의 무심한 동료들에 비해 좀 더 열의가 있고 더 많은 관심을 보인다. 평양 출신 안내원들은 수도 바깥에서 누구를 만나도 어차피 문명의 혜택을 못 입는 촌놈으로 여긴다.

남양에서 출발하면 대개는 먼저, 강을 따라 그리고 강 속에 드문드문 서 있는 국경선 울타리를 따라 나란히 달리는, 구불거리고 먼지 많은 진흙 길을 달려서 근처의 왕재산기념비로 향한다. 왕재산기념비는 또 다른 청동과 화강암 괴물인데, 이런 시골 지역에서 깔끔하게 균형 잡힌 그 완벽함이 특히 더 눈에 띈다. 이런 종류의 기념비들 상당수가 그렇듯이 이것도 1970년대에 김정일이 김일성의 후계자 발표를 예비하는 과정에 세워졌다. 왕재산기념비는 1933년에 당시 21세이던 김일성이 여기서 행한 연설을 기념한다. 배경의 청동부조는 평양 만수대기념비의 양쪽에 있는 군상을 연상시킨다. 여기서도 전면에서 영웅적으로 싸우는 빨치산들이 시민들의 희생적인 후원을 받는다. 어쨌든 언덕에서 아래 골짜기를 내려다보는 전망은 아름답다. 젊고 매력적인 여성들로 구성되어 매우 인기가 높은 악단 하나가 정치적으로 정확하게 이 기념비의 이름을 달고 있다.

이어서 버스 드라이브는 회령으로 이어진다. 도로 가장자리에 반듯이 줄을 지은 분홍색 코스모스가 눈에 띄는데, 이 한해살이 꽃은 엄청난 경비를 들여서 대개는 학생들이 해마다 새로 심는다. 내륙에서는 소나무숲 한가운데 정말로 소박한 목가적 마을들 몇이 보인다. 인권단체들의 주장에 따르면 아주 가까이에 사람들이 가장 두려워하는 수용소 몇 개가 있다는 사실을 거의 잊을 정도다.

이 지역에서는 주로 옥수수, 감자, 담배 등이 자란다. 기후와 지리 조건들로 인해 벼농사 지역은 강의 골짜기 쪽에서만 드문드문 보인다.

회령은 남양에서 남쪽으로 60킬로미터 정도 떨어진 곳에 역시 중국-북한 국경선인 두만(중국 이름 투먼)강변에 자리 잡고 있다. 북한에서는 주로 1919년 12월 24일 김정일의 어머니인 김정숙이 태어난 장소로 유명하다. 회령시의 산에 조성된 공원에서도 눈부시게 아름다운 장소에 있는 김정숙 생가는 남편의 생가, 아들의 생가와 더불어 일종의 순례지다. 점토벽 초가집은 목조구조가 드러나도록 지어졌다. 동북부의 다른 곳도 그렇지만 서남부와 비교해서 굴뚝이 훨씬 길다는 점이 눈에 띈다. 이것은 동북부에서 바람이 더욱 세차기 때문이다.

"항일의 여성영웅 김정숙 어머님"이라는 공식 명칭으로 불리는 여성의 청동조각상이 산 위에 서 있다. 여기서 다시 절을 한다. 그러면 기념비의 토대가 보이는데, 이제야 그것이 1978년에 건립되었음을 알게 된다. 이 연도는 다시 김정일의 후계준비 기간임을 알려준다.

관람 프로그램에는 학교 하나가 들어 있는데, 이곳의 어린이들은 특별히 영어를 잘한다. 사실 이런 것은 지방에서는 기대하기 어려운 일이다. 아이들은 준비가 잘되어 있지만 호기심도 많다. 아이들과 정치 이야기를 할 수는 없어도 미래의 계획, 부모의 직업, 가장 좋아하는 축구팀 따위를 물어보시라. 대화를 위해 집에서 사진 따위 시청각 자료를 가져왔다면 아주 도움이 된다.

두만강에서는 매우 많은 중국 화물차들이 국경을 넘어오는데, 이런 물자교환이 그 어떤 공식통계에 잡히기나 할까 자문하게 된다. 강변에서는 혁명의 이야기를 지닌 낡은 목조선 한 척이 방문객을 기다린다. 눈길을 중국 쪽으로 던져보면 숲이 우거진 언덕 위에 전망대 정자 하나가 보인다. 저쪽에도 또 있네. 중국인들에게 북한은 분명 호기심의 대상이다.

회령에서부터 자동차로 남쪽 동해안으로 향한다. 청진으로 가는 중간쯤에 고무산과 부령을 지나간다. 소련군에 의한 해방 이후 일본인 전쟁포로 수용소가 이곳에 있었다는 설명을 듣는다. 많은 포로들이 이 수용소 생활에서 살아남지 못했다. 그래서 오늘날 그것이 미심쩍은 사업이 되었다. 일본인들은 시신 한 구당 미화 5만 달러를 내고 유해를 파내서 고국으로 가져갈 수 있기 때문이다.

청진: 산업과 항구

견고하게 만들어지지 않은, 그럼에도 장마철 말고는 상당히 다니기 좋은 길을 달려서, 급수를 위한 작은 양수장들과 지역의 전력공급을 위한 미니 수력발전소들을 지나 청진에 도착한다. 점점 많아지는 행상인들을 보고 도시가 가까워지고 있음을 알게 된다. 이들은 주로 교차로, 언덕 꼭대기, 기차 건널목이나 군대 검문소 앞에 있다. 여기서 북한 사람들은 스낵, 음료, 담배 등을 구할 수 있고, 여름철이면 여성들이 커다란 아이스박스에서 전국적으로 인기가 높은 에스키모 아이스크림을 판다. 작은 시냇가에서는 여인들이 정성껏 손빨래를 하거나 물을 길어 간다. 지방에서는 많은 집들이 상수도공급을 받지 못하기 때문이다. 해안 근처에서는 햇볕에 말리려고 매달아놓은 긴 오징어 대열들이 보인다.

청진은 함경북도 도청소재지고 북한에서 세 번째로 큰 도시다. 이 도시는 우리에게서 슬픈 명성을 얻었다. 바버라 데믹Barbara Demick의 《세상에 부러울 것 없어라Nothing to Envy》에 기록된, 1990년대 중반 굶주림의 시기에 살아남으려고 싸우던 대부분 사람들의 운명이 이곳을 무대로 했기 때문이다. 오늘날 생활은 분명 나아졌지만, 이 도시는 여전히 아름답지는 않다. 이것은 진짜 유감이다. 물이 명경같이 맑은 동해안에 위치한 청진에는 긴 해변들이 있기 때문이다. 항구가 있기는 해도 뱃사람의 낭만 같은 것은 찾아볼 수 없다. '김책제철소'가 도시 모습을 압도한다. 이 제철소의 전신은 일제강점기에 '신일본제철'이 건설했다. 김책은 본명이 김홍계인데, 빨치산 시절 김일성의 동지였다. 그는 한국전 기간에 죽었다. 위대한 지도자는 그를 몹시 좋아했던 게 분명하다. 이 제철소 말고도 근처의 도시 하나(그의 탄생지)와 이 나라의 대표적인 공업종합대학이 김책이라는 이름을 달고 있기 때문이다.

근래에 청진은 주로 전략적 위치의 덕을 입고 있다. 서해안의 평성과 비슷하게 이 도시도 중국 물품의 관문이자 분배센터의 기능을

▽
청진 남쪽 동해안에서 해산물을 채취하기 위한 잠수. 아직도 매우 깨끗한 북한의 바다에서 건져 올린 조개와 게, 물고기 등은 중요한 수출품. 주요 구매자는 중국.

한다. 이곳에 공연히 중국과 러시아 총영사관이 있는 게 아니다. 여러 인권단체들은 청진 근처에 적어도 두 개의 수용소가 있다고 보고한다.

서양 여행자들은 물론 그에 대해 아무 말도 듣지 못한다. 대신 중앙광장에 나란히 세워진 작고한 두 지도자의 동상을 향해 일상이 된 절을 씩씩하게 올리고 나서, 근처에 있는 전자도서관을 방문한다. 이름만 요란한 것은 아니다. 현대적 시설을 갖추었고 컴퓨터 작업을 할 수 있는 자리들이 많다. 벽에는 초록 바탕에 황금 글자로 2009년 김정일의 훈시가 적혀 있다. 두 다리로는 자기 땅을 확고히 딛고서 눈은 세상을 향하라는 말이다. 컴퓨터에서는 독일어 버전 윈도우가 돌아가는 모양이다. 독일어로 '암호를 입력하라'는 요청을 받으니 말이다. 또 다른 방에서는 젊은 남자들이 3차원 모델을 만들고 렌더링하기 위해 'Autodesk 3ds Max' 프로그램 조작법을 배우고 있다.

연기를 뿜어대는 장작기화기가 달린 화물차, 트롤리버스, 심지어 노면전차도 볼 수가 있다. 노면전차는 평양 밖에서는 지금까지 유일하다. 하지만 여기서는 소달구지도 거리를 가로질러 갈 수 있다. 아주 깔끔하게 청소된 평양보다는 모든 것이 불결해 보인다.

제철소 소속 유치원의 공연도 관광 프로그램에 속한다. 평양의 학생소년궁전이나 다른 교육기관의 유사한 행사도 그렇지만, 여기서도 이런 행사는 내게 언제나 약간의 거부감을 불러일으킨다. 아주 어린 아이들조차 완벽하게 훈련되어 있다는 것이 인상적이지만 이상하기도 하다. 사탕을 사는 것은 필수의무다.

외국인들은 대개 식사를 하러 선원클럽으로 간다. 이름과는 달리 외국인 선원은 보이지 않는다. 항구에 거의 아무 일도 없으니 당연한 일이다. 1장에서 서술한 제프리 파울은 현명하지 못하게도 바로 여기에 성서를 은닉하려 했다. 이 클럽은 여러 층짜리 복합건물로, 사우나, 기념품가게, 큼직한 식당 등을 갖추었다. 식당은 내국인들 사이에서도 인기가 있는 듯하다. 어쨌든 언제나 사람들이 찾아온다. 식사는 그런대로 괜찮은데, 이곳 지방에서도 일종의 개인 식당들이 점점 더 경쟁을 벌이면서 질을 높였기 때문이다.

어느 날 저녁에 우리의 지역 안내원이 내게 이런 제안을 했다. 나를 믿고, 또 지금까지 우리 단체의 흠잡을 데 없는 행동을 근거로, 전혀 새롭고 유일무이한 일을 시험해보고 싶단다. 기대에 찬 나의 질문에, 저녁식사를 한 다음 거의 완벽한 어둠을 틈타 몇백 미터 정도 도시로 밤 산책을 나간다는 답이 돌아왔다. 가이드는 반짝이는 눈으로 기대에 차서 나를 바라보았다. 나는 그에 어울리게 감격과 기쁨을 표현했다.

여느 나라에서라면 말할 가치도 없는 일이지만, 북한에서 이런 산책은 실제로 안내원에게 상당한 모험이다. 그는 상관을 설득하는 작업을 한참 벌였을 것이다. 그의 설명으로는, 이제는 손님에게 그런 것을 제공해야 하고, 그러려면 혁신과 용기가 필요하다나. 그래 뭐. 새로운 북한이라니 환영이다.

트롤리버스도 또 다른 '대단한' 옵션에 속한다. 트롤리버스는 우리만을 위해서 창고에서 나온 것인데, 통상적인 버스와는 달리, 조금 누렇게 변색된 레이스가 달린 커튼이 정성껏 장식되어 있다. 하지만 어쨌든 우리 단체는 그것을 안에서 구경했다.

선택권이 있다면 청진호텔이 아니라 항구 뒤편에 바싹 붙어 있는, 시설이 훨씬 나은 천마산호텔 숙박을 시도해볼 수 있다. 근처의 공중 목욕탕을 방문할 기회도 있다. 하지만 조심하시라! 그것을 일본의 온천이나 남한의 찜질방 같은 것으로 상상하고 집단 체험을 기대한다면 오판이다. 개인 방을 할당받는데, 약간 공포소설에서 튀어나온 듯한 모습이다. 녹슨 관들, 부서진 타일, 네온 조명, 벽에서 벗겨지는 페인트, 물방울 떨어지는 소리…… 여기서 욕조에 온천수를 채울 수가 있다. 온도는 조절되지 않는다. 나는 온도계는 갖고 있지 않았지만 물은 무지무지 뜨거웠다. 아예 발도 담가보지 못했는데, 그건 그야말로 말뜻 그대로 가혹한 일이었다. 다른 여행자들은 30위안을 절약하는 쪽이 낫다.

청진역사박물관에서는 그사이 거의 북한 전역으로 퍼진 현상을 관찰할 수 있다. 이른바 '구호나무'라는 것이다. 이는 1980년 무렵 김정일이 시작한 선전활동의 일부인데 항일투쟁의 유산을 보존하고, 김일성 일가의 뛰어난 역할을 드러내는 일이다. 오늘날까지도 애국자들은 산에서 나무껍질이 벗겨진 자리에 '김일성 장군 만세' 같은 구호가 새겨지거나 그려진 나무들을 '발견'한다. 이렇게 말해보자. 이 모든 구호들이 진짜라면 당시 몇 안 되던 빨치산들은 24시간 나무들을 장식하느라 바빠서 싸우거나 잠잘 시간도 거의 없었으리라. 방문객들이 듣는 충직한 설명에 따르면, 청진 일대에만 3,000그루의 구호나무가 있으니 말이다.

1998년에 이런 맥락에서 돌발사건이 일어났다. 17명의 군인들이—남자 10명, 여자 7명—숲에서 야영을 하다가 불이 났다. 여러 유화에서 그 모습을 볼 수 있는데, 그들은 제 몸을 던져 구호나무들을 덮었다. 그들은 목숨을 구하지는 못했지만 구호들을 구했고, 덕분에 영웅이 되었다. 오늘날 북한의 모든 어린이는 그들의 이름과 얼굴을 안다. 대부분의 북한 사람들의 애국심이 내 생각에는 진짜일 것 같다. 그런데 어쩌면 그 일은 그냥 비극적인 사고였는데, 젊은이의 부모들이 절망한 나머지 나중에 이런 영웅담으로 바꾸어버린 것인지도 모른다. 누가 알겠는가.

칠보산: 동해안의 보석

청진에서 남쪽으로 계속 내려간다. 마침내 한국의 동해안이 얼마나 아름다운지 볼 수 있다. 경치는 남프랑스의 지중해 해변과 비교해도 밀리지 않는다. 가파른 암벽들이 터키석 빛깔 물속으로 곧장 떨어진다. 어선들, 목가적인 마을들, 사람 없는 백사장들, 언덕을 휘감아 오르는 길들을 본다. 물론 우리는 북한에 있으니, 어쩔 수 없이 혁명 사적지들을 지나간다. 그러니까 김일성 일가가 무엇을 했거나 어떤 말을 한 곳들이다.

여기서도 주목할 만한 말이 방문객의 귀로 들어온다. 김일성이 1947년에 얼마 동안 경성군에 산 적이 있다고 한다. 그래서 부자인 집주인을 '이주'시켰다. 전해지는 김일성의 말이 흥미롭다. 이 이주 소식을 들었을 때 그는 몇 가지를 물어보고 나서 책임 간부를 질책했단다. 주석님이 말씀하신 바로는, 그 사람이 비록 자본주의자지만 그래도 애국자다, 그러니 좋은 사람이다. 따라서 그에 맞는 대접을 받아야 한다. 이 이야기는 덩샤오핑의 실용주의를 연상시킨다. "검은 고양이든 흰 고양이든 쥐만 잘 잡으면 된다"라는 말로 알려진 노선 말이다. 김일성의 이런 일화가 하필 지금, 그러니까 전국에서 공개적으로 시장경제활동이 정착되는 이 시점에 이야기된다는 것이 특히 주목을 끈다.

버스가 해안선을 따라 달리는 동안, 여기까지 들어온, 무선이동통신을 위한 높은 송신탑, 태양전지와 작은 집들, 어디에나 출몰해서 과일, 담배, 스낵을 파는 여성 행상인들, 끝도 없을 것 같은 오르막길을 잔뜩 긴장한 얼굴로 짐을 가득 실은 자전거를 밀고 올라가는 사람들이 보인다. 훨씬 평지인 평양에서 그렇게 많던 전기자전거가 여기서도 쓰일 날이 오겠지.

도로에는 일정한 간격을 두고 어떤 행정구역이 정비를 맡고 있는지를 알려주는 돌 표지판들이 세워져 있다. 도로 가장자리에는 자그마한 흙더미들이 쌓여 있는데, 필요할 경우 이것으로 팬 곳과 울퉁불퉁한 부분을 메운다. 그러니까 모조리 사람 손으로 말이다. 그러니 버스를 타고 가면서 흔들린다고 불평하기 전에 그 점을 생각해야 한다. 이곳에서는 매우 활발한 광업의 흔적을 곳곳에서 보게 된다. 운이 따르면 강에서 사금 캐는 사람들이 냄비를 씻는 광경도 목격한다. 이따금 기차가 지나간다. 도로변에는 환경보호와 조림사업을 격려하는 현수막들이 설치되어 있다.

미국인이 아니라면 보통은 4장에서 언급한 민박숙소에 묵는다. 이곳에서 칠보산 관광을 나선다. 금강산이 그렇듯 칠보산도 내칠보, 외칠보, 해칠보로 나뉜다. 근본적으로 핵심은 거대한 분화구로, 식물이 빽빽이 분화구를 덮고 있다. 분화구에서부터 아래쪽으로 침식과정을 거쳐 매우 아름다운 기암괴석들이 만들어졌다. 전체를 조망하는 지도는 만수대창작사에서 만든 것인데, 이른바 '보석화' 기법을 썼다. 끈적이는 밑그림 위에 준보석에서 얻은 안료들을 입히는 방식이다.

가을이면 '송이버섯'이라 불리는 식용버섯이 여기서 난다. 생으로도 먹을 수 있으며, 중국에서는 산지와 크기에 따라 수백 유로까지 터무니없는 가격이 형성된다. 이 버섯은 정말로 맛이 좋다. 평소 버섯 애호가가 아닌 내가 하는 말이다. 여러 식품으로도 가공되는데 그중에서도 매우 추천할 만한 것이 송이버섯술이다.

겨울철에 이곳은 매우 아름답다고 한다. 나라 전체가 영하의 날씨인데다 특히 동해안은 태평양에 가까워 미터 단위의 눈이 내리기 때문이다. 열악한 도로사정 때문에 눈은 추운 계절의 관광을 전반적으로 방해한다. 그래도 농담이 아니라 정말로, 헬리콥터스키를 탈 수 있단다. 깔끔하게 아디다스를 입고 레이밴 선글라스를 쓴 지역 안내원의 설명이다.

그에 반해 여름에는 장사가 잘된다. 앞으로 더욱 확장될 것이란다. 여기저기 성기게 자란 작은 소나무숲과 긴 백사장을 품은 특히 아름다운 해변에 커다란 새 호텔을 짓고 있다. 머지않아 중국 관광객 수천 명이 그곳에 묵을 거란다. 그들은 기차로 명천까지 와서 거기서부터 버스를 타고 산을 넘어 해변으로 오게 된다. 중국이 경제제재에 동참한 것이 이런 계산을 방해하지만 않는다면야.

라선 경제특구: 많은 것이 가능하고, 많은 것이 허술하고

인구 약 17만 명이 사는, 800제곱킬로미터의 이 지역은 여러 면에서 북한에서 가장 특별한 장소 중 하나다. 그 역사가 벌써 흥미롭다. 1991년부터 이곳에는 적어도 이름만이라도 일종의 자유무역지대가 있었고, 이것이 2010년에 경제특별지구로 승격되었다. 유엔산업개발기구(UNIDO)는 이곳에 특히 일본의 투자를 유치하려는 계획을 후원했다. 북한, 중국, 러시아 3국의 접경지라는 것도 지리적 이점이었다. 행정능률을 더욱 높이고자 원래 떨어져 있던 두 도시 라진과 선봉을 통합해 라선을 만들었고, 이것이 현재 경제특구의 이름이기도 하다.

2002년 무렵 일본과의 경제관계가 거의 완전히 중단된 다음에는 남한 사람들이 이 구역의 핵심목표였다. 그러나 남한 사람들도 역시 뒤로 물러섰다. 중국인과의 반半합법적인 사업 몇 가지가 허수아비로 남아 있기는 하지만. 독설가들은 서울이 1998년부터 2008년까지 짧은 해빙기를 거친 다음에, 1990년대 초에도 이미 그랬듯이 도로 북한의 붕괴를 기다리면서, 붕괴를 미루려는 어떤 일도 하지 않는다고 주장한다. 하지만 아마도 핵심은 미국과의 동맹에 대한 신의와, 이 기회를 이용하도록 허용하지 않는 경제제재를 위반했다가 남한에 돌아올 벌칙에 대한 두려움일 것이다.

그래서 이 지역을 지배하는 것은 중국인들이다. 일본 식민지 시기에 만들어진 라진항은 현대화되어 중국과 러시아에 각기 부두 하나씩을 임대해주었다. 두 이웃은 얼지 않는 심해항구의 이점을 이용하려

▽
경제제재가 북한의 직물 수출도 금지했으니 경제특구 라선의 여성 재봉사들
은 아마도 지금쯤 실직상태일지도 모른다.

고 자국 영토에서부터 교통로를 건설했다. 러시아는 철도구간을 복구했고, 중국은 2차선 콘크리트 도로를 건설했다. 외국 기업들을 위한 자체 발전소도 있다. 전기가 끊기면 발전소 책임자가 회사에 벌금을 지불해야 하는데, 지역 정보원의 말에 따르면 그 결과 직업윤리가 훨씬 더 강화되었다. 그것 말고도 원래 '6·16 발전소'에서 이용하던 수입 석유를 국내산 석탄으로 대체하려고 노력을 집중하고 있다.

이곳은 저 '와일드 웨스트'와 느낌이 어느 정도 비슷하니 이곳을 '와일드 이스트'라 불러야 할 것만 같다. 모든 것이 약간 인습에서 벗어나 있고, 기묘한 유형들을 만날 수 있고, 나라의 다른 곳에서는 생각지도 못할 많은 것들이 여기선 가능해 보인다. 다른 한편으로는 개성의 산업지대 같은 인위적 세계가 아니라 이곳이 여전히 진짜 북한이다. 이것은 라선의 특별한 매력이다. 특히 '정상적인' 관광의 매력들이 존재하니 더욱 그렇다.

이리로 들어오는 과정이 벌써 흥미롭다. 중국에서 직접 올 수가 있다. 중국인들은 심지어 개인 승용차를 몰고 온다. 도시 어디서나 푸른색 번호판들이 보인다. 서양 관광객은 대개 남쪽의 청진에서부터 버스를 타고 해안도로를 경유해서 온다. 3개 언어 안내판이 한국어, 중국어, 영어로, 이제 라선으로 들어간다는 것을 알려준다. 버스를 갈아타고 가이드들도 새로 등장한다. 이들은 청진에서 데려오기도 하고 경제특구 경계선에서 만나기도 한다. 여권검사가 있지만 물론 스탬프는 찍지 않는다. 별도의 허가는 필요하지 않지만 라선에서 직접 중국으로 돌아가려고 할 경우, 비자에는 원정[라선시 원정리]을 가능한 출발지점으로 표시한다.

라선에는 외국과의 협조로 생겨나 공동으로 운영되는, 따라서 표준적인 서비스를 제공하는 일련의 호텔들이 있다. 그런데도 나는 기꺼이 라진 중앙광장에 있는 옛날 일본식 숙소에 묵는다. 모든 것이 약간 낡고, 더운물이나 전기를 하루 종일 아무 때나 사용할 수 있는 것도 아니지만, 이곳은 도시의 심장부에 자리한다. 저녁이면 내국인들이 호텔 출입구 위에 걸린 커다란 스크린으로 국영TV에서 내보내는 인기 있는 프로그램을 보려고 모여든다.

광장에서는 이따금 콘서트도 열린다. 2015년 가을에는 '피바다가극단'이 얼마 전 홍수가 덮쳤을 때 도움을 준 사람들을 격려하려고 수도에서 이리로 왔다. 이 극단의 이름은 그들이 부르는 통속적인 노래들보다 훨씬 전투적이다. '피바다'는 북한에서 가장 유명한 혁명오페라의 제목으로 '피의 바다'라는 뜻이다. 남자 가수의 풍성한 바리톤이 특히 중년 여성들의 심금을 울렸다. 여성들은 벌떡 일어나 무대 앞에서 행복에 겨운 얼굴로 즉석 춤을 추었다. 우리 서양 사람들은 언제나 격리된 거품 속에 들어 있는 듯 느끼던 참이니, 이건 정말로 멋진 경험이었다.

라선에서도 물론 모든 것이 다 다르지는 않다. 망가진 도로, 소달구지, 붉은 스카프를 두르고 학교에 가는 아이들, 벽에 붙은 구호들과 스피커에서 울려나오는 선전들.

하지만 여기에는 여행자들이 평양의 광복지구상업중심에서처럼 아주 합법적으로, 입구에 매일 새로 나붙는 시장가격으로 자기들이 가진 유로화를 유효한 북한 돈으로 바꿀 수 있는 '황금의 삼각주은행'이 있다. 나는 여기서 '유효한'이라는 말을 강조한다. 다른 데서는

▽
우리가 묵는 라선의 호텔 앞에서 열린 콘서트. 이 공연은 심각한 비 피해를
처리하는 과정에 도움을 준 사람들에 대한 지도부의 감사인사다. 북한 어디
서도 이렇듯 가까이서 사람들을 보기란 극히 어렵다.

관광객에게 2009년에 가치를 상실한 지폐를 파는데, 그것은 오로지 기념품으로밖에는 쓸모가 없기 때문이다.

도시에서 조금 떨어진 북쪽 바닷가에 홍콩 투자가들이 세운 황제 호텔이 홀로 서 있는데, 진짜 서양식 5성급 호텔 수준이어서 이 지역과는 잘 어울리지 않아 보인다. 자국 내 이런 외국 영토가 존재하는 유일한 이유는 그곳에 딸린 카지노다. 여기서는 대개 중국 고객들이 도박을 한다. 그곳 관청들이 다시금 북한 입국을 금지하지 않는 한에는 말이다. 호텔은 심지어 자체 급유소와 직원들이 묵는 숙소까지 갖추었다. 이 장소는 북한과는 별로 상관이 없는 듯하다.

그것 말고도 중국의 부동산 투기꾼 한 명이 해안에 토지를 샀지만 약속한 투자를 하지 않고 있다가 배상금을 받고 소유권을 박탈당했다는 말을 들었다. 어떤 건물에는 "해외무역이 먼저"라는 구호가 걸려 있다. 항구에서 러시아 선원을 만났는데, 내가 러시아말로 배 안에 대고 무어라 소리치자 호기심에 끌려 밖으로 나온 사람이었다. 그는 이 도시에 보드카와 여자가 없다고 웅얼거리듯 불평하고는 도로 사라졌다.

통상적인 사진 제한이 여기에는 없다. 그러니까 운 나쁘게도 방금 교육을 마친 젊은 여성 안내원을 할당받는 경우가 아니라면 말이다. 내가 두 번째로 이곳에 왔을 때 그런 일이 일어났다. 그녀는 스스로 불안한 나머지 모든 규칙을 꼼꼼히 엄수했고, 무엇보다도 모험을 감수하려는 마음이 전혀 없는, 흥을 깨는 사람이었다. 그런 사람은 어디에나 있게 마련이다. 또 이상한 점. 라선에서는 전체적으로 믿을 만한 정보들을 얻는다. 예를 들면 방문 프로그램에 들어 있는 방직공장의 임금수준 같은 것들에 대해서 말이다.

라선은 북한에서 진짜 시장을 방문할 수 있는 극소수의 기회를 제공한다. 이곳에 시장은 모두 합쳐 열 군데 정도 있다고 한다. 관광객들이 방문할 수 있는 시장은 전에는 양옆이 트인 단층건물이었다. 2015년에 서양의 시골 아웃렛을 연상시키는 현대적인 새 복합건물로 이전했다. 관광객에게는 유감이지만 주민들은 기뻐할 것 같다. 커다란 주차장과 큰 쇼윈도가 있는 2층 건물, 아스팔트 도로와 통로들은 '시장'이라는 개념을 좀 웃도는 듯하다. 건물 안에는 두 개 층에 여성 상인의 판매대들이 깔끔하게 나란히 세워져 있다. 라선 주민들이 판매대 이용권을 사는데, 다른 사람에게 팔 수도 있다. 상품 가격에는 국가가 정한 상한선이 있지만, 그것 말고는 전체적으로 자유롭다.

시장 특유의 혼란이 이곳을 지배한다. 이리저리 돌아다니는 고객들을 향해 온갖 상품들을 큰 소리로 선전하고 흥정도 한다. 이 나라에서 질서와 기율을 실컷 본 다음, 마지막에야 마침내 동아시아에 온 느낌이다. 가격은 중국 인민폐로 제시된다. 북한 돈으로의 환산은 시간이 걸리는데다, 여기서는 아무도 그렇게 계산하지도 않는다. 상품은 중국의 납품업자들이 납품해줄 수 있는 것은 무엇이든 있다. 다른 말로 하자면 우리 마음이 원하고, 북한 사람이 살 수 있는 모든 것이 있다. 그런 만큼 값이 싼 제품들이 잔뜩 있다. 식품, 옷, 구두, 가재도구 등. 바나나 1킬로그램은 2유로다. 물론 대부분의 이곳 사람들에게는 너무 비싸다. 같은 돈으로 쌀 3킬로그램을 살 수 있으니 말이다.

옛날 시장 앞에서 나는 열두어 명의 무허가 장사꾼들을 보았다. 그들은 국가기관 소속의 누군가가 나타나면 재빨리 상품을 꾸려서 사라졌다가 10분 뒤에는 도로 같은 자리로 돌아와 있곤 했다.

물론 혁명사적지들과―결국 여전히 북한이니―지도자들의 동상을 방문해야 한다. 출국하기 전에 마지막으로 절할 시간. 바로 옆에 있는 문화의 집에서 통상적인 어린이 공연 하나를 볼 수가 있다. 뭐 아직도 충분하지 않다면 말이다.

자동차를 타고 좁은 곳을 지나 도착할 수 있는 비파도로 소풍 나가는 것을 고려해보시기 바란다. 이곳에서 배를 타면 멀지 않은 곳에 있는 바다의 암벽으로 간다. 그곳에서 바다사자들이 햇볕을 쬐곤 한다. 배 바닥에는 손글씨로 쓰인 판이 북한 승무원에게 8월과 9월은 선박안전 강화기간임을 알리고 있다. 신뢰감을 주는 말이다. 그사이 안내원들은 부지런히 갈매기들에게 빵조각을 먹인다. 물론 굶주림 문제. 하지만 나처럼 발트해에서 3년이나 살아본 사람은 이런 동물 사랑이 쓰라린 보복으로 돌아올 수 있음을 안다. 속으로 들어간 것은 도로 밖으로 나오게 마련이니까. 그러니 갈매기들로부터 거리를 두는 편이 낫다. 안 그랬다간 옷에 보기 흉한 하얀 얼룩을 얻게 될 테니. 그러는 동안 선장은 결함이 있는 녹슨 배를 꿋꿋하고 안전하게 몰아 뭍으로 돌아온다.

비파도에서는 불확실한 미소와 함께 결혼사진 촬영이라는 힘든 과제를 마친 신혼부부를 자주 만날 수 있다. 시끄러운 친구들과 친척들 패거리가 함께 있는데, 이들은 스트레스를 받는 신랑신부와는 달리 진짜로 즐기는 듯이 보인다. 일반적인 결혼연령은 군복무로 인해 남자는 20대 후반, 여자는 20대 중반이다. 예의바르게 물어보면 신혼부부를 촬영할 수 있다. 중국에서와는 달리 '외국인들과의 단체사진'을 요구받는 경우는 드물다.

만의 남쪽 끝에는 상대적으로 새로운 수산물공장인 라선대흥무역회사가 있다. 이곳에서는 커다란 수조 안에서 조개가 양식되고, 회사 소유 부두에 정박한 어선들이 잡아온 수산물이 나란히 붙은 홀에서 가공된다. 즉석에서 맛있는 요리를 만들어 관광객에게 내놓으려고 중국산 가스레인지가 준비되어 있다. 옆에 붙어 있는 기념품가게에서 내가 경험한 최고봉은 '위성술'이다. 그것은 은하 3호 로켓 모양을 충실하게 재현한 병에 담겨 있다.

도시로 돌아오면 체코 맥주바에서 맥주를 마셔도 좋을 것이다. 체코의 양조회사인 '즈부포테즈'가 제공한 시설에서 생산된 진짜 체코 생맥주다. 이 양조장은 북한 사람들에겐 공짜라고 주장하지만, 실은 회사에서 쿠폰을 발행한다. 가게가 바글거리지 않는 걸 보면 그렇다. 우리 외국인들은 맥주 값을 지불하는데, 500밀리리터에 1유로 이하이니 가격은 괜찮은 편이고, 맥주는 진짜배기 필젠 맥주 맛이다.

시내를 벗어나 북쪽을 향하다가 선봉을 통과해 거대한 정유공장에 들르게 된다. 이것은 1970년대에 그러니까 사회주의 진영이 내부부터 붕괴하기 전에 소련산 원유를 가공하기 위해 세운 공장이다. 이 공장은 수십 년 전부터 가동을 멈췄다. 1994년 이후에 미국이 핵 프로그램 중단에 대한 반대급부로 기름을 공급했을 때 잠깐 되살아났던 것을 빼고는 그렇다. 협정은 무산되었다. 소규모 팀이 다시 가동할 미래에 대비해 공장을 가능한 한 잘 정돈하고 있다. 2017년 초에 몽골 기업 하나가 북한의 해안에서 원유를 탐색하다가 돌아갔다. 북한 측 파트너가 미국의 제재 대상 목록에 올라갔기 때문이다.

라선 북쪽으로 멀리 러시아와 중국이 보이는, 초원 같은 풍경 속에 북한에서 가장 아름다운 화장실이 있다. 물론 그걸 보려고 여기까지 온 건 아니다. 이곳에 온 진짜 이유는 '승전각'이라 불리는 정자 때문인데, 이것은 놀랍게도 김일성의 승리를 기리는 것이 아니다. 16세기에 바로 이 자리에서 북에서 들어오는 여진족을 물리친 이순신 장군을 위한 것이다. 이순신은 도요토미 히데요시豐臣秀吉가 이끄는 일본군의 침략에 맞서, 그다지 성공적인 방어를 못하던 조선의 명예를 구해낸 사람이다. 가련한 이 장군은 삶이 쉽지 않았다. 승리에도 불구하고, 또는 바로 그 승리로 인해 여러 번이나 궁정의 음모에 시달리다가 전투 중에 사망했다. 전통 양식으로 지은 목조 사당은 그를 기리는 것이다. 바로 옆 전망대에서 멋지게 소풍을 즐길 수 있다. 앞서 말한 화장실은 여기 붙어 있는데, 천장, 바닥, 벽에 서로 다른 크기의 검은색, 갈색, 흰색 조가비 수천 개가 덮였으니 그야말로 볼만하다.

이순신 이야기 조금 더. 오늘날 이순신 장군은 남북한 양쪽에서 위대한 영웅이다. 철판을 댄 그의 거북선은 전설적이다. 바로 옆에 있는 서봉포 호수에 그런 모형 하나가 있다. 서봉포 호숫가에는 아무것도 없는 한가운데 옛날 요새 모양으로 새로 지은 호텔 하나가 서 있다. 지붕에서는 직접 뽑아낸 국수를 말리고, 풀숲 사이로는 위험해 보이는 뱀 한 마리가 구불구불 기어간다. 천 년도 더 전에 있던 고구려왕조에 대한 기억에서일까, 몽골풍 옷을 입은 젊은 여성들이 손님

들을 극진히 접대한다. 음식은 아주 훌륭하다. 그런데도 이곳은 한
시간이면 모든 탐색이 끝나는 지루한 장소다. 그러니 라선에 하루 더
머물기를 권한다. 거기 볼 것이 더 많으므로.

다만 바로 이곳에서 여행 중에 가장 흥미로운 사건 하나가 일어났
다. 우리 여행단 한 사람이 저녁때 혼자 호숫가로 산책을 나갔다. 이
곳은 워낙 인적이 드문 곳이라 이런 예외가 허용되었다. 거기서 그녀
는 캄캄한 어둠 속에서 북한 사람 하나를 만났는데, 그는 아주 진지
하게 그녀의 핸드폰을 사려고 했다. 우리 모두에게 다행스럽게도 그
녀는 영리하게 이런 거래에 빠져들지 않았다. 출국할 때 이것이 심각
한 문제가 될 수 있기 때문이다. 하지만 이 외진 지역에서 주민들에
미치는 정권의 절대적 권한이 분명히 줄어든다는 것을 알려준 정말
주목할 만한 일이었다.

국경으로 가는 길에 북한-러시아 친선을 위해 최근에 지어진 전
람회장에 들른다. 우리가 여러 번이나 넘어 다닌 선로는 복선으로 만
들어져서, 러시아 기차와 북한 기차들은 나란히 달리는 네 줄기 선로
위를 오갈 수 있게 되었다.

국경선 강의 굽이에는 중국 측에서 만리장성 축성 방식으로 지은
거대한 국경 감시탑이 뽐내는 자태로 남근처럼 하늘을 향해 우뚝 솟
아 있다. 바다를 보고 바다 냄새를 맡을 수는 있는데, 가지는 못하는
중국인들의 낙담을 상상해보시라. 그들은 이토록 중요한 물류 연결
지점에서 겨우 17킬로미터밖에 떨어져 있지 않다. 밝혀진 바에 따르
면 러시아 차르는 19세기에 알래스카를 헐값으로 미국에 넘겨준 용
서하기 힘든 잘못을 범한 다음에 바로 이 자리에서 갑자기 똑똑해졌

▽
동북쪽의 3국 접경지대 라선. 철도는 러시아로 이어진다. 멀리 뒤편 왼쪽에
솟은 국경 감시탑은 중국의 것. 그곳의 중국인들은 바다를 볼 수는 있지만 갈
수는 없다.

다. 당시 국내 문제에 몰두해 있던 정치적·경제적으로 허약해진 청
왕조에게서 오늘날 중국과 태평양을 갈라놓는 이 해안지역을 사들
였던 것이다. 중국인들에 따르면 강제 점유였다고 하지만 중국인들
을 바다에 접근하게 해줄 두만강 삼각지 지역의 준설은 아직까지는
성공하지 못했다. 소문에 의하면 러시아가 이 프로젝트를 막고 있다
는데, 그것 말고도 계속 쌓이는 침전물 때문에 그런 수로를 유지보수
하는 데는 엄청난 비용이 들 것이다.

북쪽으로 몇 킬로미터만 더 가면 국경선을 넘을 원정에 도착하게
된다. 이로써 북한여행은 끝났다. 이따금 신경을 자극하는 출국심사
를 빼면 말이다.

출국:

14

그러고 나면?

대부분의 사람들은 다시 비행기나 기차로 북한을 떠나고, 일부
사람은 다시 걸어서 남양의 다리를 건넌다. 이 과정을 분명하게
알아두는 것이 중요하다. 또 중국 측에서 어떤 일이 벌어지는지
도 알아야 한다. 중국에서는 지금까지 북한에서처럼 그렇게 열
심히 돌봐주는 사람이 없으니 말이다. 대신 핸드폰이 다시 작동
한다.

원정에서 버스 타고 훈춘으로

우선 나라의 북부에 머물기로 하자. 국경 양쪽 인적이 드문 지역의 작은 거주지인 원정 근처에, 매우 거대한 느낌의 다리가 국경선이 지나가는 두만강 위로 400미터에 걸쳐 뻗어 있다.

이 통과지점에서의 출발은 꽤 신경을 소모시키는 일이 되곤 한다. 우선 양쪽 세관원들의 점심시간이 끝나기를 기다려야 한다. 점심시간은 양국의 시차로 인해 차례로 나타난다. 점심시간이 끝나면, 그곳에 모인 모든 여행자 그룹은 북한 측의 단층짜리 처리 건물에 동시에 버려진다. 운 나쁘게도 하필 몇백 명의 중국 여행자들과 경쟁이라도 하는 날이면, 한 시간 넘게 떠밀림과 소란과 야단법석을 겪을 각오를 해야 한다. 한 창구에서 입국 때 등록한 물품들—핸드폰, 카메라, 저장장치, 책 등—을 보여주는 세관검사를 끝낸다. 물품의 숫자가 틀리기라도 하면, 우선 그런 일은 드물지만 소동이 벌어진다. 제복들이 이리저리 뛰어다니고, 여행객들은 여기저기로 보내지고, 관리들은 귀중품들을 들고 뒷방으로 사라지거나 심각한 얼굴로 공문서로 보이는 서류들을 들여다본다. 여전히 그 어떤 안내도 없고 모든 것이 혼란스럽다. 조용히 하고 단체는 한데 붙어 있으라는 지시가 나온다. 나 자신도 한 번 반시간 동안 관리들과 입씨름을 벌인 적이 있다. 그들이 북한산인 나의 태블릿컴퓨터를 내보내려 하지 않았기 때문이다. 이미 2년 전에 합법적으로 사서 1주일 전만 해도 아무 문제없이 가지고 들어온 물건인데도 그랬다. 하지만 이미 말했듯 사정은 바뀌게 마련이고, 분명 그사이 이런 물건들의 반출이 금지된 모양이었다. 그런데도 들고 나올 수는 있었다. 다만 친절한 세관원은 나의 삼지연 컴퓨터를 다음번에는 집에 놓고 오라고 귀띔해주었다.

다음 단계는 사진 검사다. 대개는 임의추출 방식이다. 관리는 이것저것을 지우는데, 결국 자신의 중요성을 과시하기 위해서다. 지도자들의 초상화나 동상이 전체로 잡히지 않았을 경우 사진들은 삭제된다. 그리고 특히 '아름답지 않다'고 여겨지는 사진들, 예를 들어 바닥에 주저앉아 물건을 파는 여성 행상인들 사진도 마찬가지다.

그러고 나면 여권심사를 하고 이어서 통과. 강 저편에 도착하려면 버스를 이용해야 하는데, 비용은 가장 많이 받을 때가 5위안이다. 중국 측 세관과 여권심사를 마치고 나면 갑자기 텅 빈 커다란 주차장 한가운데 서 있게 된다. 이동수단을 준비하지 않은 사람은 곤란을 겪는다. 택시가 언제나 대기하고 있지는 않으니까. 1주일이나 울퉁불퉁하고 구불거리는 길을 달린 다음 익숙하지 않은 매끈한 자동차도로 S201을 달려 40킬로미터 떨어진 훈춘에 도착하고, 이어서 G302 도로로 100킬로미터를 더 달려서 옌지에 도착한다. 거기서 밤을 보낸 다음 기차 또는 비행기로 베이징으로 향하게 된다.

평양에서 기차로 베이징까지

평양의 호텔에서 아침식사를 한 다음 도시 중심가의 기차역으로 간다. 외국인들은 VIP 영역에서 대기하는데, 여기서는 스낵도 판다. 기차표는 안내원들에게서 받고, 미리 거두어간 여권도 마침내 돌려받는다. 올 때처럼 떠날 때도 네 사람을 위한 상당히 편안한 침대칸에 탄다. 혼자 또는 둘이서 여행하는 사람은 낯선 사람을 침대칸에 들이게 되는데 이게 흥미로울 수도 있다. 많은 북한 사업가들이 기차를 타고 가면서 이런저런 이야기를 들려주기 때문이다.

중요한 점. 어떤 경우에도 낯선 사람이 베이징에 있는 '친구'에게 줄 거라는 짐 꾸러미를 맡아주지 말 것. 불법적인 물건을 가지고 있다가 잡히면 세상 어디서도 즐거운 일은 아니지만, 특히 여기서는 그야말로 절대로 그러고 싶지 않다.

안내원들이 플랫폼에서 작별인사를 하고, 창문을 통해 그들에게 손을 흔들어주면 기차가 북쪽으로 출발한다. 보통은 오전 10시 직후에 출발. 이렇게 대낮에 국경까지 가는 도중에 일상생활을 구경할 수 있다. 일하는 농부들, 콘크리트를 바른 우물에서 물을 긷거나 시냇가에서 빨래하는 여인네들, 망원경을 해안 방향으로 둔 군대초소들, 석탄창고들, 녹슨 차량들, 작은 정거장 등. 신의주 국경까지는 식당차가 없지만, 대략 8유로를 내면 객실을 지나가는 여성 판매원에게서 맛 좋은 한국식 점심을 살 수가 있다.

네 시간 반을 달려 227킬로미터를 가면—평균시속 50킬로미터, 이는 북한의 형편으로는 쏜살같은 속도—열차시간표에 따라 14시

51분에 신의주역에 도착한다. 전에는 세 시간이나 객실에 앉아서 세관과 여권심사를 기다렸다. 한편으로는 편하다. 짐 검사가 없기 때문이다. 다른 한편으로는 이 시간 동안 화장실이 닫히기 때문에 예상할 수 있는 문제들이 나타난다.

몇 년 전에 나와 함께 여행하던 한 사람이 나의 경고에도 불구하고 화장실 문제를 무시했다. 그런 문제는 뾰쪽한 해결책이 없는 법. 쓸데없는 소리들을 잔뜩 늘어놓으면서 우리는 그를 빈 비닐 봉지와 함께 객실에 남겨두고 밖으로 나와 복도에서 기다렸다. 그때 옆칸 문이 덜컥 열리더니 제복 둘이 거침없이 우리 칸으로 돌진했다. 놀란 내가 저 안에 한 남자가 곤란한 상황에 처해 있다고 설명하는데도 그들은 나를 옆으로 밀치고는 객실 문을 열어 젖혔다. 그 안에서 우리 친구는 이 모든 게 그냥 멍청한 장난이려니 여기고는 보란 듯이 몸을 돌렸고, 국경 공무원은 내가 거짓말한 게 아니라는 것을 보았다. 다행히도 제복이나 지도자 동지의 배지도 적시지 않았으니, 공포의 일순간이 지나자 서열이 가장 높은 북한 사람이 피식 웃었다. 친구는 다시 혼자 남겨졌다. 이 이야기는 나중에 들으니 위험하지 않게 들리지만, 훨씬 더 고약한 방향으로 진행될 수도 있었다.

이어서 극히 정상적인 과정을 거치는데, 우리의 카메라가 매우 철저히 조사받고 수많은 사진들이 삭제당하는 일이다. 세관원의 교육수준을 얕잡아보면 안 된다. 한번은 내가 새로 산 카메라를 갖고 있었는데, 이 여성 관리는 내가 그때까지 몰랐던 기능을 보여주었다.

여기서 사정은 얼마 전부터 조금 바뀌었다. 2017년 2월에 비행기를 선택하지 않은 우리 단체 중 한 명이 이렇게 알려주었다. 그는 신의주에서 짐을 몽땅 들고 기차에서 내려 역의 홀까지 가야만 했다. 거기서 새로 짐 검사가 벌어졌다. 그것은 화장실 문제를 해결했지만, 대신 번거롭게도 짐을 끌고 다녀야 했고, 짐 검사는 더욱 정밀하게 이루어졌다.

이 모든 것을 마치면 기차는 두 시간 뒤인 16시 43분에 출발해 10분 만에 국경선인 강을 건너 중국 단둥으로 향하고, 반시간의 시차로 인해 그곳 시간 16시 23분에 도착한다. 다음 두 시간 동안 열차에는 식당 차량이 매달리고, 사람들은 입국 절차를 마친다. 그러고는 분명하게 빨라진 속도로 베이징을 향해 달리고, 이튿날 아침 8시 31분에 베이징에 도착한다. 총 1,349킬로미터를 달렸다.

중국의 기차역들은 상당히 특별하다. 어느 정도 공항처럼 생각해야 한다. 출입이 엄격하게 관리되고, 안전이 강조된다. 그리고 동시에 좁은 출구로 몰려나오는 사람들의 수가 그야말로 숨을 쉴 수 없을 정도다. 나는 베이징의 역에서 한번은 한 시간 넘게 택시를 기다린 적도 있다. 교통상황이 좋으면—대략 150위안—한 시간 만에 공항에 도착하는 편이다. 하지만 요일과 시간에 따라 훨씬 더 오래 걸릴 수도 있다. 그러므로 연결비행편을 예약할 때 넉넉하게 시간을 고려하는 것이 좋다.

나는 이미 기차여행을 자주 했기에 더 빠른 비행을 좋아한다. 하지만 특히 처음 북한을 여행한 경우라면 기차를 타는 것이 매우 의미 있는 선택이다. 훨씬 천천히 나라를 떠나고, 못 본 지역들을 보면서 기억을 곱씹어볼 시간도 있으니까.

순안에서 비행기로

순안공항에서는 매주 총 열한 대의 비행기가 출발한다. 제재가 점점 심해져서 다음번에는 더 줄어들 수도 있다. 그러니 보통 출발에 임박해서 공항으로 간다. '적어도 두 시간 전'이라는 규칙은 여기서는 별 필요가 없다. 출국서류와 세관신고서를 작성하고 극히 정상적으로 창구에서 체크인을 한다. 입국비행 때와는 달리 짐을 최종목적지까지 부치는 것도 가능하다. 물론 연결편 보딩패스는 여기서 받지 못하고 베이징에서 받아야 한다. 어차피 그곳에서 다시 체크인을 해야 하므로, 조심스러운 편인 나는 보통 짐을 목적지까지 부치는 일을 포기하고 베이징의 터미널 2에서 직접 찾는다.

지난 여러 해 동안 순안공항의 출국 절차는 원정이나 신의주와 비교하면 훨씬 느긋하게 진행되었다. 체크인 때 곧바로 세관신고서를 걷으면 끝이다. 하지만 북한에서는 모든 것이 아주 갑자기 과격하게 바뀔 수가 있으므로 차라리 모든 경우에 대비하는 편이 낫다.

어쨌든 현재는 핸드폰, 카메라, 태블릿컴퓨터 등 '민감한' 물품들에도 그 누구도 눈길 한 번 주지 않는다. 물론 입국 시에 이런 물품들을 헤아려서 목록으로 만들어두었으니 출국할 때는 이 자료와 비교해본다. 보딩패스를 받고 이어서 여권심사. 이어지는 보안점검에서 나는 심지어 가득 찬 물병까지 아무 문제 없이 들고 나갈 수가 있었다. 이제 눈살을 찌푸린 관리가 꼼꼼하게 모든 사진을 검사하겠거니 생각하지만 공항에서는 보통 사진 점검을 하지 않는다.

입국할 때처럼 출국할 때도 관광객카드를 가지고 있다면 여권에

도장을 찍어주지 않는다. 다만 관광객카드는 여기서 수거되니 기억을 보존하고 싶다면 미리 스캔하거나 사진을 찍어두어야 한다. 출국심사원이 기분이 좋은 날이면 요청에 따라 여권에 출국도장을 찍어주기도 한다. 물어보는 거야 돈이 안 드니까 물어보시라.

베이징에서는 터미널 2에 도착해서 연결된 비행을 위해 무료 셔틀버스를 타거나 아니면 호텔로 가게 된다. 여기서도 72시간 안에 중국을 떠나고 베이징에만 머문 것을 입증하려 한다면, 기계에서 뽑는 72시간 환승비자가 필요하다. 지난번 중국 입국 때 내 앞에 있던 열 명으로 구성된 네덜란드 여행단이 이와 관련된 입증에 문제가 있어서 나는 여권심사대에서 피곤한 한 시간 반을 기다려야 했다. 여기서도 북한 입국 때처럼 터미널 2에서 터미널 3까지 이동시간을 세 시간으로 계산할 필요가 있다. 특히 여기서는 공항에 전형적인 빤한 절차가 처음부터 다시 시작되는 판이니 더욱 그렇다. 함께 여행하던 미국인이 한번은 내게 이렇게 말했다. "저들이 비행의 즐거움을 뺏어갔다니까." 그의 말이 맞다.

다시 집에서: 그러고 나면?

조용히 사진들을 본다. 흔들린 사진들을 지운다. 질주하는 버스에서 흔들리느라 놓쳐버린 디테일들을 발견한다. 자기가 영웅처럼 느껴지고, 또 영웅 대접도 받는다. 아니 정말로 북한에 갔었어? 와우, 북한 사람들이 당신을 도로 내보내줬단 말이지? 그 비슷한 말들을

433

듣는다.

그러고는 홀로 자기만의 생각에 빠진다. 기대는 충족되었나? 투자비용은 과연 보람이 있었나? 이제 나는 더 많이 알게 되었나?

그 대답은 물론 사람마다 다를 것이다. 열일곱 살에 처음으로 나랑북한에 갔던 내 아들이 받은 인상이 대표적이다. 아들이 운이 좋았다는 점을 인정하자. 북한 측의 보안상의 예방책들은 최소한에 그쳤다. 북한 안내원들은 특별히 느긋하고도 유능했고 전기공급은 안정적이었다. 게다가 아들은 기대치가 적은 편이어서 충족시키기가 쉬웠다. 물론 많은 면에서 그의 의심이 확인되기는 했다. 금지, 거짓말, 가난, 기묘한 자기서술, 추위, 보살핌과 선전. 하지만 그보다 훨씬 더 많은 것들이 있었다. 어쨌든 그는 나의 많은 동반자들이 그러듯이 겨우 며칠 만에, 북한의 현실이 우리 미디어에서 퍼뜨리는 아주 단순화된 전형들보다 훨씬 다양하다는 사실을 깨달았다.

그런 경험들도 염두에 두고서 나는 개인적인 관점에서 맨 앞에 제시했던 질문―북한여행을 하는 것이 정상인가?―에 대해 분명하게 그렇다고 답할 수 있다. 그 나라, 그 체제, 그 지도자들을 어떻게 생각하든 전혀 상관 없이, 진지한 비평가에게 요구할 수 있는 최소한의 것은 자기 눈으로 직접 보라는 것이다. 대개 겨우 1주일짜리 여행을 하고 나서 간단히 모든 것을 안다고 하는 그런 식을 말하는 게 아니다. 그와는 반대로 오히려 가능한 한 긍정적인 이미지를 만들어보려는 북한 측의 온갖 대담한 시도들에 어리둥절해하면서도 자연스럽게 자신을 노출시키는 방식으로 여행해야 한다.

자주 그런 시도를 재빨리 알아채기도 하지만 또 그러지 못하기도 한다. 한편으로 한국어를 말하지도 읽지도 못하는 외국인이 외환을 두둑이 지니고 넉넉한 점심을 먹은 다음 계절에 따라 편안하게 난방 또는 냉방이 된 버스에 앉아 평양 시내를 돌아다니는 것은 전체 조망을 매우 제한한다. 다른 한편으로는 처음 기대보다 더 많은 것을 받아들인다.

하지만 무엇이 참이고 무엇이 거짓인가? 무엇이 진짜고 무엇이 쇼인가? 양심적으로 그것을 말할 수 있는 경우는 드물다. 그래서 전에 갖고 있던 이미지에 잘 들어맞지 않는 인상과 경험을 받아들일 각오와 더불어 건강한 의심도 중요하다. 아무도 우리에게 특정한 관점을 가르쳐줄 권리가 없다. 내 생각에 북한을 다룰 때도 역시 그래야 한다. 가서 보고 몇 가지 결론을 이끌어내고, 그 과정에서 비판적이되 공정함을 유지하라. 북한여행은 절묘한 줄타기이다.

북한여행

ⓒ 뤼디거 프랑크

초판 1쇄 발행 2019년 3월 11일
개정판 1쇄 발행 2021년 6월 23일

지은이 뤼디거 프랑크
펴낸이 이상훈
편집인 김수영
본부장 정진항
인문사회팀 권순범 김경훈
마케팅 천용호 조재성 박신영 성은미 조은별
경영지원 정혜진 이송이

펴낸곳 (주)한겨레엔 www.hanibook.co.kr
등록 2006년 1월 4일 제313-2006-00003호
주소 서울시 마포구 창천로 70(신수동) 화수목빌딩 5층
전화 02)6383-1602~3 **팩스** 02)6383-1610
대표메일 book@hanibook.co.kr

ISBN 979-11-6040-618-4 03300